Linguagem e Cultura 33
direção de
Etienne Samain
Sandra Nitrini

LINGUAGEM E CULTURA
TÍTULOS EM CATÁLOGO

Cavalaria em Cordel, Jerusa Pires Ferreira
Marxismo e Filosofia da Linguagem, Mikhail Bakhtin
Linguagem Pragmática e Ideologia, Carlos Vogt
Prosa de Ficção em São Paulo: Produções e Consumo, Teresinha Aparecida Del Fiorentino
Do Vampiro ao Cafageste: Uma Leitura da Obra de Dalton Trevisan, Berta Waldman
Primeiras Jornadas Impertinentes: o Obsceno, Jerusa Pires Ferreira e Luís Milanesi (orgs.)
Videografia em Videotexto, Julio Plaza
Na Ilha de Marapatá: Mário de Andrade lê os Hispanos-Americanos, Raul Antelo
A Vertente Grega da Gramática Tradicional, Maria Helena de Moura Neves
Poéticas em Confronto: "Nove Novena" e o Novo Romance, Sandra Nitrini
A Cultura Popular na Idade Média e o Renascimento: o Contexto de François Rabelais, Mikhail Bakhtin
Psicologia e Literatura, Dante Moreira Leite
Osman Lins: Crítica e Criação, Ana Luiza Andrade
Questão de Literatura e de Estética (a Teoria do Romance), Mikhail Bakhtin
Fazer Dizer, Querer Dizer, Claudine Haroche
Encontro entre Literaturas: França Portugal Brasil, Pierre Rivas
The Spectator. O Teatro das Luzes. Diálogo e Imprensa no Século XVIII, Maria Lúcia Garcia Pallares-Burke
Fausto no Horizonte (Razões Míticas, Texto Oral, Edições Populares), Jerusa Pires Ferreira
Literatura Européia e Idade Média Latina, Ernst Robert Curtius
Cultura Brasileira: Figuras da Alteridade, Eliana Maria de Melo e Souza (org.)
Nísia Floresta, O Carapuceiro e Outros Ensaios de Tradução Cultural, Maria Lúcia Garcia Pallares-Burke
Puras Misturas: Estórias em Guimarães Rosa, Sandra Guardini T. Vasconcelos
Introdução à Poesia Oral, Paul Zumthor
O Fotográfico, Etienne Samain (org.)
Processos Criativos com os Meios Eletrônicos: Poéticas Digitais, Julio Plaza e Monica Tavares
Vidas Compartilhadas: Cultura e Co-Educação de Gerações na Vida Cotidiana, Paulo de Salles Oliveira
Conversas dos Bebês, Geraldo A. Fiamenghi

AQUÉM E ALÉM MAR
(relações culturais:
Brasil e França)

DA ORGANIZADORA, NA EDITORA HUCITEC

Poéticas em Confronto: Nove, Novena e o Novo Romance, 1987.

SANDRA NITRINI
organizadora

AQUÉM E ALÉM MAR
relações culturais: Brasil e França

Editora Hucitec
São Paulo, 2000

© Direitos autorais, 1999, de Sandra Nitrini. Direitos de publicação reservados pela Editora Hucitec Ltda., Rua Gil Eanes, 713 — 04601-042 São Paulo, Brasil. Telefones: (011)240-9318, 542-0421 e 543-3581; vendas: (011)543-5810; fac-símile: (011)530-5938.

e-mail: hucitec@hucitec.com.br

Foi feito o Depósito Legal.

Editoração eletrônica: Ouripedes Gallene e Rafael Vitzel Corrêa

Capa: Magali de Oliveira Fernandes

Dados Internacionais de Catalogação na Publicação (CIP)
(Sandra Regina Vitzel Domingues)

A 666 Aquém e além mar : relações culturais: Brasil e França / Sandra Nitrini, organizadora. — São Paulo: Hucitec, 2000 — (Linguagem e Cultura; 33)

ISBN 85-271-0523-3

1. Cultura 2. Relações Culturais 3. Relações Culturais Brasil-França I. Nitrini, Sandra, org. II. Série

CDD - 303.482

Índice para catálogo sistemático:

1. Cultura : 303.482
2. Relações Culturais : Brasil : França 303.482

À memória de Mário Carelli

SUMÁRIO

Apresentação   11
Sandra Nitrini

MATRIZ

Rocambole, uma entidade de mil faces   17
Marlyse Meyer

RECEPÇÃO CRIATIVA

A recepção de Chateaubriand no Brasil   41
Maria Cecília Queiroz de Moraes Pinto

O Napoleão de Botafogo (presença francesa em *Quincas Borba*)   59
Gilberto Pinheiro Passos

Fontes francesas do Simbolismo brasileiro   74
Helena Bonito Couto Pereira

RECEPÇÃO CRÍTICA

Anatole France nos anos 40   95
Regina Salgado Campos

Bernanos no Brasil: O rastro de uma permanência   115
Teresa de Almeida

INTERMEDIAÇÃO CULTURAL

Letras Brasileiras na *Revue des Deux Mondes*   133
Luiz Dantas

Sumário

O Brasil na revista *Mercure de France* — 148
Glória Carneiro do Amaral

VIAGEM

Bilac e a França — 167
Antonio Dimas

Vicente do Rego Monteiro: o percurso de um pintor-poeta — 176
Maria Luiza Guarnieri Atik

Viagem e projeto literário (Osman Lins na França) — 210
Sandra Nitrini

APRESENTAÇÃO

Aquém e além mar reúne onze artigos com o objetivo de desvendar alguns dos muitos meandros por meio dos quais se concretizam as relações culturais entre Brasil e França, desde meados do século XIX até os anos 1970. O tema do papel da cultura francesa (de modo especial, de sua literatura no processo de formação da literatura brasileira, após nossa independência de Portugal), e da sua posterior presença no restante do século XIX e nos primeiros decênios do século XX) não constitui nenhuma novidade. A bibliografia brasileira dispõe de rico acervo a esse respeito. No entanto, o projeto desta coletânea foi impulsionado pela idéia de que há ainda um imenso campo a ser explorado para tornar visíveis, por meio de estudos concretos, as relações entre as culturas brasileira e francesa, num movimento bilateral.

Descartando-se completamente a perspectiva de uma história exaustiva e totalizante, a realização deste projeto imbuiu-se do propósito de compor uma visão da história das relações culturais entre Brasil e França, consubstanciada na análise e interpretação de obras, traduções, movimentos, revistas e viagens de escritores representativos de diversos momentos da história dessas relações culturais.

Os autores dos onze artigos apresentam e analisam as diferentes modalidades de encontros entre as duas culturas: desde o contato de uma com a outra, por meio da divulgação de suas obras no original e em traduções, por meio da presença física de seus intelectuais e artistas nos países em questão, por meio da fortuna crítica da literatura de um país em outro, até a absorção de uma literatura e de diferentes manifestações artísticas no processo de criação de outra, quando passa a constituir um elemento intrínseco da obra literária que a deglutiu. Portanto, no tocante à comparada, *Aquém e além mar* contempla desde artigos voltados para intermediários culturais, material básico que constitui um pré-requisito para o estudo dos verdadeiros problemas de relações interliterárias até a recepção produtora, ligada intimamente ao complexo processo de criação.

APRESENTAÇÃO

Esta coletânea mostra que a história das relações culturais entre Brasil e França realiza-se por meio do cruzamento dessas diferentes modalidades de encontro, unificadas no amplo conceito de recepção. Tal conceito permite considerar o autor, a obra, o leitor, o intermediário cultural, o país de origem, o país de chegada, suas culturas, suas histórias, sem nenhum laivo da visão etnocêntrica e colonialista que permeou certa tradição dos estudos de Literatura Comparada. A essa fundamentação teórica com um combinaram-se outros embasamentos, demandados pela natureza da matéria específica de cada artigo, selecionados de acordo com o perfil intelectual de cada autor. Como conseqüência de tais condições de produção, este livro resulta numa apresentação polifacetada da história dessas relações culturais, por meio de estudos de casos. Polifacetada, mas amarrada por seu tema geral e por seu pressuposto teórico amplo.

Deixando-se de lado a apresentação cronológica, optou-se por reunir os artigos de acordo com sua maior aproximação quanto às diversas modalidades de recepção que sustentam as balizas da história das relações culturais entre Brasil e França. Quando se cruzam várias, privilegia-se a que dá o tom dominante do texto.

Dez artigos contemplam as relações entre as culturas brasileira e francesa, ora enfatizando a recepção mais de um lado, ora, mais de outro (embora predominem estudos sobre a recepção da cultura francesa no Brasil), distribuindo-se nas seguintes partes, segundo os critérios acima expostos: RECEPÇÃO CRIATIVA: *A Recepção de Chateaubriand no Brasil*, de Maria Cecília Queiroz de Moraes Pinto; *O Napoleão de Botafogo (Presença Francesa em Quincas Borba)*, de Gilberto Pinheiro Passos e *Fontes Francesas do Simbolismo Brasileiro*, de Helena Bonito Couto Pereira; RECEPÇÃO CRÍTICA: *Anatole France nos anos 40*, de Regina Salgado Campos e *Bernanos no Brasil (o Rastro de Uma Permanência)*, de Teresa de Almeida; INTERMEDIAÇÃO CULTURAL: *Letras Brasileiras na Revue des Deux Mondes*, de Luiz Dantas e *O Brasil na Revista Mercure de France*, de Glória Carneiro do Amaral e VIAGEM: *Bilac e a França*, de Antonio Dimas; *Vicente do Rego Monteiro: o Percurso de um Pintor-Poeta*, de Maria Luiza Guarnieri Atik e *Viagem e Projeto Literário (Osman Lins na França)*, de minha autoria.

Rocambole, Uma Entidade de Mil Faces, de Marlyse Meyer, diferencia-se dos outros artigos, por não se caraterizar como um estudo comparatista que comporte, no seu âmago, análise demonstrativa do papel de *Rocambole* como uma das matrizes da construção cultural brasileira e nem como um estudo detalhado de sua recepção crítica no Brasil. No entanto, a autora parte do pressuposto de sua marcante recepção para oferecer ao leitor de *Aquém e além mar* uma análise cuidadosa, minuciosa e atraente dos quinze volumes dessa obra do grande folhetinista francês, Visconde Ponson Du Terrail, que chegou ao Brasil em 1859 e, desde então,

APRESENTAÇÃO

tem sido levada ao teatro e lida, até meados do século XX. Justifica-se, pois, plenamente sua inclusão nesta coletânea, em sua primeira parte: MATRIZ.

Os artigos reunidos constituem o resultado final do Projeto Integrado de Pesquisa "Relações Culturais entre Brasil e França (verso e reverso)", desenvolvido pelos integrantes do Núcleo de Pesquisa Brasil-França (Nupebraf) do Instituto de Estudos Avançados da USP, entre 1992 e 1997, com o apoio do CNPq. Quando esse projeto foi apresentado ao referido órgão de fomento, entre outras justificativas para dar visibilidade à sua relevância, os pesquisadores do Nupebraf assinalavam a oportunidade de uma proposta, cujo objetivo precípuo era o de compor um estudo integrado das relações culturais entre Brasil e França, nos dois últimos séculos, já que nos encontrávamos apenas a alguns anos para inaugurarmos um novo século. Hoje, aproximam-se também as comemorações dos quinhentos anos da descoberta do Brasil. Essa justificativa escapou-nos àquela ocasião, mas a recuperamos aqui. Às vésperas dessas comemorações específicas para o Brasil, muitíssimos olhares se voltarão para sua história social, econômica, política e cultural. Ao concentrarem-se nas relações culturais entre Brasil e França nos séculos XIX e XIX, os pesquisadores do Nupebraf esperam trazer contribuições, com seus estudos pontuais, para melhor delineamento e compreensão de um dos traços constitutivos da história da cultura brasileira e, com isso, integrar-se no imenso painel de trabalhos em andamento, no prelo ou recentemente publicados, os quais, por mais variados que sejam, se unem pela intenção de repassar diferentes aspectos da história do Brasil.

Para a realização deste livro, o Nupebraf contou com o apoio do CNPq, da Capes e dos Programas de Pós-Graduação da Área de Literatura Francesa do DLM e da Área de Teoria Literária e Literatura Comparada do DTLLC do FFLCH da USP.

São Paulo, 16 de abril de 1999

SANDRA NITRINI

Núcleo de Pesquisa Brasil-França (Nupebraf)
Instituto de Estudos Avançados da USP
Coordenadora: Prof.ª Dr.ª Leyla Perrone-Moisés
Vice-coordenadora: Prof.ª Dr.ª Regina Salgado Campos

MATRIZ

Marlyse Meyer

ROCAMBOLE, UMA ENTIDADE DE MIL FACES*

As MATRIZES EUROPÉIAS, francesas em particular, são um elemento fundamental, inquestionável, da construção cultural brasileira.

Como é inquestionável seu papel na elaboração do romance nacional e concomitante formação de um público ledor/ouvinte dessa nova ficção em prosa. Mas nem sempre os modelos foram emprestados à assim chamada "alta literatura". E entre esses, há que ressaltar a presença marcante do romance de folhetim francês no Brasil, desde o momento de sua criação na França. Isto é, depois de umas tentativas entre 1836/38, sua instalação definitiva no rodapé dos jornais que foi seu hábitat, a partir da década de 1840, com a afirmação de mestres como Eugène Sue e Alexandre Dumas.

Um outro nome importante entre os folhetinistas franceses, uma geração depois, foi a do "Visconde" Ponson du Terrail (1829-1871), que, entre número enorme de folhetins, criou aquele cujo herói acabou engendrando a expressão que se confundiria com o próprio gênero folhetinesco: Rocambole. Suas proezas, mortes e ressurreições, a pedido dos leitores, se estendeu pelos jornais, livros e fascículos, de 1857 até a morte de seu criador. Chegou ao Brasil já em 1859 e a partir de então e até meados do século XX vamos encontrar Rocambole e suas aventuras freqüentemente republicadas, levadas ao teatro, objeto de mofa de Machado de Assis, lido e treslido por futuros escritores como Graciliano Ramos, Monteiro Lobato ou Pedro Nava, muitos outros ainda, que deixaram seu testemunho de uma encantada leitura.

Donde o interesse em abordar os mais de quinze volumes que narram as

---

* Publicado em: *As mil faces de um herói canalha*. Rio de Janeiro: Editora da U.F.R.J., 1998.

"rocambólicas" aventuras de Rocambole, para tentar o quase impossível: resumi-las e mais, procurar definir esse herói, camaleônico por essência.

Mas quem foi Rocambole?

Se as aventuras de Rocambole se apresentam incontestavelmente como aqueles grandes romances populares de que fala Eco, a propósito dos *Três Mosqueteiros*: "um enredo narrativo que se multiplica como uma tênia... que se sustenta através de uma série indefinida de contrastes, oposições, crises e soluções, uma invenção engenhosa de fatos inesperados"[1], o herói-título no entanto não possui aquelas características fixas, "tranqüilizadoras", "um tique, vícios, gestos, vezos quase nervosos que nos permitam reencontrar na personagem um velho amigo". Como também não tem a consistência nascida daqueles traços gerais que identificam imediatamente na imaginação do leitor um d'Artagnan, um Rodolfo de Gerolstein, um Edmundo Dantès-Monte Cristo, ou o Lecoq de seu contemporâneo Gaboriau. Rocambole, é, sem sombra de dúvida, "uma canalha medíocre", é um bandido etc., e é também o camaleão que assume tantas simultâneas metamorfoses e papéis tão verossímeis na sua diversidade, que há momentos em que o leitor já não sabe quem é quem, nem se sabe qual dos papéis teria se fixado na imaginação do leitor.

Como se configurou esse personagem? Se é que se possa falar em configuração de um ente mutante por definição, uma vez que a metamorfose integral é seu signo distintivo.

Escorregadia figura, que vai se compondo ao léu das ações que ela própria parece engendrar. Que suscita e é a ação. Ou melhor, são as ações inventadas, arquitetadas pelo alucinantemente imaginoso Visconde Ponson du Terrail que vão constituindo Rocambole, simultaneamente produto e agente do rocambolesco, dotado da ardilosa astúcia que saberá provocar as necessárias encarnações adequadas às situações criadas.

Tentar caracterizar esse que é Rocambole enquanto rocamboleia, que é sempre ele e sempre outro, é portanto algo mais enrolado que o bolo, que, em português, lhe herdou o nome.

Propõe-se aqui desenrolar o bolo, apresentando alguns blocos narrativos, a ver o que se pode ir fisgando do nosso herói. Mas há que se levar em conta outros enrolamentos, neste que é um romance-folhetim *sui-generis*.

O tempo e os tempos rocambolescos

Entre esses, começaria desenrolando os que dizem respeito ao tempo. O tempo narrativo e sua relação com o tempo real do escoamento do folhetim, a repercussão do tempo na configuração do personagem, o tempo da História que acompanha a história.

Pois, se de um lado Rocambole parece "inconsumível"[2] na sua reiterada ressurreição, que parece subtraí-lo a qualquer causalidade e fluxo temporal, assim mesmo desenvolve-se no tempo e acaba não só consumido e modificado por esse tempo, como vai, com ele, apresentando inesperadas transformações internas, o que também não é típico de um personagem folhetinesco, geralmente dado de uma vez por todas.

Por outro lado, nunca é demais lembrar que o protéico personagem e o inesgotável texto que lhe deu e alimentou-lhe a vida foram se desenvolvendo durante treze anos: de 1857 a 1870, ou seja, dos 26 aos 42 anos — e morte — do seu autor. Uma longevidade não prevista pelo imaginoso e fecundo Visconde — que nem por isso deixou, ao mesmo tempo, de alimentar com outros personagens e outras aventuras, a voracidade folhetinesca de variados jornais da capital e da província.

"Opiácea" obra, para retomar uma expressão de Gramsci[3], cujo compulsório devir nasceu da insaciabilidade de leitores viciados, que não agüentavam passar um dia sem saber de Rocambole; co-autores que não permitiram ao talvez enfastiado fornecedor da droga, o alívio do epílogo, obrigando-o à obra aberta, que só a morte fecharia.

Mutante leitor, todavia, à imagem do metamorfoseante herói — um leitor que ia, por suas cobranças, construindo a longevidade da obra, e foi, por sua vez, se renovando ao fio do tempo e das gerações.

E terá existido o leitor total? Aquele que se amarrou desde as primeiras páginas dos *Dramas de Paris*, que sofreu com os reiterados anúncios da "derradeira palavra de Rocambole" e acompanhou a novela até sua irrecusável conclusão? Um leitor que tivesse progressivamente vivido os efeitos do tempo, envelhecendo como e com o autor, o Império e o herói?

Atento e fiel leitor envolvido tanto no imprevisível cotidiano da aventura quanto no processo que levou do malandro garoto de Paris ao elegante e perverso discípulo do nobre e vil conde Andréa, do deslavadamente mau Rocambole e suas máscaras — irmão gêmeo do totalmente cruel Maldoror — a seu fulgurante e ambíguo arrependimento. Não terá sido ele, leitor, o indutor dessa guinada moralizadora? que nem por isso lhe tolheu o prazer de reencontrar novas rocamboladas a serviço de um Bem tão relativo e dúbio quanto a filantropia Imperial? Teria ele sentido certo enfraquecimento do herói com sua cômica e diminuta quadrilha final, que para o leitor de hoje lembra aquele estrambelhamento inoperante e simpático de Butch Cassidy?

E haveria ainda a considerar uma outra figura: a do leitor artificial, eu diria.

Aquele que não viveu o tempo certo de um texto muito de sua época, destinado à imortalidade fugaz do jornal cotidiano, o tempo de sobressalto da espera e do imprevisível da publicação em fatias. O leitor assinante dos fascículos semanais, mal costurados por ele em toscos volumes, ou reeditados constantemente pelos numerosos editores que tanto na França como no Brasil foram retomando a obra até o século XX adentro. E, finalmente o (possível?) leitor de hoje, para quem a mídia oferece outras possibilidades de satisfazer o desejo da prazerosa iteração do fragmento romanesco, e se depara com os numerosos volumes compactos que materializam e aprisionam na estante a totalidade definitivamente fechada das proezas de Rocambole. A experiência pessoal mostrou que ainda persistem aqueles que não deixarão de submergir no prazer dessa leitura; uma leitura longa porém, entrecortada, apesar do apelo sempre presente que para um impenitente amador de folhetins o levaria a não desgrudar do livro, reconstruindo ele próprio uma nova e aleatória fragmentação, nascida do excesso de informação ficcional e da impossível disponibilidade que, evidentemente, o fragmento diário curto assegura.

São anos, portanto, para o cotidiano leitor do rodapé do jornal; são meses, anos até, para o leitor de hoje que resolve enfrentar uns trinta volumes, sem que, ao fim e ao cabo, chegue a se configurar totalmente um personagem que não surgiu pronto, como Minerva da cabeça de Júpiter, mas foi, devagar, emergindo do limbo em que jazia nos dois primeiros volumes, para ir desenvolvendo *ad infinitum* a motilidade, fluidez e astúcia no travestir-se do seu modelo matricial, o conde Andrea-Sir Williams, de que é o "imatável" continuador.

E, à medida que se vai avançando na leitura, o leitor irá percebendo que foram acontecendo modificações imprevisíveis alem da necessária imprevisibilidade do enredo e da recorrência das soluções, — vitríolo, fuga, epifania salvadora, pseudo-afogamento, pseudo-soterramento, sumiço, prisão etc. —, no comportamento, nos alvos, nas motivações do protagonista, o que garante assim muitas surpresas ao leitor tenaz, que terá conseguido ir até o último volume.

O tempo externo da leitura e o tempo externo do mundo concreto vão se ajeitando ao tempo interno, melhor dizendo, aos tempos da narrativa. Um delírio temporal que avança, recua, anuncia, retoma, o *flash-back*, o *flash-back* do *flash-back*, a suspensão, o rocambolesco no tempo em suma.

Delírio temporal de que um capítulo de *Última palavra de Rocambole* é o exemplo mais alucinante: temos o presente narrativo do autor que, na primeira pessoa se substitui ao narrador e levanta o véu do seu processo criador, contando o "começo do romance". É alcançado por protagonistas "reais" da aventura ficcional que ele, autor, já narrou e trazem seu passado para explicar sua intervenção. É o próprio Ponson du Terrail portanto, que narra simultaneamente o processo da publicação seriada no jornal *La Patrie* dos *Dramas de Paris, ou Proezas de Rocambole,* e o que aconteceu aos protagonistas. Remete a futuros eventos dentro do passado do presente narrativo, para contar como se continuou a publicação, que, na verdade, já foi realizada. Uma publicação que fora suspensa, conta ele, pela interrupção da documentação que lhe vinha sendo fornecida por um antigo forçado, que conhecera o "verdadeiro" Rocambole nas galés. Pois a falha documental será suprida pelo próprio e verdadeiro Rocambole, que irrompe no presente narrativo. Neste se engatam simultaneamente explicações do autor, e a narrativa da peripécia rocambolesca que vai constituir o fim do volume, ao mesmo tempo que o autor ainda dá explicações que remetem a um presente narrativo. Já o tempo que simultaneamente se engata é fluir narrativo puro, a aventura rocambolesca retoma, com os macetes eternamente recomeçados, prisão, fuga, envenenamentos, subterrâneos.

Só que, agora, a esse puro delírio se acresce o peso do tempo exterior, de um mundo cada vez mais real. A ficção vai aos poucos encontrando um tempo presente e contemporâneo do leitor da época. É bem verdade que, desde o começo da série o tempo exterior concreto já se manifestava, na medida em que muitas peripécias eram emprestadas pelo autor aos *faits-divers* que iam pontuando o seu tempo de escrita, mas não passavam de inspiração para a trama, sem o menor efeito na definição dos personagens.

Mas, a partir de *Ressurreição de Rocambole,* nos volumes seguintes, *As misérias de Londres,* e, mais agudamente ainda, em a *Prisão de Rocambole,* o Tempo concreto, material, vai acabar invadindo a aventura, devorando praticamente o herói. O eterno Rocambole que "não pode morrer", todo-poderoso, ubíquo, tendendo ao mito, não só vai perder certa força narrativa — cansaço do autor — e inevitável desgaste do herói romanesco, "consumível", como também vai ficando cada vez menos HERÓI, cada vez mais homem na sua fragilidade. Come, dorme, esquece. Uma hominização do aventureiro, traduzida pela quase eliminada torrente de metamorfoses e disfarces. Praticamente fixado no *Homem de Pardo,* que vai circulando num mundo cada vez mais presente. Bafejado pelo tempo que corre e vai mudando os homens. Um tempo real, espaços reais — e não só pitorescos ou quadros para proezas —, invadem a aventura, e estão aliás prestes a dar cabo dela. A guerra, a Comuna, a morte do autor vêm aí.

Desenrolando o Rocambole

Mas ocorre voltar *da capo,* para tentar acompanhar a trajetória que transformará Rocambole em o *Homem de pardo.* Desenrolar o bolo ao mesmo tempo que cortá-lo (simultaneidade tão impossível quanto descrever o objeto...) nos sucessivos blocos narrativos, que enfeixam os avatares sucessivos e simultâneos, as enrolações... do nosso Rocambole-Avatar.

Lembrando: "AVATAR: (do sânscrito, descida do Céu à Terra). s.m. 1. Reencarnação de um Deus e, especialmente no Hinduísmo, reencarnação do Deus Vixnu sobre a terra. Vixnu encarna sob diversas formas: peixe, tartaruga, javali, homem leão, anão, os dois Smam-Krishna, Buda, Cali [reencarnações estas que metaforizam bem nosso herói]; 2. Transformação, metamorfose de alguém ou alguma coisa".

Cada bloco seria um novo avatar (multiplicado pelas metamorfoses em cadeia que ocorrem praticamente a cada momento de cada ação) — no serpenteante itinerário e do esquivo protagonista e da narrativa. (Lembrar que Frye define a narrativa cômica pela sua estrutura em serpentina.)

1.º bloco narrativo — *Herança Misteriosa*
Rocambole ainda no limbo. Fulcro: o conde Andrea-Sir William etc. avatar do herói romântico satânico. Mestre e modelo. Rocambole: Joseph Fipart, garoto de Paris — avatar bonito de Tortillard (personagem de *Os Mistérios de Paris*). Vivo e matreiro. Promete.

2.º bloco — *O Clube dos Valetes de Copas*
Romance de formação: Rocambole, com suas inteligência e matreirice inatas aprende todos os macetes físicos e morais de Andrea: pratica todas as lutas e esportes, sabe modificar corpo, voz e comportamentos e adequar novas metamorfoses a novas situações.

Pode passar por fidalgo e grande-senhor sem no entanto renegar sua origem popular. Cínico e realista. Configura-se a silhueta esguia, elegante. O olhar ainda é mortiço. Vai aos poucos sobrepujando o Mestre. É, de início, o representante do Chefe, junto aos embuçados do Club. Suas metamorfoses vão sendo feitas por instrução de sir Williams para servir-lhe os designos diabólicos.

Primeira metamorfose: Rocambole transforma-se, melhor dizendo, é o belo e louro Visconde de Cambolh, sueco, *dandy* elegante, freqüentador da sociedade parisiense.

Segundo avatar: encarna uma figura irmã daquela conhecida dos palcos parisienses. Le Brésilien, personagem das *Gaités parisiennes* de Offenbach. Ou seja, transforma-se no Marquês don Iñigo de los Montes, "que chega do Brasil com a intenção de morar em Paris por alguns meses. Seu banqueiro do Rio de Janeiro deu-lhe uma carta de crédito para seu correspondente em Le Havre". O marquês é "muito rico [...], é de origem espanhola, possui terras e gado no Brasil onde seus antepassados, implicados numa conspiração contra Filipe V foram se estabelecer". E sir Williams completa o quadro moral de Rocambole-don Iñigo: o brasileiro é "um sacripanta, um velhaco, que não respeita a virtude das mulheres, da honra dos maridos e é capaz de tudo".

3.º bloco — *Proezas de Rocambole*
Alter ego de Sir Williams, Rocambole acaba passando-lhe a perna e comanda as operações de banditismo: sem a dimensão satânica do Mestre, elimina a aura aristocrática da vingança como motor da ação; o que interessa é dinheiro e poder. A qualquer custo, mediante qualquer assassinato. O leitor vai acompanhando todas as armações da transformação de Rocambole em Marquês de Chamery, na seqüência de um naufrágio, em que usurpa a identidade de um jovem que deixa tranqüilamente se afogar.

Como o que está em mira neste texto é pinçar traços do VERDADEIRO Rocambole, transcrevo sem comentários trechos da cena final desta terceira parte dos *Dramas,* onde ele vai matar seu mestre, protetor e iniciador, não sem antes explicar-lhe os motivos "éticos" que o levam a isso:

"A virtude, meu velho, é uma coisa bela, grande, e muito necessária para um homem que, como eu, principiou mal.

"E eu, vês tu, quero ser virtuoso, quero que Pepita seja a mulher mais feliz deste mundo, que todos a respeitem, e que os pobres a abençoem... Hei de praticar o bem, ser generoso, e magnífico... Grandeza obriga!

"Sir Williams não pôde abster-se de dar palmas de aprovação ao passo que os delgados lábios se lhe arqueavam com um sorriso sarcástico.

"— Palavra de honra! prosseguiu Rocambole, há momentos em que me sinto convencido de uma coisa, e é que nasci Marquês de Chamery, que nunca fui Rocambole, e que não conheci em tempo nenhum o abominável canalha chamado sir Williams [...].

"O bandido continuou:
"— Creio que fiz um ótimo negócio no dia em que te encontrei, coroado de penas de arara, e tendo por único vestuário um pano dos que usam as selvagens. Deste-me excelentes conselhos, [...].

"E Rocambole interrompeu-se por um momento para se rir à vontade.
"— Depois, prosseguiu ele, com ares de moralidade, tiveste sempre princípios deploráveis, e desses inculcaste-me um deveras perigoso para ti, dizendo-me que quando dois homens são cúmplices, o mais forte é o que se descarta do outro.

"Ouvindo estas últimas palavras fez o cego um movimento e quis levantar-se impelido por uma vaga inquietação.

"— Parvo! exclamou Rocambole; deixa-me ao menos rir um bocado...

"E continuou:

"— Olha, vou contar-te uma lenda, para variar um tanto a minha conversação, visto ser obrigado a falar por mim e por ti. Nós estamos na plataforma da torre do norte, como se lê nos romances, e achamo-nos sentados em um parapeito do qual se precipitaram duzentos homens. O barranco que fica lá em baixo a cem metros de profundidade, é rodeado de rochedos; por isso peço-te que acredites que quem desse tão perigoso salto não ficaria em muito bom estado.

"Sir William tornou a encrespar os sobrolhos, e a querer levantar-se.

"Mas Rocambole disse-lhe:

"— Deixa-me concluir meu tio...

"E o bandido cingiu o pescoço de sir Williams com um braço, em seguida cingiu-lhe com as mãos, como fizera para estrangular a tia Fipart, mas não apertou.

"— Tu não imaginas, disse ele em seguida, mudando repentinamente de tom, não imagina a pena que eu tenho de me separar de ti; e se não houvesse absoluta necessidade para o Marquês de Chamery de não ter conhecido nunca o bandido sir Williams...

"Desta vez compreendeu sir Williams o projeto de Rocambole, desembaraçou-se-lhe inopinadamente dos braços, levantou-se e quis fugir.

"Rocambole, porém, que o largara momentaneamente, tornou a apoderar-se dele, e segurou-o vigorosamente com os pés e com as mãos, murmurando:

"— Desta vez é certo, meu velho... mais que certo; e como não tens língua, os uivos que soltarás não despertarão ninguém... Serão dominados pelo vento e pelos trovões. E Rocambole, que tinha por si o vigor, a mocidade, e a vantagem de ter vista, prostrou sir Williams, o qual, contudo, se defendia com raríssima energia.

"Depois apertou-lhe a garganta para lhe abafar os sons inarticulados que soltava, e deitou-a ao comprido, no parapeito, onde o conservou por um momento imóvel.

"— Eu te digo agora, meu velho, disse então Rocambole, com um escárnio infernal, como explicarão a tua morte: sentiste muito calor. Levantaste-te às apalpadelas, abriste a porta de vidraça, saíste para o terraço, caminhaste ao acaso, tropeçaste no parapeito, inclinaste o corpo para diante, e perdeste o equilíbrio... Percebes?

"E o malvado acrescentou:

"— Sossega, que hei de derramar algumas lágrimas por ti; e depois do teu enterro casarei com Pepita.

"Mal acabou de proferir estas palavras, lançou sir William no vácuo.

"Ato contínuo, ergueu-se do abismo um grito ou antes um uivo, em seguida ouviu Rocambole um ruído surdo, o da queda do corpo de seu mestre despedaçando-se nos rochedos.

"Mas também ao mesmo tempo estalou um trovão enorme, que fez estremecer o castelo até os velhos alicerces, brilhou um relâmpago que iluminou terra e céu, iluminando o Barranco dos Mortos, onde os olhos assombrados do bandido avistaram o cadáver ensangüentado de sir William, e de súbito, como que flamejaram na memória do miserável estas palavras proféticas do cego:

"«Sou o gênio que preside a tua estrela propícia; no dia em que eu deixar de existir, extingui-se-á essa estrela...». E o bandido ajoelhou, murmurando:

"— Tenho medo! Tenho medo!"

4.º bloco narrativo — *A desforra de Baccarat*
O comentário que se faria à cena precedente está na verdade na boca de Zampa, bandido espanhol (estará lembrado o leitor? é o nome do bandido romano de Monte Cristo), antigo cúmplice de Rocambole , mas vai ajudar Baccarat a castigar o Herói, que julga sem contemplação dentro do código do banditismo: "não tem a alma de um verdadeiro bandido mas sim o coração de um tratante vulgar; não é um celerado e sim um ladrão miserável".

Baccarat, auxiliada por Zampa, consegue castigar cruelmente Rocambole, desfigurando-o com vitríolo: o retrato físico ficou à semelhança de sua alma hedionda. Baccarat-Condessa Artoff, a prostituta arrependida também vai conseguir enviar Rocambole às galés, de onde há poucas chances que escape. Prepara-se portanto, finalmente, o desfecho do folhetim.

E está configurado um retrato completo, alma e corpo de Rocambole, que parece definitivo e final. Não fossem as reclamações do público, e concomitante cobrança do diretor do jornal, que não quer perder os ganhos.

4.º bloco narrativo — 1.ª parte da *Ressurreição de Rocambole*
ELE ressurgirá portanto, na figura do misterioso cento e dezessete, o 117 das galés de Toulon.

Surpresa: onde ficou a hedionda figura? Esquecimento, protestos dos leitores, cirurgia plástica? O fato é que o 117 se apresenta como "verdadeiro herói de romance": é ainda moço — figura elegante apesar dos cabelos raspados, mais aristocrático, fisionomia altiva e desdenhosa, ares de grande senhor. "E seu olhar, ah seu olhar! esse olhar que nos penetra até o íntimo d'alma perturbando-a extraordinariamente. Com sua fisionomia desdenhosa e melancólica impunha aos companheiros o mais supersticioso respeito!"

Na verdade não houve esquecimento, ou engabelação de um autor premido pelos leitores. Essa beleza de Rocambole corresponde ao seu mais espetacular avatar, uma verdadeira reviravolta narrativa. E entra, implícito, um novo e velho tema em cena, que já vinha da "littérature de colportage", e fora rejuvenescido pela ópera de Meyerbeer, um grande sucesso da época romântica: o tema de *Roberto do Diabo*. Aquele que praticou todas as estripulias, diretamente inspiradas pelo diabo, seu padrinho, e, que tocado pela graça divina, se metamorfoseou em Roberto de Deus. Mas que nunca hesita em lançar mão de todas as artimanhas passadas para afirmar e impor aos outros sua nova e verdadeira fé. Tal e qual Roberto do diabo, nosso Rocambole se regenerou. De verdade. E sua beleza física corresponde agora à nova beleza de sua alma regenerada...

É o que ficaremos sabendo ao reencontrá-lo nas galés, onde também aprenderemos que Rocambole... existiu de verdade. A cena é espantosa:

O 117, sempre silencioso, apenas sorri quando, num serão, ouve um companheiro de chusma rememorar uma noitada de teatro em Paris. "«Rocambole», drama em cinco atos e um prólogo." Está armado o caminho que levará mais tarde ao episódio "verdadeiro" de *Última palavra*: o personagem ficcional transformou-se na concretude de um evento efetivamente levado nos palcos de Paris... (e do Rio de Janeiro, acrescente-se) a que também assistiu outro forçado. Está criado um "efeito de real" ainda reforçado quando corre pelas galés que, de fato, Rocambole existiu de verdade. E quem afirma isso? o próprio 117: "Talvez conte... algum dia em que eu esteja com pachorra pra isso".

Vê-se que o visconde Ponson du Terrail não recua diante do mais enovelado *imbroglio,* que é outra esperteza narrativa: Refresca-se a memória do leitor, já que Rocambole ficara uns tempos afastado dos jornais, e ao mesmo tempo se refaz o retrato do herói, apagando-se sua radical negatividade a que o vitríolo dera a forma definitiva.

Rocambole já não é mais aquele: "Fui ladrão, assassino, filho desnaturado e amigo perverso; mereci cem vezes a morte; mas houve um dia em que Deus me deixou cair no coração roído de todos os vícios, corrompido por todas as vergonhas, um sentimento honesto: o amor fraterno por aquela moça cujo nome usurpei".

É chegada a hora de deixar as galés e, para resgatar o passado de crimes, sair pelo mundo, moderno cavaleiro andante, novo Dom Quixote, à procura e em defesa das causas justas. O mais simples é fugir. E reencontramos nosso velho Rocambole, conhecedor de todos os macetes espetaculares que fizeram sua fama de bandido, mesclados com bons sentimentos que o vão tornando super-herói.

"Tinha uma estatura apenas comum: delgado e flexível"; e no entanto "tomou nos braços como se fora uma criança o robusto e gigantesco Milon", após salvá-lo *in extremis,* desmontando uma peça da guilhotina no momento preciso da degola. Age assim movido por outro traço novo: a bondade. Com efeito comovera-o o pedido de uma mulher que lhe narrara — outro novelo — a triste história dela e do bom gigante Milon.

Mas deixemos 117 e seus companheiros fugindo audaciosamente por um túnel cavado... sob o mar... antes de acompanhá-los nos novos caminhos da redenção há que se mencionar um outro modo de ser do Rocambole — que é a ação, e vai se repetir muito doravante: o que se poderia chamar o tema do ausente-presente. Com efeito, nesses dez anos em que ficou confinado às galés, muita coisa aconteceu, obviamente, como se saberá. Da mesma maneira, futuramente, haverá outros longos momentos — e vários volumes — em que Rocambole, para o exercício de seu "apostolado" tomará longo chá de sumiço.

Sendo poder e ação, ele pode desaparecer durante alguns anos por motivos aliás às vezes desconhecidos por todos (os leitores e seus comparsas) e nem por isso esmorece o ritmo das peripécias. Pois os comparsas continuam a agir, lutando contra o bando inimigo, continuando a seguir as instruções deixadas por Rocambole ou recebendo novas por veículos diversos.

E tornemos ao túnel submarino onde o ex-117 arrasta consigo o quase guilhotinado e o seu ex-carrasco. É o início do pacto; em troca dessa salvação, o 117 vai exigir submissão absoluta, a qualquer hora, em qualquer lugar, em nome do bem que vão doravante praticar. Uma exploração efetiva do "bom Rocambole", lida como real benesse pelos seus súditos, ou melhor, seus fiéis. Está definitivamente configurado o novo avatar de Rocambole: é Deus na terra, e venerado como tal pelo seu pequeno grupo de seguidores, entre os quais se inclui Vanda, a russa, que ama Rocambole. É ela quem está à espera dos fugitivos no fim do túnel, com um barco.

5.º bloco narrativo — *Ressurreição de Rocambole*, segunda parte.

A presença de Vanda, a russa, aponta para outro traço característico de Rocambole: seu poder junto ao coração das mulheres: aristocratas, russas ou inglesas, cortesãs, sacerdotisas hindus, criminosas, conquista-as todas, é só aparecer... Involuntário ganhador porém, tal como o futuro Super-homem, nunca se aproveita sexualmente da vitória, por mais lascivas possam ser certas situações... ainda que comecem sendo suas implacáveis inimigas, todas acabam se apaixonando e aderindo ao seu combate na trilha do Bem.

Miss Helen, a aristocrata inglesa "inimiga figadal do homem de pardo" confessa a Vanda, outra eterna apaixonada: "Fui, [inimiga], já não o sou... Amo-o, amo-o desde o momento supremo em que o traí, e o entreguei aos seus algozes..."

Mas Rocambole paira soberbo acima dessas mulheres, escravas e instrumentos operacionais. O que lhe interessa mesmo, alvo de todas as peripécias é (tema arquetípico "aggiornato" ao espírito de seu tempo) a conquista do recorrente tesouro indevidamente apropriado pelos Malvados. Como praticar o Bem sem dinheiro?

"Ouve com atenção o que te digo, explica Rocambole, disfarçado no velho Major Avatar, a Milon. Há neste mundo uma alavanca poderosa que se chama dinheiro. Não há nada ou quase nada, além da consciência humana, por vezes recalcitrante, que lhe resista. Com dinheiro movem-se homens, põem-se em ação as influências mais temíveis e transforma-se em deserto um sítio fértil. Percebes isto?

"— Mais ou menos, disse Milon.

"— Viste o que tenho feito e adivinhas o que sou capaz de fazer.

"— De certo, afirmou o colosso em tom de admiração.

"— Hei de achar as duas meninas, continuou o Major com tranqüilidade; restituir-lhes-ei o que lhes pertence e vingarei a morte da mãe delas... Como? Isto pouco importa! Mas hei de fazê-lo!

"— De certo, disse Milon.

"— O que preciso porém é dinheiro. Muito dinheiro.

"Milon tinha absoluta confiança no seu companheiro de grilhões; por isso, pôs diante dele o cofre:

"— Tire daqui o que precisa, disse ele.

"— Preciso de cem mil francos, tornou o Major.

"— Tire-os...

"— Bem! agora, concluiu o Major, mãos à obra. Daqui em diante podes chamar-me Rocambole."

Mas, se Rocambole-Roberto do Diabo sabe ser cínico e até assassino quando necessário, nem por isso é menos profunda a nova metamorfose. A própria Bacarat, agora condessa Artoff não duvida dela:

"A voz de Rocambole já não era a mesma; não tinha já o tom de ironia mordaz, que manifestava a ferocidade dos instintos. Em compensação, tinha o que quer que era de triste, de surdo, e de comprimido. No rosto não se lhe notava a expressão de audaz cinismo. Entre o homem que tinham acorrentado na presença de Baccarat, para o atirarem na galé, e aquele que ela então via na sua presença, havia um mundo inteiro de diferença.

"E, contudo, eram dois homens em um só."

O mesmo Rocambole faz seu auto-retrato numa carta de despedida à Condessa, a quem explica porque vai se matar:

"Eu fizera o juramento de morrer nas galés, mas não o cumpri, e sabe por quê? Porque me lembrei um dia de que talvez pudesse resgatar parte das minhas faltas. Apareceu um homem que me contou a pungente história das duas órfãs perseguidas, e eu, o maldito, o homem das horas nefastas, o assassino Rocambole, conheci que nem só o arrependimento e o remorso me preenchiam o coração... queria tornar-me homem de bem, queria aplicar às práticas do bem a inteligência e o ânimo que tão mal empregara outrora... Bem sabe se eu cumpri meu dever.

"Agora porém, está tudo concluído. O homem a quem o remorso dera tréguas por um momento, curva de novo a cabeça sob um castigo supremo. Não quis a Providência que Rocambole pudesse ter uma hora de paz... e consegui-o, fazendo-lhe desabrochar no coração uma paixão terrível e fatal, o amor de um demônio por um anjo. Ninguém pode avaliar quanto tenho padecido desde que a vi passar, ditosa e triunfante pelo braço de seu Yvan, pelo braço do esposo que lhe dei. Tenho sustentado uma luta medonha comigo mesmo. O Rocambole de outro tempo tem ressurgido por vezes, feroz, rígido, ébrio de ciúme e pronto para o homicídio...

"Enquanto não vi cumprida minha missão, lutei, resisti e combati contra mim mesmo... agora já ninguém precisa de mim, e nem mesmo a galé, graças a V. Ex.ª

"Deixe-me pois dormir o sono da morte. [Note-se que este é um verso do *Moïse,* célebre poema de Alfred de Vigny.]

"Adeus minha senhora... quando V. Ex.ª receber esta carta não restará de Rocambole senão um cadáver frio... a arma que escolhi é o punhal que cravarei sem hesitar no coração. Bem sabe, infelizmente, que tenho mão certeira...

"[...]. De súbito, abriu-se a porta... era Vanda... Seguida de Milon. Ah! patrão, não pode se matar, patrão! — Posso porque quero. Quem precisa de mim agora? — Eu... Era Branca de Chamery... [a pseudo-irmã, que vem suplicá-lo para que ache seu filho, roubado].

"Rocambole soltou um grito terrível e ergueu-se com os olhos incendiados. Foi o novo despertar do leão".

6.º bloco narrativo: *Misérias de Londres — Última Palavra de Rocambole — Prisão de Rocambole*

São três episódios (em quatro volumes) de intensas e enroladas aventuras. Começa em Paris, onde Rocambole é... Rocambole; está doente, refazendo-se de peripécia anterior, a quase morte na Índia aonde fora ao encalço do menino roubado, como se saberá... adiante, em *flash-back.*

"Estava enfermo, num quarto de taberna, ferido, obrigado a conservar-se de cama, mas não seria por muito tempo, em breve se acharia em pé o homem legendário. Enquanto isso, os Devastadores a «pirataria do Sena», de quem se tornou chefe por outras tantas enroladas razões, comentam os «feitos verdadeiros dessa legenda viva»".

Note-se a queda que representa a essa altura da vida para um HERÓI de tal envergadura, cosmopolita etc., chefiar meros piratas de água doce... Estoura uma briga entre eles, ouvem-se alguns "morra Rocambole", eis senão quando

"a porta se abriu. No limiar dela apareceu então um homem pálido, quase sem poder ter-se em pé, mas de cujos olhos brotavam faíscas... Era Rocambole."

O qual vai, sozinho desafiar trinta homens, "e que homens!" Trinta bandidos, que vai vencer com sua mais antiga arma: a fascinação de seu olhar...

"Rocambole apresentou-se quase nu, desarmado, e com a aristocrática cabeça bem erguida, num supremo impulso de amor-próprio. Conservando-se por um momento mudo, com os braços cruzados, e encarando a tormenta com a impassibilidade que lhe era habitual, fitou aqueles homens todos, com olhos de que saiam faíscas elétricas, e com que subjugava os mais rebeldes e endurecidos."

Provavelmente esta é uma visão de "quadrinho" que se terá imprimido mais fortemente no imaginário do leitor que a do penitente... Seu bando cresce com a adesão de alguns "devastadores", ele desiste porém do papel de chefe do grupo todo, uma vez que se sentiu desrespeitado.

Vão, a partir de então, se embaralhando as figuras do herói que vai vivendo na miscelânea todos os seus papéis.

Ele mesmo se autodefine "eu sou o nada e sou o tudo", mas o herói está fatigado. À procura de Vanda, quase assassinada neste episódio, ele, o Mestre, cai na mesma cilada que a moça. O que não escapa a Marmouset: "Estamos logrados e o Mestre também", comenta ele.

O herói se torna cada vez mais um homem comum, "come um pedaço de presunto com pão, acompanhado com um copo de *ale*", sem perder contudo a majestade; come, "enquanto sua corte de Devastadores permanecia respeitosamente de pé em torno dele". Vive escondido em antros de Paris e de Londres, aonde os acontecimentos o levam de volta. Cada vez mais despojado, mais pobre, sempre venerado, porém.

E cada vez mais a tendência da narrativa é fixar tudo que era multidirecional, volátil, no rocambolesco. Há uma tensão e uma direção que acabam justificando e dando verossimilhança a todas as transformações, metamorfoses e lances teatrais do enredo. Vai se fazendo nítida polarização em direção do bem, e o bem acaba se confundindo com a causa da Irlanda. O Herói é cada vez mais designado como o Homem, e, logo mais, o *Homem de Pardo*. Rocambole fez uma opção concreta, histórica ao se tornar chefe dos Fenians, os conspiradores irlandeses. Como é concreta a Londres onde se desenrola grande parte da ação. Nessa Londres, o povo não é mais aquele povo pitoresco da malandragem, topos que remonta ao *Beggar's Opera;* na cidade da pobreza e da miséria que Engels descreveu, os malandros retratados pelo Visconde perderam também, como em Paris, a aura terrível dos que povoavam os *Mistérios de Paris*. Em *As misérias de Londres,* os malandros o são por necessidade, impelidos muitas vezes às más ações pela fome da família. É o caso das "traições" do "rough" e pobre Paddy, manipulado pela mulher, a qual por sua vez é manipulada pela fome, a dela e a dos filhos. Caso exemplar e redundantemente reiterado como convém ao gênero. Se o elemento iterativo é cadência fascinatória, como diz Eco[4], haveria também de se interrogar sobre o como teria sido lido o multirrepetido recado pelo público popular e igualmente miserável de então?

O mundo mudou depois do primeiro avatar de Rocambole, mais de dez anos antes. O romance do Visconde avança no tempo e registra o avanço do tempo.

E tão concreto se torna, que é no fim do segundo volume da *Última palavra...* que encontramos aquela espantosa rocambolada já longamente comentada, que se poderia chamar "Rocambole existe, eu o encontrei". Já o mencionei, mas não me parecer inoportuno insistir sobre este delirante exemplo do espelhante desvario do "rocambolismo" como modo de produção. Que também responde a outro modo de formular a pergunta "quem é Rocambole?" E, na medida em que, como se vem insistindo, Rocambole é consubstancial à ação que o produziu, ainda se poderia perguntar: "Como se fez Rocambole?" Um fazer da ficção romanesca que é o fazer de seu protagonista-chave. A resposta está nesse trecho de oitenta páginas em que o próprio autor entra despachadamente na ação. Trecho esse que permite também responder indiretamente às renovadas críticas sobre os intervalos de publicação e recorrentes ressurreições do herói. É ainda um documento de primeira mão sobre a relação autor, diretor de jornal e público na confecção do produto folhetim.

E, ao fim e ao cabo, essas oitenta páginas responderiam à pergunta que suscitou este artigo, e de certa forma o anulariam, já que o próprio autor, assumindo a primeira pessoa, descomplica a pergunta "quem é Rocambole", uma vez que nos diz neste volume que não inventou nada, que se contentou em transcrever as memórias

daquele que ele conheceu pessoalmente, que existe portanto em carne e osso e circula no mundo...
Veja-se este retrato, "verídico".

"Se o estilo é o homem" comenta o autor, isto é, Ponson du Terrail, referindo-se ao manuscrito que o próprio Rocambole lhe entregara, "Rocambole tinha ortografia irrepreensível, estilo desenfeitado, mas claro, e que indicava um homem que vivera por muito tempo com gente de educação. Se o criminoso era excepcional, o homem não era um qualquer. Em um e outro ponto havia uma passagem em quatro traços, um caráter desenhado em duas linhas que indicavam naquele 'condottiere' moderno uma natureza essencialmente artística. Rocambole conhecia profundamente o viver elegante, o «high life», a alta vida, como dizem os ingleses. E muito sabia a respeito de cavalos, caçadas e mulheres do «demi-monde». Quando terminei não pude abster-me da seguinte reflexão acompanhada de um suspiro: — Que pena que a gente da verdadeira sociedade elevada — de modo geral, é claro —, seja menos inteligente que esse homem..."

Continuando a desenrolar e cortar o bolo, agora no seu pedaço final.

7.º bloco narrativo — *Prisão de Rocambole*
A narrativa continua cada vez mais célere, fluida, numa sucessão de diálogos, adequada à tendência cada vez mais marcada em direção à verosimilhança, à eliminação de todo apelo às "coincidências incríveis", aos acasos providenciais. Continuam os grupos a lutarem entre si, mas cada um mede seu bote, é menos o dinheiro que o não-dinheiro que determina a ação, a qual tende a se esvaziar, porque, decididamente, pobre não é herói. E o nosso Herói, continua sua trajetória de esvaziamento narrativo, seguido por sua minúscula turma; ele é pobre, luta para impor seu diminuto poder. Esvaziamento que coincide com o processo de sua cada vez mais marcada hominização. Não só dorme, come, como já vimos, mas também compartilha a morada de operários pobres que têm de levantar cedo para ir ao trabalho, envolvidos todos na construção civil. E erra cada vez mais, erra nos seus cálculos, nas suas previsões. Os próprios títulos de capítulos vão se repetindo: capítulo LXI, Caído no laço; capítulo XVII, Caído no laço etc. etc. Rocambole não é mais aquela grande e fria cabeça que tudo prevê, que se deixava cair nos laços só para deles se desvencilhar ou desvencilhar os outros, para sua maior glória. E esse herói metamorfoseado num Homem Pardo, chefe dos Fenians, acossado, fugindo, derrotado, fica parecido com aquela gente sem eira nem beira, trabalhando, lutando, vagando por uma cidade irreconhecível. O processo de

hominização neste derradeiro avatar de Rocambole está completo, o que suas derradeiras aventuras só farão confirmar.

Mas afinal, quem é Rocambole?

Como ficamos?

"Eu tinha visto Rocambole; podia portanto descrevê-lo arrojadamente e com correção", conclui o autor em *A última palavra* de Rocambole (2.º vol., p. 530-1).

Descrevê-lo? A quem? E quem é ele afinal? O rubicundo Major Avatar, ou o pálido Visconde de Cambolh? o Homem Pardo ou o trigueiro brasileiro Marquês Iñigo de la Torre? Mestre bem amado ou criminoso poltrão? Canalha medíocre e/ou campeão dos oprimidos?

E por que não procurar outra definição possível num outro autor: no Conde de Lautréamont? Pois seria talvez na rocambolesca e paródica urdidura do Canto VI dos *Cantos de Maldoror* que finalmente se encontraria o melhor — certamente o mais belo — retrato de um Rocambole às avessas: alargado às dimensões da poesia que tenta fixar o que é movediço por essência.

"Maldoror fut bon pendant ses premiers années... il s'aperçut ensuite qu'il était né méchant!" (p. 38, Chant Premier)[5].

"Desormais, tu rentres à pas délibéré dans la carrière du mal!" (p. 193 Chant Troisième).

"J'arrache le masque à sa figure traîtresse."

"... le héros que je mets en scène s'est attiré une haine irréconciliable..."

"l'homme aux lèvres de bronze", "l'homme à la prunelle de jaspe" (p. 163, Chant deuxième).

Na verdade, tentar descrever e definir Rocambole seria o mesmo que tentar descrever Proteu "o homem que só vive na medida em que se transforma; sempre em movimento e destinado a fugir para poder existir, a arrancar-se sempre de si mesmo — cambiante Proteu feito de uma sucessão de aparências, mágico de si mesmo"[6].

E talvez o grande achado de Ponson du Terrail foi a articulação do protéico personagem à própria época em que desenrolou suas impossíveis aventuras (ainda que emprestadas quase todas ao acontecido dos *faits divers*), uma época marcada ela também pelas transformações, pela metamorfose.

Ao contrário do que diz Eco, o leitor do romance popular do século XIX, "o típico público que representava os consumidores do romance de folhetim" *não* "vivia em meio a mensagens carregadas de redundância, [...]"[7].

Tanto o leitor popular de Ponson quanto o burguês dos "beaux quartiers", o parisiense administrado pelo Barão Haussmann ou os "Limoginos" recém-chegados da província; os antigos leitores/ouvintes da literatura de colportage, a quem foi dado o Sésamo do acesso ao mundo das primeiras letras e da escola primária pela magia da alfabetização, que transforma em sentido misteriosos garrunchos; os freqüentadores dos recém-descobertos "bains de mer", dos bailes populares ou do teatro de opereta, todos os súditos de Napoleão III enfim, viveram, na verdade, no reinado de Circe. Mundo da magia nascida da novidade feérica da luz elétrica e da iluminação a querosene, da miragem do ouro da Califórnia e do Eldorado do México, das ações mirabolantes do Canal de Suez, da maleabilidade do ferro, das paisagens se movimentando com a velocidade das carruagens sem cavalos dos trens de ferro, abolidores de distância tal novo tapete mágico; mundo das exposições universais que trazem o resto do mundo à porta de casa, da rutilância das modernas cavernas de Ali-Babá, os recém-inventados "grands magasins". E toda poderosa, Circe, na Capital, escavando subterrâneos e cavernas, erguendo torres, pavilhões Baltard, casas altas, unindo a caverna às alturas ou fazendo descer as casas com a misteriosa geringonça chamada elevador. Mundo de Circe e de outros potentes feiticeiros, que expulsam da cidade os seus fazedores, ou trancafiam homens, mulheres e crianças no novo e carceral tempo do desumano trabalho nas fábricas e manufaturas. Mundo de sociedades secretas que até produziam um imperador, de estranguladores que vinham das misteriosas Índias à capital do então poderoso Império Britânico, uma Londres ameaçada também pelos rústicos e fanáticos Fenians.

Era, na verdade, um mundo de metamorfoses muito mais profundas que a dança camaleônica de Rocambole, levando a uma definitiva transformação da vida cotidiana. Ou se preferirmos: é o mundo que é Rocambole. Mundo em polvorosa em que está se instalando, "heróica, épica, transitória, fugidia, contingente", a modernidade[8]. E um outro mágico, Ponson du Terrail, com sua varinha de condão de contador de histórias não faz senão reverberar esse mundo.

Neste sentido lembro os romances de outro famoso e muito querido autor popular, Pigault-Lebrun (1753-1835), — autor do *L'enfant du Carnaval* entre outros, — que também chegaram ao Brasil. Georges Duveau, um grande conhecedor da cultura operária do século XIX[9], disse que, para lá de seu efeito de entretenimento (e de sua influência na estruturação do romance popular)[10], os livros de Pigault-Lebrun foram divulgadores do ideário da Revolução Francesa entre as classes populares. Do mesmo modo, além de sua função recreativa, ao criar um modo de enredo enredado que chegou a criar verbetes de dicionário e um personagem colado a esse ondeante enredo, a obra máxima de Ponson du Terrail também reverbera o mundo de seu tempo. E o faz, encontrando a grande metáfora, a ME-

TAMORFOSE, como modo de composição romanesca, respondendo às grandes transformações sociais e urbanas e conseqüentes metamorfoses no modo de ser e viver ocorridas no tempo durante o qual se desenrola seu interminável romance.

Rocambole é a Paris, capital do século XIX

Afinal então, quem é Rocambole?
É Proteu, é Circe e é a Paris, capital do século XIX.
Epopéia do seu tempo — "Ilíada de realejo"[11] de um Offenbach para todos — propulsionada por desígnios muito pouco elevados, alimentadora de sempre recomeçadas audácias imaginativas, as proezas de Rocambole comprimidas no espaço cotidiano e prolongável ao infinito do rodapé do jornal barato aberto ao maior número, oferecia a seus leitores, além daquela reverberação do difícil e metamorfoseável cotidiano, oferecia o equivalente recreativo da irresponsabilidade aventureira e rentável da invejada e selecionada Festa Imperial.

Porta-voz popular do falso brilhante do 2.º Império, tão admirado pelos jovens brasileiros[12], o falso Visconde joga a fundo o jogo do faz-de-conta — que traz a alegria ao leitor, provoca a gargalhada de Lautréamont-Maldoror, é amado pelas mulheres do povo como lembra Verlaine, e zomba da seriedade triste do crítico apocalíptico que denuncia a alienação provocada por um jogo que nunca tentou esconder que tem cartas marcadas.

O sonho que a aventura rocambolesca embala e permite não recende a água de rosa nem é melissa soporífera (veja-se Lautréamont e sua receita para fazer um conto soporífero); também não exala enxofre satânico.

É antes cheiro de esgoto, é o cheiro de gás moderno de iluminação, do piche do asfalto, revulsivo e cáustico. Sonho sonhado por um mundo nem tão postiço: aquele solidamente implantado menos pelo capitalismo aventureiro de Panamá do que pela mão de ferro (sem as luvas de pelica que as escondem nos bailes) ditatorial das "duzentas famílias" senhoras absolutas dos bancos, das novas indústrias, do mundo do trabalho. Época dos fastos da Exposição de Universal de 1867, que exalta os produtos e se acautela dos produtores. É este mundo que atravessa o caos romanesco da saga rocambólica, espalhado por trinta volumes e quinze anos e vai do golpe de Estado à Comuna, passando pela consolidação da revolução industrial.

"Cada tempo tem a sua *Ilíada;* as várias *Ilíadas* formam a epopéia do espírito humano.

"Na infância, o herói foi Aquiles, — o guerreiro juvenil, altivo, colérico [...].

"Esta é a *Ilíada* dos primeiros anos, das auroras do espírito, é a infância da arte.

"Enéias é o segundo herói, valente e viajor, [...] melancólico, civilizado, mistura de espírito grego e latino. Prolongou-se este Enéias pela Idade Média [...] e acabou em cavalarias altas e baixas [...]. [...] e daí surgiu o Dom Quixote, que foi o terceiro herói, alma generosa e nobre, mas ridícula nos atos, embora sublime nas intenções. [...].

"Tocou a vez a Rocambole. Este herói, vendo arrasado o palácio de Príamo e desfeitos os moinhos da Mancha, lançou mão do que lhe restava e fez-se herói de polícia, pôs-se a lutar com o código e o senso comum.

"O século é prático, esperto e censurável; seu herói deve ter feições consoantes a estas qualidades de bom cunho. E porque a epopéia pede algum maravilhoso, Rocambole fez-se inverossímil; morre, vive, cai, barafusta e somese, tal qual como um capoeira em dia de procissão.

"[...]. É certo que é grande a distância entre o herói de Homero e o de Ponson du Terrail, entre Tróia e o xilindró. Mas é questão de ponto de vista. Os olhos são outros; outro é o quadro; mas a admiração é a mesma e igualmente merecida.

"Outrora excitavam pasmo aquelas descomunais lanças argivas. Hoje admiramos os alçapões, os nomes postiços, as barbas postiças, as aventuras postiças.

"Ao cabo, tudo é admirar."

Machado de Assis escreveu[13].

NOTAS

1. Umberto Eco. *Apocalíticos e integrados.* São Paulo: Perspectiva, 1976, p. 250-1; 266.
2. Idem. Ibidem, p. 268.
3. Antonio Gramsci. *Letteratura e vita nazionale.* Turim: Einaudi, 1950. p. 87.
4. Umberto Eco. Op. cit., p. 278.
5. Isidore Ducasse. Oeuvres complètes: *Les chants de Maldoror* par le Comte de Lautréamont. *Poésies, Lettres.* Texte établi par Maurice Saillet. Paris: Le Livre de Poche, 1963.
6. Jean Rousset. *Circé et le paon: littérature de l'âge baroque en France.* Corti, 1953, p. 22-3.
7. Umberto Eco. Op. cit., p. 269-70.
8. Baudelaire. *Héroïsme de la vie moderne. La modernité.* Pléiade, p. 677, p. 892.
9. Georges Duveau. *La vie ouvrière en France sous le Second Empire...* Paris: Gallimard, 1946, 4.ª edição. Duveau menciona o gosto dos operários pela leitura de romances, gosto alimentado a princípio pelos pequenos volumes contendo romances inteiros, e a partir de 1860 substituídos pelos jornais hebdomadários ilustrados que publicam um ou mais romances em folhetim. Autores mais apreciados, ainda na década de 1860, uma época que conheceu

uma recrudescência de leitura: Eugène Sue, Paul de Kock, Pigault-Lebrun. O procurador-geral de Rennes lamenta o gosto tão forte por "esses romances grosseiros" mas Duveau acrescenta: "há que se notar que só o realismo familiar e a galhofeira libertinagem de P. de Kock e Pigault-Lebrun não explicam por si só o seu sucesso. Se Eugène Sue, nascido em 1801, exprimia o pensamento democrático e socialista dos anos 40, Paul de Kock (1793) e Pigault-Lebrun (1753) pertenciam a outra família de espírito; num tom mais leve, menos pregador, com um sorriso, eles propagavam as idéias de 1789. Pigault-Lebrun também escreveu livros de história da França num tom muito século 18. Nos seus romances os personagens simpáticos atacam os nobres, os padres e principalmente os tiranos. Os monges capuchinhos de *L'enfant du Carnaval* são ridículos e ou libidinosos". O grande líder operário Tolain, diz ainda Duveau, considera um dos "fatos característicos do segundo império a necessidade de leitura que se apoderou do operário, da operária, do aprendiz. Fome de leitura, lamentava ele, apaziguada pela leitura desses jornais ilustrados de um tostão" — p. 475, p. 276.

[10] Maurice Bardèche. *Balzac romancier*. Bruxelles: Raoul Henry, 1944, p. 30-3.

[11] Machado de Assis. "Aleluia! Aleluia!", in *Obra completa, Crônica, História de 15 dias — 1877*. Rio de Janeiro: Aguilar, 1959, vol. III, p. 390.

[12] Conhece-se uma carta de um membro da família Prado de Paris em que lamentava não ter as apresentações necessárias para ir aos bailes da Corte. Informação dada por Michael Hall.

[13] Machado de Assis. "Áquiles, Enéias, Dom Quixote, Rocambole". Op. cit., vol. III, p. 391-2.

RECEPÇÃO CRIATIVA

Maria Cecilia Queiroz de Moraes Pinto

A RECEPÇÃO DE CHATEAUBRIAND NO BRASIL

Contribuições convergentes de teorias e campos do saber — intertextualidade, estética da recepção, hermenêutica, semiótica — ao privilegiarem, no processo de comunicação, um dos pólos envolvidos, ou seja, o receptor, redundaram em linhas de força hoje direta ou indiretamente atuantes na Literatura comparada. Nelas, parece adequado assinalar, primeiro, uma ênfase no texto de chegada que considera o texto de partida como objeto de imitação, simples motivação, modelo a ser aprimorado ou subvertido; segundo, uma valorização da tensão ocasionada pelo confronto entre o texto primeiro e o texto segundo em nível de absorção e modificação; terceiro, um alargamento do espaço literário no espaço histórico gerador da cultura de que se utilizam os vários leitores individuais para atualizarem a obra, nela projetando-se e, em seguida, dela recebendo impulsos que corrigem, alteram ou estabilizam o movimento inicial; quarto, a deliberada limitação de possível anarquia receptora, não exatamente pela intenção do autor, mas pelo instrumental ideológico e retórico de que este pôde lançar mão e que será cotejado ao do destinatário.

Tal postura vem ao encontro do desejo manifestado pelos países periféricos quanto à revisão de certos dogmas, desde o Romantismo entraves a uma avaliação equilibrada do que foi a contribuição das literaturas estrangeiras, especialmente a francesa, para a formação das literaturas latino-americanas. Superar o obstáculo de um sujeito/autor/emissor como único habilitado à produção de sentido; ou o da obra vista enquanto um todo acabado e, por conseguinte, sempre idêntica a si mesma; ou ainda o da originalidade como valor absoluto — significa repensar a dominação cultural e, eventualmente, colocar em pé de igualdade o Eu e o Outro não sendo a diferença um estigma e supondo mesmo traços qualitativos.

Ora, a recepção de Chateaubriand entre nós, vista à luz desses pressupostos, favorece um redimensionamento do significado de sua obra e simultaneamente esclarece a maneira como foi lido e criticado pelos escritores brasileiros.

Retraçando o percurso de uma presença sobre a qual muito se escreveu, ainda que nem sempre cotejando textos, a fim de captar transformações, intenções e o sentido de sua contribuição, conviria proceder aos seguintes passos: esboçar o quadro das relações França-Brasil em inícios do século XIX e os primeiros indícios da recepção de Chateaubriand; assinalar os autores que transformaram sua leitura em reescritura significativa, ou seja, que o leram com vistas às necessidades da cultura nacional; procurar, enfim, interpretar a natureza dessa contribuição, se motivadora, se opressiva.

A Missão artística francesa

Sem remontar precisamente aos primórdios dos contatos com a França, marcados pela pirataria, pelas disputas entre os colonizadores portugueses e os assim chamados invasores franceses, bastaria lembrar que, na literatura, eles se estabeleceram a partir da imagem do índio brasileiro veiculada pela obra de Jean de Léry, trabalhada por Montaigne e acolhida pelo público ledor, graças a Rousseau e seu bom selvagem.

O que diferencia a experiência da Missão francesa de 1816 consiste justamente em seu caráter "missionário" estimulado pelo governo português. Malgrado algumas controvérsias, não parece provável que a iniciativa tenha partido dos artistas franceses. Ao contrário, deve-se considerá-la no contexto das medidas destinadas à modernização de uma colônia, sede da monarquia, depois que a metrópole é invadida pelos exércitos de Napoleão em 1807. O conde da Barca, entre melhorias sugeridas, propõe a criação de um instituto técnico e artístico. Corre o ano de 1815. A Restauração distancia o fantasma do inimigo de ontem, tornando admissíveis as diligências de Marialva, embaixador português em Paris. Por intermédio de Humboldt, ele vem a conhecer Joachim Lebreton que é encarregado de reunir um grupo de artistas e trazê-los ao Brasil, a fim realizar o projeto do conde da Barca. Não houve dificuldade em selecionar os viajantes, entre eles, o pintor Nicolas-Antoine Taunay (futuro avô de nosso visconde), seu irmão e escultor Auguste-Marie Taunay, o pintor Jean-Baptiste Debret, o arquiteto Grandjean de Montigny, o gravador Charles-Simon Pradier, o compositor Neukomm, o engenheiro mecânico François-Ovide, os auxiliares de Montigny, Levasseur e Meunié, outro auxiliar, François Bonrepos que viria trabalhar com o Taunay escultor. Mais tarde, Marc e Zéphirin Ferrez, escultores e gravadores juntaram-se a essa pequena sociedade, então já instalada no Brasil.

Os franceses partiram do Havre em 22 de janeiro de 1816, a bordo de um navio americano, o Calpe. Chegaram em 22 de março, alguns dias após a morte de Dona Maria I, chamada a Piedosa ou a Louca, segundo os diferentes historiadores ou segundo as duas fases de sua vida. Não obstante a recepção calorosa do conde da Barca, a simpatia do rei, e, futuramente, a do imperador, o funcionamento efetivo da Escola Real das Ciências, Artes e Ofícios, criada por decreto em 12 de agosto de 1816, só ocorreu dez anos depois. Durante esse tempo, os artistas não ficaram ociosos. Organizaram cursos, ornamentaram a cidade para as festas da coroação do rei, da chegada de Dona Leopoldina, e executaram diversas outras tarefas. O salário pago regularmente não impediu as deserções. Pradier e Nicolas-Antoine Taunay voltaram para a Europa, mas nem todas as intrigas esmoreceram o ânimo de Montigny e Debret. Ajudados pelos Taunays, especialmente Félix-Émile filho e sucessor do pintor que regressara, a Escola, então Academia das Belas-Artes, começa a produzir seus primeiros frutos, em 1826[1].

Não se há de tratar aqui do alcance propriamente artístico da Missão, mas de lembrar suas conexões com uma renovação das letras e da cultura brasileira. Discute-se muito acerca da contribuição desses artistas. Para alguns, o neoclassicismo do grupo levou a um retrocesso. Representantes de um estilo ultrapassado não tinham condições para preparar o advento do Romantismo.

A lição de Hauser lança um pouco de luz acerca do sentido do retorno neoclássico de David, seus discípulos, seus rivais, entre os quais se colocam os "missionários". Para o crítico e historiador da arte, há uma transformação do último rococó sob a dupla pressão da sensibilidade e naturalidade rousseauístas e do classicismo davidiano. As duas vertentes revelam uma orientação estética burguesa progressista ou conservadora, ambas contrárias ao ideal artístico da aristocracia. O triunfo de uma sobre a outra mostra sobretudo a maior novidade e conveniência da corrente sentimental.

Também deve-se perguntar se as artes plásticas e a arquitetura locais, embora atrasadas em relação às letras, já não teriam tomado posições antibarrocas, mesmo sem a participação dos franceses. Mário Barata observa que alterações do gosto se fazem sentir por volta de 1800 em São Paulo e na Bahia. Para ele, a corte portuguesa no Rio reforça essas disposições a que a Missão de 1816 emprestaria traços de arte oficial[2].

De modo específico, pintores como Debret e Taunay tiveram o mérito de chamar a atenção para nossa paisagem e para os tipos humanos que, nas cidades e no campo, formavam nossa população (índios, negros, brancos, mestiços), em inícios do século XIX. Deram eles, em suma, um contorno estético ao Brasil que viam em torno a si. À maneira do Arcadismo introduziram, pouco a pouco, heróis brasileiros lá onde se esperavam os da Antiguidade.

Esses artistas, criaram um ambiente propício à divulgação da arte francesa e atraíram alguns compatriotas. Às vizinhanças do sítio da Cascatinha, onde se tinham instalado os Taunays, foram chegando outros franceses. Fascinados pelo cenário carioca, logo o traduziram em termos do figurino de Chateaubriand, viajante das terras americanas.

Sinais inaugurais

Antes deles, porém, e sem eles, Chateaubriand entrara no Brasil. Wilson Martins, por exemplo, transcreve uma passagem das *Preleções filosóficas* (1813) de Silvestre Pinheiro Ferreira em que este acusa Chateaubriand de "afetado Defensor ou Intérprete do *Espírito do Cristianismo*". Seria, porém, o caso de lembrar com Antonio Candido que a oratória de Monte Alverne (1784-1857) fascinou o Rio de Janeiro de 1810 a 1860. Se bem que publicados apenas em 1853, seus sermões estão não só impregnados de uma religiosidade à Chateaubriand como vêm entremeados de citações de *Os Mártires* e do *Gênio do cristianismo*. Pode-se supor que o mestre de nossa oratória sacra pré-romântica lera anteriormente esses textos. Por outro lado, talvez, as datas precisas e a nomeação dos primeiros leitores importem menos do que as obras lidas e referidas. Se Chateaubriand ainda não escreveu alguns de seus maiores livros é certo que, por volta de 1810, já era possível manifestar preferências pelo menos entre *Atala* (1801), *Gênio do cristianismo* e *René* (1802), *Os Mártires* (1809).

As características dessa primeira recepção sinalizam a ênfase no aspecto cristão, nesse catolicismo poético que Chateaubriand se compraz em exaltar para além do dogma. Censurado ou aplaudido, ele responde à inquietação de um momento posterior à derrocada de valores tradicionais, derrocada cuja origem próxima se encontra na filosofia das Luzes e na violência da Revolução francesa. No Brasil, o surto de mudanças, de aberturas, de modernização explica também um desejo de renovação cultural. Embora muito posterior a esse momento, registre-se o julgamento de Magalhães, discípulo de Monte Alverne, que vê a religião como uma das possibilidades para um povo submetido expressar-se livremente[3].

Haveria uma palavra a dizer acerca das traduções: em 1816, uma versão em língua portuguesa tem por objeto *Os Mártires*. De autoria de Francisco Manuel do Nascimento (Filinto Elísio) é feita em versos[4]. A amizade entre o tradutor lusitano e Domingos Borges de Barros já permite intuir o reflexo do trabalho nas então pálidas letras da Colônia. São mais tardias outras traduções como a de *Atala* (1836) e uma d'*Os natchez* do brasileiro Caetano Lopes de Moura (1837)[5]. De todo modo, elas seguem, não precedem o conhecimento de Chateaubriand.

A RECEPÇÃO DE CHATEAUBRIAND NO BRASIL

O conjunto desses dados preliminares aponta, assim, para uma dupla leitura: inicialmente a do defensor de um cristianismo poético; depois, a do escritor de narrativas exóticas. De modo coerente, ainda que o seu tanto curioso, são os próprios franceses os responsáveis pela segunda vertente. Mas como se leu Chateaubriand e que pressupostos ideológicos orientam esse encontro com o texto?

Os grandes receptores

O período mais importante para a recepção de Chateaubriand vai da década de vinte com Ferdinand Denis até, pelo menos 1865, quando José de Alencar publica *Iracema*. É conhecida a avaliação que se faz dessa obra, surgida no momento em que o indianismo já fora ultrapassado. Com efeito, a ascensão dos poetas ditos da segunda geração romântica testemunha um esmorecimento do tema. A função de Alencar parece ter sido a de um aglutinador que realizou a tarefa deixada incompleta por seus antecessores, como se a sua genialidade criadora tivesse tocado o privilégio de transmutar em obra-prima os destroços de sugestões fora de moda. Para tanto, interveio o desejo de erigir, em prosa, os fundamentos da literatura nacional[6].

Importa observar que as duas linhas características na apreensão do texto de Chateaubriand vão juntas a partir de dado momento apesar das oscilações quanto a seu relevo. São variantes da afirmação diferenciadora do Outro (o Brasil) frente ao Eu metropolitano, português, mas se encaminham para estabelecer, em termos amplos, uma identidade cultural.

Cinco recepções inscrevem-se nesse quadro e representam, por outro lado, marcos significativos para a determinação do olhar crítico que se lança a Chateaubriand: Denis, Monte Alverne e o grupo da *Niterói*, os poetas românticos, Alencar e Taunay.

Começo por Denis (1798-1846). Sua nacionalidade não impede de considerá-lo entre os nossos receptores de Chateaubriand, uma vez que exerceu função semelhante à deles. Grande mediador entre as duas culturas, o mais importante dos franceses que tiveram contato com o grupo da Tijuca, contribuiu, não apenas para a recepção de um autor, mas também para a mudança de rumos de nossa literatura. De Ferdinand Denis partem conselhos preciosos, inspirados nas doutrinas estéticas de M.me de Staël, Chateaubriand e outros. É assim que propõe a rejeição de idéias mitológicas incompatíveis com o clima brasileiro, sua flora e fauna, seu passado, e pretende que se utilizem literariamente os recursos extraídos da realidade circundante[7]. Essa sugestão prolonga outra das *Cenas da natureza* (1824) relacionada com o aproveitamento poético das grandes cenas da natureza tropical. Denis enganara-se, porém, nesse último caso, quanto ao destinatário. Julgara ser possível atuar na literatura de seu próprio país. Muito tarde! Chateaubriand já dissera a respeito de exotismo e primitivismo americanos o que havia de essencial e era *Atala* (*Os natchez* e *Viagem à América* foram publicados mais tarde). Mas a lição remodelada do *Resumo,* portanto 1826, repercutiria no programa da *Niterói* e seria posta em prática no romance alencariano.

Denis foi mais além e escreveu *Os maxacalis*[8], possivelmente um embrião d'*O guarani,* em que um seguidor pouco inspirado de Chateaubriand procura captar os processos descritivos do mestre, alterando embora a visão do índio, seu destino, seu papel. Da pequena novela se poderá dizer que representa o dobre de finados do exotismo americano, tal como aparece na literatura francesa desde o século XVI, e o início de nosso indianismo. Em uma perspectiva franco-brasileira, de que Gavet e Boucher, com seu *Jacaré-Uaçu ou os Tupinambás* (1830) seriam herdeiros, ela situa-se entre *Atala,* pelos tons esmaecidos na descrição do mundo tropical, e o romance de Alencar, no tocante às relações entre Cecília e Peri. Denis mostrava que era possível aproveitar literariamente o cenário brasileiro e fazer dos maxacalis, ou equivalentes, os êmulos dos natchez.

Na década de trinta, configura-se oficialmente o Romantismo brasileiro. A publicação em 1836 da revista *Niterói* revela pouca insistência no nome de Chateaubriand citado de passagem por Torres Homem, Pereira da Silva e Magalhães[9]. Retoma-se, sobretudo, via Denis, o que seria sua marca. À sombra discreta de *Atala* e do *Gênio do cristianismo,* sustenta-se que o cristianismo é um instrumento para destruir a herança colonial cuja resistência transparece nas figuras mitológicas ainda comuns na poesia posterior a 1822. No conhecido artigo com que Magalhães se apresenta no primeiro número da *Niterói,* "Ensaio sobre a literatura no Brasil", diz ele dessa poesia brasileira que é "uma Grega, vestida à Francesa e à Portuguesa, e climatizada no Brasil"[10]. Também em Magalhães, lê-se a comparação dos poetas brasileiros com a personagem de Chateaubriand, Cymodocée, a "filha de Homero", recém-convertida e, por isso, sonhando n'*Os mártires* com a felicidade de sua infância pagã[11]. Contudo, é na preferência pelo índio, ou na insistência em discorrer sobre ele, que se delineia a direção dos temas locais a serem selecionados.

Ligado ao grupo da *Niterói* por ter sido professor de Porto Alegre e Magalhães e a um pré-romantismo brasileiro pela natureza de sua religiosidade, Monte Alverne reflete, mais do que eles, a presença direta do escritor francês. De sua posição no acanhado mundo das letras e da cultura brasileira, ele mesmo fala no "Discurso preliminar" às *Obras oratórias*[12]. Sem modéstia, denotando acentuado culto do eu, embora, como adverte Antonio Candido, faça-o menos por vaidade do que por atitude romântica[13], e seja desculpado por um de seus contemporâneos, Câmara Bittencourt, que atribui a manifestação a sofrimentos e merecimentos reais[14], Monte Alverne exime-se, pela indicação de fontes, de quaisquer acusações de plágio. Entretanto, ao defender, por esse modo, a propriedade literária, não deixa de acrescentar que "as citações dão uma idéia vantajosa dos nossos estudos e da extensão dos nossos conhecimentos". Como outros o fazem e farão, seu texto recheia-se de notas de rodapé também com esse intuito. Ao organizar a edição de seus sermões que, como já se disse, é de 1853, Monte Alverne está cego. Por essa razão, é auxiliado por um sacerdote, o padre João Dinis da Silva. Possivelmente, isso explica a minúcia das referências bibliográficas relacionadas com os Livros Santos e a brevidade das demais, em muito menor quantidade e reduzidas, em geral, ao título da obra de onde foram extraídas as citações.

Dentre os autores indicados, nessa última categoria, predominam os franceses Bossuet, Raynal, Rousseau, Montesquieu, Saint-Pierre, Chateaubriand... Este, apenas superado pelas fontes bíblicas, tem, como os demais, seu texto incorporado, em português, ao corpo do sermão, panegírico, discurso, oração.

O que é referido?

O *Gênio do cristianismo* e, depois, *Os mártires,* a epopéia cristã em prosa. *Atala* comparece no "Discurso preliminar" como parte do *Gênio do cristianismo,* o que ela foi após 1801, quando lançada a título de balão de ensaio, e até 1805, ano em que, juntamente com *René,* ganha definitiva autonomia. Na composição do texto apologético, seria, na parte III, o capítulo VII do livro V. Esse livro intitula-se "Harmonias da religião cristã com as cenas da natureza e as paixões do coração humano" ("Harmonies de la religion chrétienne avec les scènes de la nature et les passions du coeur humain"). A misteriosa sintonia do cristianismo com o homem e o mundo onde ele habita é uma das teses caras a Chateaubriand, responsável por uma religiosidade vaga, mais sentimento poético do que verdadeira fé. *Atala* deveria ilustrar o tema, depois das passagens consagradas aos monumentos religiosos, às ruínas, às devoções populares. No emaranhado dos textos de Chateaubriand, que remetem uns aos outros, a narrativa teria ainda um lugar n'*Os natchez* onde, por fim, na edição de 1826, resumiu-se a uma frase:

> "Assis auprès du frère d'Amélie à la poupe de la barque indienne, le vieillard (Chactas) raconte son séjour chez Lopez, sa captivité chez les Siminoles, ses amours avec Atala, sa délivrance, sa fuite, l'orage, la rencontre du père Aubry et la mort de la fille de Lopez" (*Les natchez,* livre V. p. 231).

Seguem-se a narrativa de episódios que precedem a viagem do jovem Chactas à França e o relato dessa mesma viagem. Se na obra mais longa, *Atala* está condensada em umas poucas linhas e a estada na Europa ocupa dois dos doze livros da primeira parte, a relação quantitativa inverte-se no prólogo a que provavelmente alude Monte Alverne, adaptando a citação à realidade de sua experiência. Comparem-se os textos:

"Retenu aux galères à Marseille par une cruelle injustice, rendu à la liberté, présenté à Louis XIV, il [Chactas] avait conversé avec les grands hommes de ce siècle, et assisté aux fêtes de Versailles, aux tragédies de Racine, aux oraisons funèbres de Bossuet: en un mot, le Sauvage avait contemplé la société à son plus haut point de splendeur" (*Atala*. p. 36)[15].

"Quando algum escritor quiser um dia descrever os fatos mais notáveis, que assinalaram aquela época; poderá dizer com o velho Chactas, no sublime episódio de Atala, falando de sua viagem à França no reinado de Luís XIV, que ele assistiu às festas da corte do Rio de Janeiro, e às orações de Fr. Francisco de S. Paio" (*Obras oratórias*. p. VIII).

Outra evocação do mesmo prólogo surge mais adiante, quando Monte Alverne compara-se ao "cego Ossian" assim como Chateaubriand fizera com Chactas[16]. Nas *Obras oratórias*, não identifiquei outras menções a *Atala* que tornará a merecer referência na crítica à *Confederação dos Tamoios*. Esse texto, aliás, de acordo com seu organizador, Câmara Bittencourt, não deve ser considerado como uma análise primorosa. Monte Alverne não era poeta, era o amigo de Magalhães; fora instado pelo imperador e respondia às cartas de Ig., na verdade, o jovem Alencar. Ao refutar o folhetinista que, dois anos antes, tanto se comovera com o "Segundo Panegírico de São Pedro de Alcântara", o orador sacro julga a heroína Iguaçu uma "Lindóia aformoseada" que poderia rivalizar com a "Celuta dos *Natchez*" e a "Atala do *Gênio do cristianismo*"[17].

É, porém, no sermonário propriamente dito que a presença explícita de Chateaubriand se acentua conjugada a suas teses implícitas. Não apenas quando desloca com maior ou menor fidelidade muitos trechos do *Gênio do cristianismo* e d'*Os mártires*, pratica Monte Alverne a aceitação das idéias de Chateaubriand. Na verdade, assimila-as como nova visão de um cristianismo aberto à emoção e à beleza, integrando em si a natureza e o homem.

Do ponto de vista literário, não importa se a apologia do cristianismo manteve-se dentro da ortodoxia, se revigorou a fé. Sua contribuição maior foi a de revestir o dogma, o culto e a prática de uma aura poética fazendo ainda com que o Tempo e a História convergissem dentro de uma perspectiva religiosa ávida de eternidade. O que tem de novo o *Gênio do cristianismo* é essa poesia vazada em linguagem altamente subjetiva e maravilhada de que *Atala* foi o grande exemplo.

Atento às suas funções de pregador, à realidade de seu país, nem por isso deixa Monte Alverne de sentir em Chateaubriand esse sopro da criação que se faz escritura. É o que o orador sacro tenta retomar, mesmo se em tom mais retórico e menos vibrante.

Alguns sermões como o "Primeiro e o Segundo Panegírico de Santa Luzia" têm afinidades com *Os mártires,* embora não o citem. Uma nota remete, porém, ao *Gênio do cristianismo.* Trata-se, como em tantos outros momentos, de uma versão literal precedida de uma passagem que Monte Alverne adapta. As sínteses de Chateaubriand, dimensionando geografica e historicamente o cristianismo são usadas, no escritor e no pregador, como provas da grandeza da religião.

O exame do "Segundo Sermão do Santíssimo Sacramento" permite, ainda que sumariamente, apreciar modos de apropriação literária de Monte Alverne. Há aí cinco notas que remetem ao *Gênio do cristianismo* e são facilmente identificáveis pelo assunto. São passagens extraídas de dois capítulos da parte I, livro I: "De la Rédemption" e "De la Communion"[18]. Uma epígrafe de São João marca o assunto "Aquele que come a minha carne...". Segue-se a paulatina fusão dos tópicos implicados: o do pecado e conseqüente encarnação do Verbo mais o do sacramento. Os empréstimos obedecem a modalidades várias como a síntese, a transcrição literal, o entrecruzamento de supressões e acréscimos. Tomando à guisa de exemplo uma curta passagem:

"Jesus Cristo [...] dando-lhe na efusão da mais ardente caridade este mesmo corpo que recebera d'uma mulher, para ser um nó indissolúvel entre eles (os homens) e seu Pai celeste..." (*Obras oratórias,* v. I. p. 234).

— e colocando-a junto ao texto francês:

"Or le Verbe, en entrant dans le sein d'une femme, a daigné se faire semblable à nous. D'un côté, il touche au père par sa spiritualité; de l'autre, il s'unit à la chair par son effigie humaine. Il devient donc ce rapprochement cherché entre l'enfant coupable et le père miséricordieux" (*Génie du christianisme,* t. 1. p. 81).

— observa-se que se mantém do original francês a idéia de encarnação, elimina-se a dualidade espírito/matéria característica do mistério e que Chateaubriand e Monte Alverne haviam desenvolvido um pouco antes; guarda-se a de Cristo como um elo; perde-se a emoção do original na conclusão.

Tratando o mesmo assunto, o "Primeiro Sermão do Santíssimo Sacramento" também cita uma frase do capítulo "De la Communion".

Interessam ainda a Monte Alverne, em função da catequese e da formação de nossa consciência religiosa, os capítulos sobre as Missões de que há referência no já assinalado "Panegírico de Santa Luzia". No "Panegírico de Santa Cecília", ele transcreve uma passagem acerca do papel da música na conversão dos gentios, passagem essa retirada de um capítulo em que Chateaubriand associa música e religião[19]. A tradução quase ao pé da letra inclui uma menção aos guaranis tomada certamente, embora de modo impreciso e sumário, àqueles trechos sobre as Missões do Paraguai que se reproduzem nas páginas de *Atala,* descrevendo a missão do padre Aubry[20].

Digna de registro é a utilização do capítulo sobre as ordens militares de cavalaria no "Panegírico do SS Coração de Jesus" em que Monte Alverne se dirige a D. Pedro I. Procura ele conciliar César e Cristo, autoridades militares e religião, citando os feitos gloriosos da cavalaria medieval[21]. Não por acaso, aliás, o espírito cavalheiresco se faz presente em sermões como o da "Maledicência".

Outros tópicos emprestados ao *Gênio do cristianismo:* a idéia de uma religião para os infelizes[22]; uma frase sobre Roma como pretexto para exaltar a união dos brasileiros sob a lei (a Constituição outorgada por D. Pedro I) contra o despotismo[23].

As citações d'*Os mártires* (cinco ao todo) foram identificadas com alguma dificuldade. Seu caráter estético é mais marcado como se observa nas duas que pude localizar com segurança:

"A formosura de Basan e do Carmelo se ofusca; murcham as flores do Líbano; vós só permaneceis sempre bela. Nova Jerusalém, rainha da terra, vós não chorais sentada à sombra da palmeira, como a Judéia cativa de Tito, mas vitoriosa, e triunfante colheis desta mesma palmeira o símbolo de vossa glória" ("Panegírico de São Gonçalo Garcia", p. 59)[24].

"Nos vales da Úmbria vegetou esta árvore frondosa mais bela, que as oliveiras floridas balançadas com o sopro da primavera nos jardins de Nazaré ou nos vales do Tabor" ("Panegírico de São Gonçalo Garcia", p. 56)[25].

Sempre no "Panegírico de São Gonçalo", há uma indicação d'*Os mártires* que alude ao "diadema de rubis" formado com as feridas daquele que foi torturado. Talvez remeta à expressão "front de diamants" usada na descrição da morte de Eudoro[26].

Em suma, Monte Alverne fica muito perto daquele que o inspira e do qual lhe interessavam o argumento e a argumentação. Quando alude ao poema épico e a *Atala* percebe-se a intencionalidade mais diretamente estética. Nas citações, confirma-se a aceitação da sensibilidade de Chateaubriand, de sua maneira sedutora de encarar o catolicismo.

A religiosidade que marcou também a *Niterói* e a primeira geração romântica, que Monte Alverne irradiou em seus sermões, enquadra-se, enfim, em um projeto de literatura nacional. A esse projeto, não era estranha a obra de Chateaubriand. Agora, era esperar por aqueles que, graças a seu engenho e arte, iriam executá-lo.

Não seria, porém, com os poetas românticos que Chateaubriand serviria a esse propósito. Neles, vislumbra-se, além do exotismo, um "quê" sensual, nas personagens femininas, e embora rapidamente também, o autor de *René*, aquele que viveu em constante exílio, melancólico estrangeiro no mundo como Atala o era entre índios e brancos, entre a pátria da mãe e a do pai. Em Gonçalves Dias (1823-1864), a citação-epígrafe dos *Primeiros cantos*, "Les infortunes d'un obscur habitant des bois..." é retirada d'*Os natchez*[27]. Indica, sobretudo, a reverência àquele que, segundo Herculano[28], recebeu tanta poesia ao contato do Novo Mundo. A trilha perseguida por Gonçalves Dias leva a uma visão épica bem distante da dramaticidade trágica de Chateaubriand. Apesar da forma da primeira parte d'*Os natchez*, parece-me incontestável o fato de que a visão do escritor francês está, no caso, vincada por amargo niilismo incompatível com os desdobramentos de uma epopéia.

Em Casimiro de Abreu (1839-1860), fica o Chateaubriand nostálgico da infância e da pátria distante. A esse respeito, são elucidativas a prosa de "A virgem loura", onde talvez haja reminiscências de *René* e duas epígrafes de *Primaveras*[29]. Uma é fragmento da canção em que a mestiça Atala exalta a pátria ausente ("Heureux ceux qui n'ont point vu la fumée des fêtes de l'étranger...")[30]; a outra, não situei. Há também, no prefácio das poesias, um chamado à ardência do Novo Mundo, essa ardência com que Céluta despertou René, quando, na realidade textual de Chateaubriand, foi o fastio de René que iluminou e consumiu a índia. Do prólogo de *Camões e o jaú*, a passagem abaixo repete o tema do exilado, de inspiração identificável:

"Feliz aquele que nunca se separou da pátria! Feliz aquele que morre debaixo do mesmo céu que o viu nascer! Feliz aquele que pode receber todos os dias a bênção e os afagos maternos" (p. 7).

A leitura de Castro Alves (1847-1871) insere, além dos habituais *Natchez, Atala* e *René, O último abencerragem*. Céluta comparece no poema "Os perfumes", ao lado de Diva, Cecília, Ninon, Margarida. A epígrafe, tomada a Alencar, identifica a sensualidade feminina que se quis captar e significa uma apreensão já de ordem estética. Implica igualmente uma interposição crescente do autor d'*O guarani* na relação com a França, ou seja, uma naturalização do elemento importado. Em outra passagem, Castro Alves censura, inspirado em Chateaubriand, a falta de brasileirismo dos escritores que desprezam a terra e a pátria[31]. Como o terno Casimiro, fala do desfibrado René, agora associado aos tipos byronianos[32], o que é aclarar uma genealogia do tédio, assim questionada em Álvares de Azevedo: "Demais, perdoem-me os poetas no tempo, isto aqui (o contraste entre Ariel e Calibã) é um tema, senão mais novo, menos esgotado ao menos que o sentimentalismo tão *fashionable* desde Werther e René"[33].

Se na poesia lírica, a marca de Chateaubriand foi discreta; se na sermonística, ela difundiu um sentimento religioso que se confunde com as próprias aspirações românticas a uma totalidade irremediavelmente comprometida no raiar da Modernidade[34] — na narrativa, ela floresceu em obra de arte, no sentido pleno da palavra, pelo menos quanto à *Iracema* de José de Alencar. Seria possível mostrar em seus detalhes que, da *Atala* de 1801 ao poema em prosa de 1865, há todo um desdobramento da recepção que pode indicar com clareza a direção assumida pelo romantismo brasileiro no seu desejo de elaborar uma literatura e cultura próprias. Valendo-se para tanto de modelos externos, entre os quais avulta Chateaubriand, Alencar forjou uma escritura-resposta a ser lida, por sua vez, em sua imanência e transcendência, como um marco histórico e um valor artístico.

Iracema vem de longe, entrelaçando-se a outros textos de Alencar que exploram várias facetas da obra de Chateaubriand.

O começo está nas *Cartas sobre a A confederação dos tamoios,* crítica acerba a Gonçalves de Magalhães e cujo estudo vale mais para a poética de Alencar do que como trabalho de análise. São, portanto, elementos teóricos que se retiram dessas missivas responsáveis, em 1856, por uma das polêmicas literárias mais interessantes do nosso século XIX.

No prefácio à publicação em livro, Alencar coloca-se sob a égide de Chateaubriand e Lamartine, observando que os mestres franceses lhe teriam "dado a coragem de criticar um poeta de reputação". Chateaubriand particularmente serve-lhe de guia, quando analisa os quadros e cenas da vida selvagem. Sendo a poesia dos homens primitivos a mesma em toda parte e sendo fundada no diálogo com a paisagem, justifica-se confrontar o poema de Magalhães com as sugestões de Chateaubriand. É o momento em que, assinalando a pobreza do texto, Alencar insinua que o assunto prestava-se "a um grande poema, que talvez algum dia alguém apresentasse sem ruído, sem aparato, como modesto fruto de suas vigílias"[35].

Costuma-se ver, nessa "profecia", uma intenção, mesmo porque *O guarani* é de inícios de 1857, nem seis meses após a polêmica. De qualquer modo, fica marcada, sem equívocos, a relação entre o indianismo alencariano e as narrativas ditas exóticas de Chateaubriand.

Pelas referências que faz nas *Cartas*, Alencar teria lido as obras todas do ciclo americano, nele incluído o *Gênio do cristianismo,* além d'*Os mártires* e talvez o *Itinerário de Paris a Jerusalém*[36].

De *Atala*, ele destaca o padrão feminino, a Eva indiana[37]; do *Gênio do cristianis-*

mo extrai argumentos estéticos, deixando assim completamente de lado a apologética[38]; de *Viagem à América* e d'*Os natchez* cita, traduzindo com relativa fidelidade, três textos, além daquele que é o parágrafo inicial de um capítulo do *Gênio do cristianismo* onde Chateaubriand reproduz alguns trechos de *Paulo e Virgínia*[39].

Resumindo o conteúdo das *Cartas,* Alencar vai definindo com Chateaubriand uma idéia de literatura nacional, ou melhor, dele se utiliza para definir o que pensa a respeito seja no nível de assuntos, das atitudes, dos procedimentos. É certo que existe, no caso, muito da mediação de Denis. Nota-se, porém, que o autor de *Atala* não encarna apenas uma autoridade, e sim um manancial de sugestões. O termo "sugestão" é importante, uma vez que Alencar nem sempre aceita o que Chateaubriand apresenta. Assim, rejeita o poema épico de que *Os mártires* e *Os natchez* constituíam exemplos. Do mesmo modo, os próprios recursos expressivos não são assumidos *in totum,* o que ficará evidente na execução de *Iracema.* O escritor brasileiro opta por uma recuperação do natural, baseada no símile e no registro do tempo, distante dos procedimentos encontrados em seu modelo[40].

Iracema resultará do equacionamento dessas variáveis poucos exploradas n'*O guarani* onde o elemento nativo aparece entre brancos, em entrecho que, malgrado componentes reconhecíveis em Chateaubriand, revela estruturas mais próximas do romance de aventuras e do romance histórico.

Do ponto de vista de sua linha narrativa, a também chamada lenda cearense, repousa contra o fundo histórico da conquista, presidido pelas lutas entre potiguaras e tabajaras, entre portugueses e franceses. Entretanto, conta, sob forma predominantemente lírica, os amores de Iracema, a virgem indígena, e de Martim, o guerreiro branco. O próprio Chateaubriand dissera de *Atala* que o livro era "uma espécie de poema, metade descritivo, metade dramático: tudo [consistia] na pintura de dois amantes que passeiam e conversam na solidão..."[41]. Ora, excluído o "metade dramático" a observação cabe perfeitamente a *Iracema.* As diferenças surgem no nível do caráter preponderantemente lírico da protagonista brasileira que se entrega ao amor, sem medir conseqüências e um pouco à maneira de Céluta d'*Os natchez,* enquanto Atala é o ser dividido entre amor e religião. Quanto a Martim nada tem em comum com o jovem Chactas. Sua relativa indiferença para com Iracema igualmente o distancia da problemática de René. Com Martim não se oferece o retrato perverso do homem civilizado, corrompido pelo tédio: é um conquistador que acredita em sua missão, mas está saudoso de sua terra e sua gente. Por outro lado, a visada histórica de Alencar — reconstituir sob forma mítica as origens possíveis — distingue-se da intenção primeira de Chateaubriand. Como se recorda *Atala* deveria manifestar não só a harmonia do cristianismo com cenas da natureza, mas também seus efeitos sobre as paixões humanas. Daí, o aspecto dramático da luta contra os instintos, na personalidade angustiada da índia mestiça.

A meu ver, contudo, é na concepção e configuração da natureza que reside a nota mais característica de *Iracema*, o que a distingue do modelo francês e manifesta a liberdade e habilidade com que Alencar sabia trabalhar suas fontes. As grandes descrições de *Atala* são substituídas por comparações curtas, ligando a personagem ao cenário de modo que, com a reiteração, forma-se o tecido descritivo. Associadas ao registro natural do tempo e aos étimos tupis (pouco importa se fantasiosos por carência informativa), essas referências fazem de Iracema um ser mítico, metade flora, metade fauna, vivendo o universo primitivo que a constitui e que se verbaliza em uma perspectiva muito particular. Como se fosse possível ao selvagem pensar a realidade circundante nos próprios termos do narrador ou como se este criasse uma linguagem que seria a de Iracema e a desse homem primitivo, se eles quisessem ou pudessem transformar em palavras as reações do branco diante da paisagem americana. Por conseguinte, Alencar faz de seu texto a confluência entre um *ver* civilizado e um *dizer* indígena, de modo que não se perca nem a descoberta da natureza, nem a ingenuidade da expressão. De novo, é bom lembrar que essa dicção, para muitos artificial (como se toda arte não o fosse!), não se baseia em pesquisas lingüísticas de tipo científico. Antes, ela obedece a um conceito, corrente no século XVIII, acerca da poesia nos primórdios da humanidade.

Ao representar ainda, nas núpcias com o colonizador, a entrega da terra ao branco (ou, em registro que não é o de Alencar, a capitulação do vencido diante do invasor), *Iracema* aponta para o ideal histórico da fusão racial que não elimina totalmente o derrotado e nem preserva o vencedor, pois leva ao mestiço, a Moacir, filho da dor, primeiro cearense. E quaisquer que sejam as restrições às posições ideológicas de Alencar, o alto grau de elaboração estética a que submete a matéria artística converteu *Iracema* em um marco da literatura brasileira. Por isso mesmo, ela denota o ápice da recepção crítica de Chateaubriand.

Restaria evocar aquele tom dramático de *Atala* que desaparece no poema indianista e ressurge no romance urbano. Com efeito, em *Lucíola,* a protagonista se vê entre três modelos de vida oferecidos por três obras: *A dama das camélias,* de Dumas Filho; *Paulo e Virgínia,* de Bernardin de Saint-Pierre; *Atala,* de Chateaubriand. Discutindo-as com o amante, Lúcia recusa o primeiro, espelho de sua realidade até aquele momento; quanto ao segundo, sabe que não pode regressar a uma infância de pureza e inocência; aceita, pois, a solução do terceiro padrão, a solução da convivência fraterna que acabou sendo imposta a Atala e Chactas, por causa de um voto de castidade feito em nome da índia. A tensão entre sexo e não-sexo, entre o desejo e seu recalque, desprovida de conotações religiosas, mas não daquelas de ordem moral — neste caso específico, um preconceito introjetado — vai espraiar-se por mais dois romances que, com *Lucíola*, formam a trilogia dos *perfis de mulher*. Com efeito, em *Senhora* e *Diva,* repropõe-se a dualidade conflitante que pode remontar às mesmas contrariedades do coração com que Chateaubriand pretendia descrever um caráter novo, o de Atala[42]. Um argumento contrário é o fato de que o jogo dos opostos constitui um traço romântico disseminado. Contudo, as marcas precedentes de Chateaubriand e os extremos a que chega Alencar na constituição desses tipos femininos dos *perfis*, tendem a tornar a primeira hipótese pelo menos plausível.

No contexto da função exercida pela leitura de Chateaubriand, releve-se um último caso significativo: o do visconde de Taunay, descendente dos Taunays da Tijuca. Dele, dir-se-á que acrescenta à sedução da paisagem sua experiência de vida. Como tenente da Comissão de Engenheiros, embrenhou-se pelo sertão e trouxe para sua obra o que Antonio Candido chamou de "sertanismo prático"[43].

Em 1874, Taunay publica *Histórias brasileiras* (Rio de Janeiro: Garnier) com o pseudônimo de Sílvio Dinarte. A primeira das narrativas intitula-se "Ierecê, a guaná" e conta o caso vivido por um oficial engenheiro com uma indiazinha. Oferecida como presente ao branco, por seu pai, o curandeiro Morevi, ela vive uma aventura que termina em separação e morte. Em que pese ao elemento autobiográfico, Ierecê traz à lembrança, de imediato, a situação dos amantes isolados da civilização. O indianismo já se mescla, porém, de aspectos caboclos. A situação de René e Céluta, de Atala e Chactas, entrecruza-se à de Iracema e Martim. É novamente e sobretudo a relação branco/índia, não trágica como n'*Os natchez,* e sim melancólica. A morte é o definhar por amor, diferente do suicídio da companheira de René, após a derrota e dizimação da tribo. O pai curandeiro lembra, em plano mais realista, o pajé Araquém. Mas há um descompromisso na atitude de Alberto Moreira que fica a meio caminho da indiferença de René e da passividade amorosa de Martim. Quanto ao cenário, é o do campo próximo às vilas, e nele vivem selvagens que já conhecem o português e estão em boas relações com o branco.

Conclusão

A marca de Chateaubriand, filtrada pela leitura alencariana, completa o trajeto da recepção. A partir desse momento, a imagem do escritor francês irá se diluindo na de seu grande leitor brasileiro. O Chateaubriand dos índios, do *Gênio do cristianismo,* cede seu lugar. Fosse ele apenas o criador de narrativas exóticas, poder-se-ia mesmo dizer que o espaço que deixa vazio é preenchido por um seu igual, que *Iracema* nada fica a dever a *Atala*.

Mas se o Brasil deixou de lado o Chateaubriand de *Memórias de além-túmulo,* o Chateaubriand que tem consciência de ter vivido "entre dois séculos como na confluência de dois rios", de ter mergulhado em águas convulsas, afastando-se "com tristeza da velha margem" e "nadando com esperança para uma desconhecida"[44] — enfim, o Chateaubriand que prenuncia com Stendhal a modernidade estética que Baudelaire firmaria, é porque as perguntas de um jovem país diziam respeito à necessidade de construir uma História e, dentro dela, construir-se. Por enquanto, ele permanecia à margem da crise que se preparava; o presente dependia, em primeiro lugar, de uma autonomia a ser procurada e de origens a serem inventadas, e isso foi, em especial, o que Chateaubriand pôde ajudá-lo a fazer.

NOTAS

[1] Cf. Afonso de E. Taunay. *A missão artística de 1816*. Rio de Janeiro: MEC, 1956.

[2] As artes plásticas de 1800 a 1889 in: Holanda, Sérgio Buarque de (dir.). *O Brasil monárquico. Reações e transações*. 6.ª ed. Rio de Janeiro: Bertrand Brasil-Difel, 1987, v. III. p. 408.

[3] *Opúsculos históricos e literários*. 2.ª ed. Rio de Janeiro: Garnier, 1865.

[4] Impossível deixar de transcrever uma passagem de Le Gentil em seu artigo, "Filinto Elísio, traducteur de Chateaubriand". Comenta ele que um rival do tradutor português, Curvo Semado, "l'accusait d'avoir martyrisé *les Martyrs*" (*Revue de Littérature Comparée*. Paris, jan-mars 1938. p. 98).

[5] Para Cláudio Veiga, esse antiindianista baiano infundiu com suas traduções, entre as quais também se incluem as de Cooper e Marmontel *(O derradeiro moicano e Os incas)*, "novo alento em nossa temática valorizadora do autóctone" (*Aproximações: estudos de literatura comparada*. Salvador: Universidade Federal da Bahia, 1979. p. 134).

[6] O prefácio aos *Sonhos d'ouro*, com sua estruturação *a posteriori* de um desígnio nacionalista apenas retoma o já expresso velada e sumariamente nas *Cartas sobre A confederação dos tamoios* (1856): "o esboço histórico dessas raças extintas, a origem desses povos desconhecidos, as tradições primitivas dos indígenas, davam por si matéria a um grande poema que talvez um dia alguém apresente sem ruído sem aparato, como modesto fruto de suas vigílias" (Primeira Carta). A edição consultada para José de Alencar foi a da *Obra completa*. Rio de Janeiro: Aguilar, 1959-1960, 4 v.

[7] *Résumé de l'histoire littéraire du Portugal, suivi de Résumé de l'histoire littéraire du Brésil*. Paris: Lecointe et Durey, 1826.

[8] Recorde-se que esse texto indianista *(Les machacalis)*, já traduzido em português (*Os maxacalis*, trad. de M. C. de Moraes Pinto. São Paulo: Conselhos Estadual de Artes Ciências Humanas, 1979. p. 1-59) corresponde aos capítulos XVIII e XIX das *Cenas (Scènes de la nature sous les tropiques*. Paris: L. Janet, 1824).

[9] Essa discrição repete-se nas *Cartas a Monte Alverne, Porto Alegre e Magalhães Gonçalves*. São Paulo: Conselho Estadual de Cultura, 1964), onde nem Porto Alegre, nem Magalhães, então em Paris, nem aludem sequer ao autor do *Gênio do cristianismo*, como bem observa o organizador da edição, Roberto Lopes.

[10] *Niterói, revista brasiliense*. Paris, *1*:132-59, 1836. A citação encontra-se à p. 146.

[11] Op. cit., p. 148-149. O original de Chateaubriand está em *Oeuvres romanesques et voyages*. Paris: Gallimard, 1969, t. II. p. 146.

12 *Obras oratórias.* Nova edição. Rio de Janeiro-Paris: Garnier, s.d. p. V-XX. Cf. também o "Sermão sobre a palavra de Deus". p. 28-43.

13 Cf. o excelente estudo sobre Monte Alverne na *Formação da literatura brasileira. Momentos decisivos.* São Paulo: Martins, 1959, v. II. p. 28-43.

14 Introdução aos "Trabalhos oratórios e literários", na edição já referida, v. II. p. 435-42.

15 As indicações da obra de Chateaubriand com exceção do *Gênio do cristianismo,* remetem usualmente à edição já citada, que pertence à coleção da Pléiade. Só *Les martyrs,* dos textos aqui referidos, está no segundo volume.

16 *Atala.* p. 36; *Obras oratórias.* p. XV.

17 Op. cit., v. II, p. 463. Quanto à crônica de Alencar que relata a pregação é a de 22 de outubro de 1854 *(Ao correr da pena).*

18 Respectivamente, cap. IV e VII. Edição consultada: *Génie du cristianisme.* Paris: Garnier-Flammarion, 1966, 2 t.

19 Nas *Obras oratórias.* p. 240; no *Gênio do cristianismo,* parte III, livro I, cap. I.

20 No *Gênio do cristianismo.* parte III, livro IV, cap. V.

21 *Obras oratórias.* p. 276-7; *Gênio do cristianismo,* parte IV, livro III, cap. III.

22 *Obras oratórias.* p. 284; *Gênio do cristianismo,* parte IV, livro III, cap. I.

23 *Obras oratórias.* p. 333 (Oração no aniversário da Constituição em 25 de março de 1831); *Gênio do cristianismo,* parte IV, livro VI, cap. XIII.

24 O primeiro período está em *Les martyrs,* livro XVIII, t. II. p. 399; o segundo no livro XIX, t. II. p. 416.

25 Op. cit., livro III. p. 146.

26 *Obras oratórias.* p. 6; em *Les martyrs,* livro XXIV, t. II. p. 486.

27 Trata-se precisamente da segunda frase do livro primeiro.

28 Ver, de Gonçalves Dias, *Poesia completa e prosa.* Rio de Janeiro: Aguilar, 1959. p. 98.

29 Para ambos os textos, servi-me da edição das *Obras,* organizada por Sousa da Silveira. São Paulo: Nacional, 1940.

30 Op. cit. p. 55; em *Atala,* p. 58.

31 Cf. Fragmento em prosa, in *Obra completa.* Rio de Janeiro: Aguilar, 1960, p. 673.

32 Op. cit., p. 716.

33 Prefácio à segunda parte da *Lira dos vinte anos.*

34 A sensação de estar em um mundo cujas transformações se fazem em ritmo jamais visto; cujas distâncias são, em sentido contrário, encurtadas, levaram o próprio Chateaubriand a interrogar-se acerca de problemas como os de uma sociedade universal (da mundialização?), do individualismo crescente, da disparidade entre o progresso material e a decadência moral para as quais a solução de estabilidade e mobilidade oferecida pelo cristianismo seria a única possível. É sua visão da totalidade. (Cf. a conclusão de *Mémoires d'outre-tombe.* Paris: Gallimard, 1951, t. II. p. 913-39.)

35 Primeira carta.

[36] "Chateaubriand, político e viajante, errando nas florestas do Novo Mundo ou nas ruínas da Grécia, visitando o Santo Sepulcro [...] não desdenhava traçar com a mesma pena que ilustrava a história, a política e a filosofia, algumas dessas graciosas criaturas, filhas de sua imaginação, como Cimódoce, Veleda, Atala e Céluta" (Oitava carta).

[37] Terceira carta.

[38] Quinta carta, onde se fala dos sentimentos delicados do jacaré; Sexta carta, que apresenta em português a versão francesa de um trecho do *Paraíso perdido* de Milton. Essas observações correspondem, no texto de Chateaubriand, às passagens que se encontram respectivamente na parte I, livro V, cap. X e na parte II, livro IV, cap. IX, do *Gênio do Cristianismo*.

[39] Em Alencar, Sétima carta e Terceira carta que correspondem em *Voyage en Amérique*, às p. 703-10 e p. 753. A tradução d'*Os natchez* também está na Terceira carta e remete à p. 167 da edição francesa já indicada. Para Bernardin, citado na nota 9, apensa à Sétima carta de Alencar, o texto de Chateaubriand está no *Gênio do cristianismo*, parte II, livro III, cap. VII.

[40] Como procurei demonstrar em *A vida selvagem*. São Paulo: Annablume, 1995.

[41] *Atala.* p. 18 ("C'est une sorte de poème, moitié descriptif, moitié dramatique: tout consiste dans la peinture de deux amants qui marchent et causent dans la solitude...").

[42] Prefácio, p. 16.

[43] *Formação da literatura brsileira*, v. II. p. 308.

[44] *Mémoires d'outre-tombe*, t. II. p. 936.

Gilberto Pinheiro Passos

O NAPOLEÃO DE BOTAFOGO (PRESENÇA FRANCESA EM *QUINCAS BORBA*)

A PLETORA FRANCESA

"Capturara o rei da Prússia, não sabendo ainda se o mandaria fuzilar ou não; era certo, porém, que exigiria uma indenização pecuniária enorme, — cinco bilhões de francos."[1]

O leitor de *Quincas Borba* consigna, desde o início da obra, o fato de a narrativa comportar um amálgama franco-brasileiro de relevância inconteste, não só por sua freqüência como pela importância na caracterização dos elementos psicológicos e socioculturais que dão corpo à triste história de mal-entendidos do provinciano professor.

Vejamos de que forma o texto brasileiro opera intertextualmente para compreender de modo abrangente o peculiar sentido do caminho empreendido por Rubião em sua decadência mental e lançar uma hipótese relativa à marca da coletividade presente em seus delírios.

Em seguida, buscaremos a relação entre a experiência ficcional analisada e algumas das reflexões críticas de Machado de Assis a respeito da literatura brasileira, tentando estabelecer a ligação entre o esforço ficcional e seu contexto histórico-literário, numa integração que nos parece fecunda, se vista sob o prisma da inquestionável presença da cultura francesa no Brasil, ao longo do século XIX.

A PROVÍNCIA OMITIDA

"O seu bom pajem, que ele queria pôr na sala, como um pedaço da província, nem o pôde deixar na cozinha, onde reinava um francês, Jean; foi degradado a outros serviços [...]."²

Rebaixado o pajem de Barbacena, degrada-se a província mineira, origem de Rubião, restando outra cidade, o Rio de Janeiro europeizado e, mais particularmente, afrancesado. Já no seu início, o romance insiste no aspecto quase faustoso (se não fraterno, pelo menos agremiativo) característico da mesa do rico herdeiro, em terras fluminenses. São refeições copiosas — feitas na intimidade do anfitrião, ou mesmo sem ele — que marcam a fruição perdulária do novo "capitalista".

Estamos em pleno campo de proprietários e seus direitos. Matreiro, o narrador, no capítulo I, parodia a Bíblia ("mas, em verdade, vos digo"), também proprietária do "verdadeiro saber". No entanto, sua desconfiança é dupla, pois já coloca em xeque certa segurança oitocentista da narração onisciente e não encontra — ao longo do livro — uma solução comprometida com a ética religiosa exemplar para seu tema. Portanto, a paródia à Bíblia ganha contornos ainda mais críticos e ácidos: derrubam-se certezas, ao mesmo tempo em que se plasmam ilusões, entre as quais a dos domínios ilimitados:

"Olha para si, para as chinelas (umas chinelas de Túnis, que lhe deu recente amigo, Cristiano Palha), para a casa, para o jardim, para a enseada, para os morros e para o céu; e tudo, desde as chinelas até o céu, tudo entra na mesma sensação de propriedade."³

Tal como um novo Deus, Rubião pode levar sua noção de propriedade às raias do infinito e a conclusão utilitária e finalista relativa ao amor não concretizado entre a irmã e Quincas Borba liga o dito popular ("Deus escreve certo por linhas tortas") às apropriações paródicas do texto, a que não falta um nome, "Cristiano", eloqüente em sua ambigüidade de marido e amigo, problematizando, ainda uma vez, a lembrança bíblica.

Para a nova situação social de Rubião, concorrem certos elementos indicativos, não por acaso estrangeiros: o criado é espanhol, as chinelas, tunisinas, o cozinheiro, francês, as gravuras provêm da Inglaterra, criando um amálgama ostentatório, preso a uma elegância de empréstimo:

"Prata, ouro, eram os metais que amava de coração; não gostava de bronze, mas o amigo Palha disse-lhe que era matéria de preço, e assim se explica este par de figuras que aqui está na sala, um Mefistófeles e um Fausto."⁴

O Napoleão de Botafogo

Tal refinamento haurido em outrem insiste no seu caráter de novidade e improvisação, além de pontuar, irônica e sutilmente, o desenraizamento do provinciano, que não "queria línguas estrangeiras em casa". Temos, portanto, diante de nós um Rubião transformado aos olhos de si mesmo. Por outro lado, o aspecto socioeconômico o leva — analogicamente — à renovação, feita de modo particular e canhestro, na figura de Fausto, preparando o texto e o leitor para a irrupção do sentimento amoroso:

"Vendo as pequenas gravuras inglesas que pendiam da parede por cima dos dous bronzes, Rubião pensou na bela Sofia, mulher do Palha, deu alguns passos, e foi sentar-se no pouf, ao centro da sala, olhando para longe [...]."[5]

O amor é sentimento propiciado indireta, mas seguramente, por seu Mefistófeles/Cristiano, cuja ambigüidade pessoal se reforça, graças à contigüidade textual dos nomes[6]. O material que dá corpo às figuras, por ser de bronze, logo inferior à prata e ao ouro — preferências enraizadas e prudentes — insiste na perda de valor intrínseco das estátuas e contamina seu proprietário, pois o sentimento inspirado pela mulher de Palha subsiste em Rubião, mas a relação guarda seu caráter de degradado e patético substitutivo.

As moças do Rio de Janeiro

Dentre os simulacros que povoam a obra, um nos interessa mais de perto, nesse momento: ao longo de *QB*, encontramos a busca incessante do padrão francês, que o Rio de Janeiro, por exemplo, configura. Para Rubião, a lembrança da cidade se apresenta representada por um misto de encanto, cultura e sensualidade:

"De repente, surgiu-lhe este grave problema: — se iria viver no Rio de Janeiro, ou se ficaria em Barbacena. Sentia cócegas de ficar, de brilhar onde escurecia, de quebrar a castanha na boca aos que antes faziam pouco caso dele, e principalmente aos que riam da amizade do Quincas Borba. Mas logo depois, vinha a imagem do Rio de Janeiro, que ele conhecia, com os seus feitiços, movimento, teatros em toda a parte, moças bonitas, «vestidas à francesa»."[7]

Não basta às moças do Rio de Janeiro serem belas. Há algo de distintivo e peculiar nelas, ou seja, o envoltório francês, a marca indelével de uma cultura de "empréstimo" misturada ao caráter brasileiro. Para além do dado sociocultural, podemos ler tal passagem como índice revelador das futuras e delirantes roupas simbólicas a envolverem o corpo da brasileira Sofia, no "papel" de imperatriz Eugênia, isto é, configurada no que a elegância francesa teria de mais nobre.

Outra personagem provinciana pode tentar "apagar" suas origens por intermédio do uso da mesma cultura: trata-se de Maria Benedita, prima de Sofia, roceira recém-chegada à Corte, que não conhece piano,

> "[...] nem francês, — outra lacuna, que Sofia mal podia desculpar. Dona Maria Augusta não compreendia a consternação da sobrinha. Para que francês? A sobrinha dizia-lhe que era indispensável para conversar, para ir às lojas, para ler um romance [...]."[8]

O caso de Maria Benedita também permite duas leituras da presença francesa; em primeiro lugar e de modo mais aparente, trata-se do desaguadouro natural da educação restrita e predominantemente doméstica, com papel de adereço social e meio de acesso a uma literatura de entretenimento. No entanto, a análise mais pormenorizada das razões dadas para sua aprendizagem (conversar, ir às compras, ler um romance), nos coloca diante de uma espécie de passaporte para a integridade da vida sociocultural, sem o qual se é sempre estrangeiro, na fronteira da cidade. Dito de outra forma: para se obter a inteireza das relações sociais, no Rio de Janeiro, é preciso cultivar o dado "estrangeiro" e armar-se de uma língua não oficial, mas igualmente eficaz, o francês, com consequências notáveis em Rubião.

Numa sociedade com olhos voltados para o outro lado do oceano, não admira que o primeiro momento de interesse de Cristiano por Rubião se fixe no possível deslocamento espacial proposto pelo rico herdeiro, indicador não apenas de sua situação econômica, mas também da disponibilidade para o desfrute do cosmopolitismo:

> "— Meu desejo é ficar, e fico mesmo, acudiu Rubião; estou cansado da província; quero gozar a vida. Pode ser até que vá à Europa, mas não sei ainda.
> "Os olhos do Palha brilharam instantaneamente."[9]

A continuidade da conversa aponta para as duas grandes capitais do século XIX, em contraposição ao Rio de Janeiro ("A nossa Corte, não digo que possa competir com Paris ou Londres"[10]), funcionando como ponto distante, mas possível, de aperfeiçoamento urbano e cultural.

Desse modo, o fato de o narrador recorrer a elementos franceses faz coro com suas personagens. Há certa solidariedade explicativa entre a língua francesa e a sociedade de então: aquela é parte integrante do comércio social da época. Por outro lado, conforme já vimos, a oposição entre o opaco e o brilhante, do ponto de vista social, pode ser expresso pelo recurso à cultura francesa, legitimando a figuração de um *status* superior. Seu uso, portanto, não se caracteriza simplesmente como deferência ornamental, mas sim aproveitamento singular de seus predicados reconhecidos à época: luxo, refinamento e cosmopolitismo.

Para o leitor de *QB*, nesse instante, os dois pontos básicos de sedução estão lançados: Sofia e a França. A narrativa, em sua continuação, tomará a si o papel de fundi-las.

CAMINHOS DA PALAVRA ESCRITA

Nosso pobre professor de Barbacena vai encontrar, em alguns exemplos de palavra escrita, a marca francesa a compor-lhe caminhos de fascínio, logro e persuasão. No capítulo dos periódicos, importante elemento a ligá-lo ao Rio de Janeiro, Rubião lê a notícia da morte de Quincas Borba, relatada com alguns pormenores relativos às últimas palavras do moribundo:

> "A última palavra dele foi que a dor era uma ilusão, e que Pangloss não era tão tolo como o inculcou Voltaire... Já então delirava. Deixa muitos bens [...]."[11]

O periódico, ao retratar o passamento de Quincas Borba, não prescinde da alusão a Pangloss e a seu criador, lastreado no fato de o conhecimento da obra, da mesma forma que seu alcance crítico, serem conhecidos do leitor, acostumado ao trato quotidiano com a literatura francesa. O mesmo acontece com a personagem Camacho, político oportunista e jornalista sem sucesso, que busca utilizar, em suas publicações, idéias consignadamente francesas, como na frase — "[...] dai-me boa política, dar-vos-ei boas finanças (Barão Louis) [...]"[12], além de ser um leitor de "trechos de autores franceses"[13], dentre os quais se destaca textualmente a figura dos jurisconsultos Dalloz[14].

Camacho se vale, em seus empreendimentos jornalísticos, do dinheiro de Rubião, contemplando-o com uma nota sobre o heroísmo da salvação de um menino, quase colhido por cavalos. Assim como Palha, consegue embair o incauto provinciano, impedindo-o de voltar por alguns dias a Barbacena, pois tal retorno à terra natal daria, seguramente, nova dimensão à figura do professor, reintegrando-o a seu meio e apagando, talvez, boa parte da "civilidade" de empréstimo a que se entregava; nisto, Camacho se alia ao marido de Sofia:

"Palha e Camacho olharam um para o outro... Oh! esse olhar foi como um bilhete de visitas trocado entre as duas consciências. Nenhuma disse o seu segredo, mas viram os nomes no cartão, e cumprimentaram-se. Sim, era preciso impedir que Rubião saísse; Minas podia retê-lo."[15]

A palavra escrita traz nomeada fugaz, por meio da notícia sobre o "heroísmo" de Rubião, ao único momento em que este se vê guindado à condição de notabilidade, embora provisória e circunscrita à Rua da Ajuda. O narrador não deixa de evidenciar a excessiva dramaticidade imposta ao fato pelo articulista, mas aos poucos a sedução da fama acaba por convencer o próprio homenageado de que não era de todo descabida a publicidade do caso, indo de par com os comentários elogiosos de um de seus comensais a colocá-lo em pé de igualdade com São Vicente de Paula, protetor de desvalidos e santo de origem francesa do século XVII.

A palavra escrita se associa, nesse momento, ao luxo, ao refinamento propostos por Cristiano/Sofia e ao encanto das vestimentas femininas no sentido de corporificar uma miragem gálica a mais a povoar os sonhos de Rubião, o qual, desorientado, não deixa de se perceber envolvido numa situação que de muito o excede:

"Mas o caso particular é que ele, Rubião, sem saber porque, e apesar do seu próprio luxo, sentia-se o mesmo antigo professor de Barbacena...".[16]

LENDO A LITERATURA FRANCESA

É o mesmo antigo professor de Barbacena que, a partir da leitura de Dumas pai e Feuillet, caminha, lenta e inexoravelmente, para os delírios nos quais se imagina Napoleão III. O texto baliza, portanto, as marcas iniciais do desarranjo psíquico de Rubião por meio da ficção francesa. Em meio a um romance, a personagem lê romances antecipadores da ficção final, o delírio:

"Aquelas cenas da corte de França, inventadas pelo maravilhoso Dumas, e os seus nobres espadachins e aventureiros, as condessas e os duques de Feuillet, metidos em estufas ricas, todos eles com palavras mui compostas, polidas, altivas ou graciosas, faziam-lhe passar o tempo às carreiras. Quase sempre, acabava com o livro caído e os olhos no ar, pensando. Talvez algum velho marquês defunto lhe repetisse anedotas de outras eras."[17]

Aqui cumpre relembrar a lição de René Girard a respeito do desejo triangular, que move figuras como Don Quixote, Julien Sorel e Emma Bovary, leitoras de produções de vário nível, as quais fornecem modelos e as incitam a desejar segundo o objeto de suas leituras[18].

Importa, além disso, considerar a fonte do desejo nobiliárquico de Rubião; ele mesmo, leitor mal-acostumado à língua de Dumas, se abastece sobretudo de traduções, o que confirma o fato de a cultura francesa estar presente, de forma variada e incessante na criação do nosso professor endinheirado[19].

Por sua vez, nosso narrador parece seguir, à sua maneira, uma trilha aberta pelo próprio romance francês:

> "Este Quincas Borba, se acaso me fizeste o favor de ler as *Memórias Póstumas de Brás Cubas,* é aquele mesmo náufrago da existência, que ali aparece mendigo, herdeiro inopinado, e inventor de uma filosofia."[20]

A impressão de *continuum* social dada pela interligação de personagens de uma obra a outra, com a exploração de vários ângulos de uma história, é contribuição marcante de Balzac à ficção do século XIX. Chamando a atenção para o procedimento, nosso narrador não só a está relendo, de modo particular, como também a está adaptando a seus desígnios narrativos, já que assim marca a passagem da atmosfera requintada e ociosa da existência de Brás Cubas para a vida apagada e restrita de Barbacena, ao mesmo tempo que estabelece um dos paradigmas, o Rio de Janeiro de onde partem elementos a decidir o destino de Rubião: o filósofo louco, os negócios da herança, a situação de herdeiro. Por outro lado — retomando a presença balzaquiana — ela simboliza a força das sugestões francesas a produzirem seus significados particulares no Rio de Janeiro, atingindo diretamente a narrativa e suas personagens.

A CAMINHO DE PARIS

O caminho de Paris passa pelo corpo plebeu de Sofia com sua transformação em corpo de imperatriz e por um desejo insopitável de ir além do meio social alcançado com a herança, que faz de Rubião um "capitalista". As aspas se fazem necessárias, pois demonstram o quanto de inexato e patético se esconde no termo. Conforme sabemos, passo a passo e em paralelo, se vão depauperando as forças físicas e mentais e o capital, sem que, no entanto, as fronteiras espaciais de seus futuros delírios se estreitem ou acanhem; ao contrário, nossa personagem atravessa o oceano e se instala nas Tulherias. A fortuna e com ela a nova e provisória inserção social insistem na possibilidade do paradoxo referido, pois desencadeiam um processo de perda de referenciais que, ganhando consistência ao longo do romance, acaba por ter vida própria.

Sem trabalho para validar, em termos sociais marcadamente utilitários e práticos, o uso da herança, Rubião não tem como se defender da dilapidação que, de algum modo, lhe permite resgatar sua irrupção súbita e desarmada numa nova sociedade, à qual, segundo a lógica implacável da obra, não poderia pertencer, visto não ter chegado a ela por meio do caminho habitual.

As duas figuras, entrelaçadas harmoniosamente para lhe dar a dimensão ilusória do novo (Cristiano & Sofia), guardam estreita relação com a forma de aquisição da riqueza: assim como a origem imediata do dinheiro, a situação inicial da nova amizade é fortuita e não se sustenta numa prática quotidiana de sedimentação afetiva.

Na verdade, sem função alguma na cidade grande, a não ser pulverizar a fortuna advinda tangencialmente, Rubião se vê dono de nova identidade que só se perfaz pela presença obsedante das marcas estranhas à sua origem (cultura, refinamento, amizades) e também tangenciais, podendo tais elementos adventícios lhe serem facilmente retirados.

Com o dinheiro, tudo se expande em Rubião, desde as fronteiras espaciais (da província para a capital), passando pelo círculo de conhecidos e íntimos (da humilde comadre, do filósofo enlouquecido até políticos fluminenses) para chegar às expansões afetivas (do ensimesmamento inicial ao desregramento dos convites a Sofia).

Conforme se percebe, a paixão se enquadra na atmosfera de riqueza e refinamento de empréstimo. A ligação também será ilusória e temporária, baseada em reticências e enganos. No entanto, ela não terá apenas caráter pessoal, pois virá acompanhada, em seus momentos mais dramáticos, por mais uma expansão, ou transplantação de solo, do Brasil para a França.

É preciso suplantar, em primeira instância, a vida de Barbacena e, especialmente Quincas Borba, a grande figura da existência de Rubião. Em meio a uma de suas refeições copiosas, tece loas à figura do amigo morto, terminando de modo inesperado:

> "Grande filósofo, grande alma, grande amigo. E no fim, depois de algum silêncio, batendo com os dedos na borda da mesa, Rubião exclamou:
> "— Eu o faria ministro de Estado!"[21]

Nesse momento, a caminhada está começando, o que proporciona a superação da figura de Quincas Borba, até então imbatível e responsável por alguns dos momentos de maior humilhação sofrida por Rubião. Superior seja intelectual, social ou financeiramente, o morto permanece como uma obsessão do professor enriquecido, sobretudo por causa da possível transmigração da alma para o cachorro de mesmo nome.

Embora já curiosa e simbolicamente diminuído em sua conformação canina — portanto reduzido a ganidos e olhares longos — Quincas Borba passa, no início da caminhada de Rubião rumo ao poder francês, para um papel subalterno. O filósofo louco, talvez "despido" de sua loucura, graças à nova demência que se inaugura, perde importância, cedendo lugar a outra ordem de valores, mais moderna e consentânea com a visão do "capitalista": Quincas Borba se imagina Santo Agostinho e Rubião, Napoleão III. O poder espiritual é substituído pelo poder temporal. O homem de ação predomina sobre o ser de contemplação.

Nesse momento, Rubião se libera do mestre, assumindo, de modo mais completo, o seu sonho, que começa a se perfazer, fisicamente, com a mudança da aparência, representada pela nova barba, não por acaso criada por um francês, Lucien, em meio a um diálogo burlesco:

"Rubião tinha nos pés um par de chinelas de damasco, bordadas a ouro; na cabeça, um gorro com borla de seda preta. Na boca, um riso azul claro. [...].

"Não entendera nada; posto soubesse algum francês, mal o compreendia lido, — como sabemos, — e não o entendia falado. Mas, fenômeno curioso, não respondeu por impostura; ouviu as palavras, como se fossem cumprimento ou aclamação; e, ainda mais curioso fenômeno, respondendo-lhe em português, cuidava falar francês."[22]

A sinestesia presente no "riso azul claro" vai de par com aquilo que o narrador chama de "marcha para a lua", ou seja, o caminho do delírio, fazendo coro com a sensação hiperbólica presente no início do romance "[...] e tudo desde as chinelas até o céu, tudo entra na mesma sensação de propriedade"[23].

Embora sem querer línguas estrangeiras em casa, uma delas parece ser o idioma de eleição, surgindo como mais um aspecto metonímico da França, pois em seus desvarios, a complexa relação espacial em que Rubião mergulha opera mesclas Brasil-França (Biarritz, Compiègne, Saint-Cloud) e o desatino atinge um dos pilares da nacionalidade, a língua portuguesa falada no Brasil.

Não é por acaso que Maria Benedita precisa ter conhecimento do idioma em questão, para poder "conversar". Simbólica, a frase que explicita a necessidade da aprendizagem da língua, aponta, em termos da organicidade ficcional, o futuro de Rubião.

A partir daí, nosso professor compõe um tecido muito esgarçado para a realidade que o circunda. Os momentos de delírio contaminam as personagens circundantes e as situações de sua vida. Recomposto o rosto pela barba e cavanhaque à Napoleão III, que, segundo ele, compunham sua face original ("Quero restituir a cara ao tipo anterior [...]")[24], passa a ver em Sofia a imperatriz Eugênia, e a sobrepor ao Rio de Janeiro afrancesado uma corte francesa de segunda mão, em que nomes de ministros (Morny/Rouher[25]) se misturam a batalhas vencidas ou perdidas pelo monarca[26].

Realcemos um desses momentos que nos parece singularmente importante. Despedindo-se de Cristiano, guindado por ele à condição de "duque", Rubião-Napoleão III faz voltar à cena uma das batalhas do fundador do Império:

"— Olha, mandar-te-ei um dos meus coches, novo em folha; é preciso que tua mulher pouse o seu lindo corpo, onde ninguém ainda ousou sentar-se. Almofadas de damasco e veludo, arreios de prata e rodas de ouro; os cavalos descendem do próprio cavalo que meu tio montava em Marengo. Adeus, duque de Palha."[27]

Tornando público seu encanto por Sofia e cooptando, por meio do título, o marido "enganado", Rubião procede à maneira dos imperadores, isto é, "torna" seu romance uma questão de Corte e de Estado e reintroduz na narrativa a figura do primeiro Napoleão, já expresso, textualmente, pelo busto que fazia par com o de seu sobrinho.

Os dois representam os maiores monarcas da França do século XIX, mas o primeiro é, sem dúvida, um ser legendário. Não seria mais condizente com os anseios da personagem a ligação com o vencedor de Austerlitz? Ocorre que outra criatura machadiana tinha estabelecido comparações entre si e o grande imperador francês. É o que veremos a seguir.

O DESASTRE DAS DIFERENÇAS

Se Rubião busca assemelhar-se a um Napoleão já apequenado, a ponto de o imperador ter merecido de Victor Hugo a alcunha de "Napoléon le Petit", pelo fato de não poder ombrear-se com seu tio, Brás Cubas encontra eco, em sua vida, na primeira figura napoleônica.

É de interesse, portanto, estabelecer o contato e o contraste entre as duas projeções individuais, salientando-se, desde já, que Brás Cubas não perde, em momento algum, sua identidade, mas não pode deixar de ver sua pequenez individual confrontada com uma das maiores figuras de seu século.

O NAPOLEÃO DE BOTAFOGO

Pode-se dizer, em termos analógicos, que Napoleão I está para Napoleão III assim como Brás Cubas está para Rubião. Dito de outro modo: os dois brasileiros, embora não participem de eventos importantes da História, buscam se espelhar nela, embora absolutamente apequenados em suas dimensões particulares e com conflitos minimizados.

No entanto, os símiles estão lá a produzir efeitos que carreiam para cada narrativa seu aspecto particular, pois se a figura do primeiro imperador se alça à categoria de quase lenda, Napoleão III surge na condição de herdeiro do mito, ou seja, apequenado em relação ao tio. Cada personagem brasileira terá em seu reflexo francês a devida "grandiosidade" que contém. Assim, Brás Cubas, herdeiro rico, culto, viajado e habilidoso com as mulheres, busca marcar a distinção entre seu destino, apagado e pouco edificante de ocioso proprietário em país periférico e o do corso, um dos maiores estadistas europeus.

Rubião, herdeiro de última hora, inculto, provinciano, e *gauche* com as mulheres não chega sequer a desfrutar do amor de Sofia. Nele, tudo é de empréstimo ou improvisado. Para um "cidadão do mundo" de fancaria, um imperador que seja uma sombra da grande figura napoleônica. Brás Cubas busca "se opor" a Napoleão I, enquanto Rubião intenta encarnar Napoleão III, numa procura de total integração física. Desse modo, embora obliquamente, Brás Cubas se "mede" com o vencedor de Austerlitz, o que não ocorre com Rubião, submetido ao figurino de Napoleão III.

O uso socioeconômico da cultura os distingue: Brás Cubas é, desde sempre, o proprietário, acostumado ao desfrute prazeroso e interessado de informações obtidas por meio de leituras, cursos e viagens, ao passo que Rubião, despreparado para a nova vida em sociedade, submerge no caudal de significados que demandam compreensão e respostas.

O DESVARIO COMO RESPOSTA

No entanto, nossa personagem talvez seja portadora de uma resposta que a ultrapassa — é certo — mas em larga medida foi sendo tecida, ficcionalmente, graças aos embates vividos por ela: dadas as condições afrancesadas do Rio de Janeiro, no século XIX, não seria Rubião uma espécie de símbolo paródico da comunidade que, em seus delírios europeizantes, se julgava em Paris, buscando proscrever os trópicos?

Longe de Barbacena, Rubião vai se embebendo da vida urbana, com seus códigos distintos daqueles praticamente unívocos da província, expressos numa só língua e articulados por poucas e conhecidíssimas figuras (a comadre, o farmacêutico, o carteiro) as quais não são apenas seres humanos, mas também elementos funcionais adstritos a essa sociedade (compadrio, serviços médicos etc.) de tal modo que a tendência à repetição sustenta relações normalmente estáveis.

A negativa de Rubião em ter "línguas estrangeiras em casa" simboliza com perfeição o impasse: um só código, ao alcance de seu entendimento, sem que se faça sentir a diferença obliteradora do reconhecimento, anteparo social e mental do nosso provinciano. No entanto, a ida para o Rio de Janeiro é a ruptura, até mesmo porque são duas cidades: a tropical e a afrancesada, conjugando-se de maneira real e prazerosa para os que decodificam códigos complexos relativos a vários tipos de conduta.

Estabelecida a relação com a cidade, são cintilações figuradas e enganadoras ("feitiços", "teatros em toda a parte", "moças bonitas, «vestidas à francesa»") que pontuam a existência da personagem, a qual não pode ter a visão do todo, assim como ignora os nexos formadores da intrincada rede chamada sociedade fluminense. Convém repetir, mais uma vez, a passagem iluminadora:

"Mas o caso particular é que ele, Rubião, sem saber porque, e apesar do seu próprio luxo, sentia-se o mesmo antigo professor de Barbacena..."[28]

No momento do vislumbre de sua real identidade, tão embotada pela experiência fluminense, Rubião se reconhece uno ("o mesmo") e certamente em desacordo com as novidades da Corte ("antigo professor"). Estamos no meio do romance, os delírios ainda estão por vir, mas o par que ironicamente carrega nos nomes sua própria negativa (Cristiano/Sofia) já lançou as bases de sua danação social e mental.

Por seu lado, os signos franceses vão executando a tarefa de imantar a vida da personagem a quem apraz ir ver o imperador Dom Pedro II, metonímica e sintomaticamente colocado logo após a alusão aos nobres de Dumas e Feuillet, sendo a própria família imperial brasileira — conforme se sabe — afrancesada. É aqui que nossa hipótese se firma: o mito napoleônico desqualifica o império brasileiro, muito próximo e incapaz de conferir a grandeza sociocultural que o Rio de Janeiro cobiça e imita. Rubião, ao resvalar para a loucura, carrega consigo os signos extremados de uma sociedade.

Ao mesmo tempo drama individual e referência coletiva, abrindo as portas da realidade social, o delírio se mostra denunciador e simbólico: Rubião está longe de poder assumir, como vencedor, o sonho da sociedade que representa de maneira caricatural: o exílio em sua própria terra, na qual se "deve" falar francês, vestir-se à francesa, ler romances oriundos da França, citar políticos de tal origem, em resumo, ter os olhos voltados para fora do país.

O NAPOLEÃO DE BOTAFOGO
UMA VISÃO ESTRATÉGICA E PARTICULAR RELATIVA À EXPRESSÃO DO BRASIL

Passemos, agora, a nos interrogar sobre o porquê do uso simbólico de elementos franceses na criação de Quincas Borba. O intuito mimético do autor se apóia na compreensão certeira de que a vida na Corte demandava o aparente paradoxo de uma cultura francesa redimensionando a realidade local.

Social, econômica e psicologicamente arruinado, Rubião delira em termos de uma simbologia capaz de ultrapassar e retomar, ao mesmo tempo, os valores estabelecidos pelos ambientes que freqüenta. Derradeira manifestação de uma superioridade não existente, seu alçar-se à categoria de imperador dos franceses é, portanto, representativo de uma visão largamente ancorada no Brasil imperial, urbano, com tendência cosmopolita e costumes refinados, que enaltece o valor da cultura francesa, servindo-se dela a seu bel-prazer e adaptando-a às suas necessidades[29].

Interessante notar que o paradoxo é apenas aparente, isto é, de há muito a França ocupava papel preponderante na órbita da cultura, sendo mesmo, na visão de um diplomata paraguaio do século XIX, Charles Calvo, a baluarte da latinidade[30].

Como jornalista e ficcionista, além de tradutor do francês, Machado de Assis conhecia os meandros da nossa experiência cultural urbana e podia aquilatar a força do pensamento vindo da França. No começo de sua carreira, teve até mesmo ocasião de investir contra a galomania reinante, no fim dos anos cinqüenta[31].

No entanto, Machado manifesta sua visão do espinhoso problema da criação literária num país pobre, cultural e literariamente, em seu artigo de 1873, "Notícia da atual literatura brasileira/Instinto de nacionalidade", onde se pergunta sobre a possibilidade de o Brasil criar sua literatura lastreado somente em tradição incipiente e a partir de temas nacionais. Estrategicamente, cita o exemplo de Shakespeare, figura enraizadamente inglesa, ainda que com assuntos estrangeiros, ressaltando a importância do sentimento íntimo da vida do país, malgrado qualquer tema que escapasse aos padrões nacionais.

Segundo nosso romancista, o que se exige do autor é ser "homem do seu tempo e do seu país", ou seja, alguém que saiba plasmar quadros relativos não ao mais visível, decorativo ou folclórico do país, mas à situação específica de sua sociedade, com seus exageros ou carências. Tal sentimento íntimo da nacionalidade não teria como um de seus exemplos a criação de uma gama de delírios que representasse o afrancesamento urbano dos trópicos?

Aqui, visão de costumes locais e consciência histórico-literária se harmonizam perfeitamente, pois o romance *Quincas Borba* talvez represente um dos momentos mais agudos e evidentes da preocupação social de Machado, revelando ainda uma vez que, na sua ótica, a complexa plasmação do elemento nacional não se faz pelo recurso ao pitoresco exótico e tranqüilizador, mas, ao contrário, pela necessária, abrangente, mas nem sempre tranqüila relação entre o nacional e o estrangeiro, o local e o geral, em vista do amálgama daí resultante.

Estamos diante de uma das características marcantes da sociedade fluminense, flagrada em seus extremos pelo exemplo de Rubião, que, em sua demência, pode descortinar para o leitor um panorama complexo e revelador da Corte.

NOTAS

[1] Machado de Assis, Joaquim Maria. *Quincas Borba*. Rio de Janeiro-Brasília: Civilização Brasileira-INL, 1975 (Edições críticas de obras de Machado de Assis, v. 14), p. 345, doravante denominada *QB*.
[2] *QB*, p. 108.
[3] *QB*, p. 107.
[4] *QB*, p. 108.
[5] *QB*, p. 108.
[6] A semelhança com Fausto se encerra aqui, pois sobejam elementos de oposição à figura do amante de Margarida, já que Rubião não é viajado, nem superiormente inteligente ou culto. O tema compreende a figura do ser errante, cosmopolita, com viagens constantes pela Europa em busca de cultura. A esse respeito, v. Iriarte, Rita. "Fausto: a história, a lenda e o mito", in Barrento, João (org.). *Fausto na literatura européia*. Lisboa: Apáginastantas — Cooperativa de serviços culturais, 1984, p. 25. V. também Gonçalves da Sila, Maria Helena. "A fixação literária do mito de Fausto: o Volksbuch de 1587", in Barrento, João (org.), op. cit., p. 42. Desse modo, graças à desproporção entre a personagem machadiana e a figura fáustica, o que se ressalta é o intuito decididamente irônico (que chega ao sarcástico, muitas vezes), opondo a estupefação e o "gauchisme" de Rubião ao mundo da capital. Entenda-se bem: Rubião já surge como um ser "pequeno" em relação ao Rio de Janeiro, por sua vez capital amaneirada de um país periférico. Visto sob a ótica da figura cosmopolita de Fausto, torna-se ainda mais flagrante em seu despreparo diante da realidade nova que o circunda.
[7] *QB*, p. 123.
[8] *QB*, p. 185.
[9] *QB*, p. 128.
[10] *QB*, p. 129.
[11] *QB*, p. 120.
[12] *QB*, p. 174. O barão Joseph-Dominique Louis (1755-1837) ocupou cinco vezes o cargo de ministro das Finanças, notadamente em 1814, 1815 e no reinado de Luís Filipe. Foi o responsável pelo restabelecimento do equilíbrio financeiro francês, combalido pela administração napoleônica e o promotor da lei do orçamento.
[13] *QB*, p. 175.
[14] O nome "Dalloz" refere-se a dois irmãos, Victor Désiré (1795-1869) e Armand (1797-1857), ambos jurisconsultos, autores do *Répertoire de jurisprudence générale*.
[15] *QB*, p. 177.

[16] *QB*, p. 183.
[17] *QB*, p. 207.
[18] A esse respeito, V. Girard, René. *Mensonge romantique et vérité romanesque.* Paris: Bernard Grasset Éditeur, 1961.
[19] Rubião, por exemplo, almoça no "Hotel de la Bourse" e sonha com uma cerimônia de casamento em que, ao lado de cristais da Boêmia e louça da Hungria, haveria vasos de Sèvres. Como vemos, a cultura francesa, embora não exclusiva, tem papel preponderante na atribulada experiência fluminense de Rubião.
[20] *QB*, p. 109.
[21] *QB*, p. 275.
[22] *QB*, p. 286.
[23] *QB*, p. 107.
[24] *QB*, p. 286.
[25] *QB*, p. 315.
[26] Uma análise instigante da relação entre a história brasileira e os delírios de Rubião operados pela ficção machadiana está em Gledson, John. *Machado de Assis: ficção e história.* Rio de Janeiro: Paz e Terra, 1986 (Coleção Literatura e teoria literária, v. 56), p. 58-113.
[27] *QB*, p. 336.
[28] *QB*, p. 183.
[29] Impossível deixar de pensar nas agudas conclusões de Roberto Schwarz a respeito da adaptação nem sempre plausível do ideário estrangeiro às realidades tropicais. A esse respeito, v. Schwarz, Roberto. *Ao vencedor as batatas/Forma literária e processo social nos inícios do romance brasileiro.* São Paulo: Livraria Duas Cidades, 1977 e Idem. *Um mestre na periferia do capitalismo/Machado de Assis.* São Paulo: Livraria Duas Cidades, 1990.
[30] Em seu *Recueil complet des traités*, publicado em Paris, em 1862 e dedicado a Napoleão III, Charles Calvo usa, talvez pela primeira vez, o termo "América Latina", além de considerar o imperador como aquele que teria a mais ampla compreensão da importância da América Latina. Tal tipo de reflexão está de acordo com a visão, segundo a qual a França seria a herdeira das nações católicas latinas e destinada à liderança das outras nações na mesma situação, contra os avanços dos Estados Unidos e da Prússia, entre outros. A esse respeito, veja Martiniere, Guy. "L'invention d'un concept opératoire: la latinité de l'Amérique". Em seu *Aspects de la coopération franco-brésilienne.* Grenoble-Paris: Presses Universitaires de Grenoble-Éditions de la Maison des Sciences de l'Homme, 1982 (Col. "Brasilia"), p. 25-38.
[31] "[...]. Raros, bem raros, se têm dado ao estudo de uma forma tão importante como o romance; apesar mesmo da convivência perniciosa com os romances franceses, que discute, aplausa e endeusa a nossa mocidade,tão pouco escrupulosa de ferir as susceptibilidades nacionais.
[...].
"[...]. Para que esta inundação de peças francesas, sem o mérito da localidade e cheias de equívocos, sensaborões às vezes, e galicismos, a fazer recuar o mais denodado *francelho?*" Machado de Assis, Joaquim Maria. "O passado, o presente e o futuro da literatura". Em seu *Obra completa.* Rio de Janeiro: Nova Aguilar, 1986, III vol., p. 788.

Helena Bonito Couto Pereira

FONTES FRANCESAS DO SIMBOLISMO BRASILEIRO

A CHEGADA DO SIMBOLISMO ao Brasil foi anunciada pelo crítico Araripe Júnior, que iniciou um de seus ensaios com estas palavras:

"O fato mais interessante que ocorreu durante o ano passado [1893] no acampamento das letras, foi a tentativa de adaptação do Decadismo à literatura brasileira. A responsabilidade desse cometimento cabe a Cruz e Sousa, autor do Missal e dos Broquéis." [1]

Araripe referiu-se à adaptação do *Decadismo,* mas o movimento que então se iniciava consagrou-se como Simbolismo. O Decadentismo (e não Decadismo, termo resultante de uma tradução apressada e sem fundamento), mantém seu posto como uma das tendências que promoveram intensa agitação artística, cultural e literária na França, no final do século passado.

Embora Araripe Júnior fosse um dos mais respeitados críticos brasileiros, ao lado de Sílvio Romero e José Veríssimo, sua afirmação não alcançou repercussão imediata entre seus pares. Ao contrário, o Simbolismo só seria reconhecido pela crítica alguns anos mais tarde. Como bem observou Fernando Goes,

"[...] as grandes histórias literárias [que] recensearam a nossa produção e atividades intelectuais, a de Sílvio Romero [de 1888], primeiro, e já em 1916 a de José Veríssimo, passaram por cima do Simbolismo, nada dizendo dos seus cultores." [2]

Romero iria referir-se ao movimento — ou pelo menos à poesia de Cruz e Sousa — apenas na virada para o século XX, quando escreveu sobre literatura para o *Livro do centenário (1500-1900)*. José Veríssimo nunca chegou realmente a compreender o fenômeno simbolista. Recusou-se a atribuir-lhe um lugar na história literária e, mesmo apregoando a própria isenção, revelava em seus ensaios uma autêntica predisposição contra a corrente, conforme observou Andrade Muricy, um dos maiores estudiosos do Simbolismo brasileiro. Em 1897, ao comentar uma obra de Nestor Vítor, Veríssimo escreveu:

> "Não condenamos *a priori* as novas formas de arte, certos de que o que possa haver nelas de legítimo e bom sobreviverá em obras e efeitos à voga de um dia, mas não nos deixemos iludir pelas suas pretendidas audácias, que as mais das vezes são meramente uma confissão de impotência."[3]

E adiante, no mesmo texto, Veríssimo não hesitava em aconselhar Nestor Vítor: "Não creia que Mallarmé consiga jamais uma reputação de escritor em França *[sic]*, e siga antes Verlaine, que era um purista"[4].

Muito diferente foi, portanto, a reação de Araripe Júnior. O registro feito por ele decorreu de uma série de fatores, e não apenas da sua propalada curiosidade em relação a todo tipo de novidade. O fator decisivo para despertar seu interesse e motivar sua compreensão em relação ao Simbolismo foi a leitura atenta dos textos poéticos e críticos que se publicavam na França, sobre essa e outras tendências inovadoras, no final da década de oitenta.

São já bastante conhecidas as circunstâncias que permitiram a Araripe Júnior o contato com as novidades decadentistas. Medeiros e Albuquerque passou-lhe livros e revistas que obtivera, "graças às relações que um amigo seu particular mantinha em Paris com o grupo mallarmista", como relatou o próprio crítico cearense, em 1888:

> "[...] pôde ele [Medeiros e Albuquerque] juntar uma coleção, relativamente rica, das melhores produções dos revolucionários. Entre essas produções havia livros de Verlaine, publicações esotéricas de Mallarmé, de René Ghil, de St. Merril, de João *[sic]* Moréas, e as revistas em que Vieillé *[sic]* Griffin, Paul Adam, Charles Viguier e outros sectários da revolta contra o realismo, começavam a esboçar a estética dos novos e exibiam as idéias dos independentes."[5]

É possível que o caráter "revolucionário" dessas manifestações literárias predispusesse os críticos, involuntariamente, à incompreensão. De que outra forma se pode conceber como "publicações esotéricas" as obras de Mallarmé, Moréas e seus companheiros? O novo discurso literário se distanciava de tal modo das convenções realistas e naturalistas que até uma tentativa de interpretação séria e isenta, como a de Araripe, derrapava perigosamente.

Mas o fato é que são múltiplas e variadas (embora nem sempre bem compreendidas) as fontes de Araripe. Ele já contava com um referencial teórico que, aliado ao seu gosto pelas novidades, constituía uma base sólida para novas incorporações. Participou dos primeiros grupos de intelectuais brasileiros dispostos a discutir as teorias materialistas que se tornaram dominantes no pensamento europeu, no último quarto do século XIX. Comte, Taine, Spencer, Schopenhauer e tantos pensadores, franceses ou não, foram seus autores de cabeceira. Além desses, Araripe indicou em notas de rodapé outros, hoje quase desconhecidos, como Hennequin, Vinet, Letourneau. Assim, a melhor compreensão demonstrada por Araripe decorreu da interação entre dois fatores: a "assimilação cautelosa" que, de acordo com suas próprias palavras, ele vinha realizando ao longo de duas décadas, e o contato com o Decadentismo praticamente no momento de sua eclosão na França. Pioneiro no estudo das novas estéticas, tentou integrá-las, de modo também pioneiro, num contexto mais abrangente.

Seu primeiro texto sobre o Decadentismo-Simbolismo encontra-se em "Raul Pompéia: *O ateneu* e o romance psicológico" ensaio que se compõe de 21 artigos, publicados sucessivamente no periódico carioca *Novidades* entre dezembro de 1888 e fevereiro do ano seguinte[6]. Nele, a obra recém-lançada de Raul Pompéia divide o espaço com o Decadentismo-Simbolismo, tema presente do segundo ao oitavo artigos.

O interesse pela nascente poesia simbolista surgiu quando Araripe se propunha a tratar de um "romance psicológico", tendo como ponto de partida a constatação de que havia elementos comuns entre o novo tipo de ficção e as novas propostas poéticas. Além do mais óbvio, o antinaturalismo, revelavam-se outros pontos de convergência — que não eram meras coincidências — entre *O ateneu* e o Decadentismo francês. Para abordar em conjunto ficção e poética, Araripe praticamente criou um ensaio dentro de outro, elaborando um precioso documento da transição para a literatura do século XX.

Contra o Naturalismo

Apoiado pelo público, mas execrado por boa parte da crítica, o Naturalismo francês prosseguia sua trajetória, sempre provocando espanto e escândalo. Era o divisor de águas contra o qual se posicionava toda a "novíssima geração". Seu desgaste chegara ao extremo. Sua obsessão por desajustes e patologias revelava o esgotamento da velha fórmula, que persistia quase que exclusivamente pela ação de Zola. Confinado aos limites da produção para um público leitor cativo, o

Naturalismo aos poucos saía de cena, deixando espaço para o retorno do subjetivismo, no plano ideológico, e a busca de outro tipo de discurso literário, no plano estético.

O Decadentismo-Simbolismo irrompeu em meio a tendências variadas e às vezes contraditórias, cujos contornos se definiam à medida que vinha a público a sua produção poética, ficcional e crítica. Araripe entrou em contato com essa produção e, ao analisar *O ateneu,* logo se deu conta da importância das leituras francesas feitas por Raul Pompéia para a gênese de seu romance. Em função disso, para pôr em evidência alguns dos temas e características que detectou em *O ateneu,* o crítico cearense acabou esboçando uma visão de conjunto desse momento da literatura francesa. Segundo ele, os escritores,

"[...] cansados da catalogação dos fatos, da observação dos fenômenos, muitas vezes extenuados, outras tantas desesperados, refugiam-se no fundo de suas idéias e começam a espreitar os próprios estados de consciência e a estudar os movimentos da máquina produtora. Semelhantes temperamentos literários, ou melhor, tais hábitos mentais, nem sempre encontram fibra que resista. Daí a misantropia de muitos poetas e escritores e a filosofia desalentadora de muitas escolas e não poucos pensadores.

"Compreende-se que essa inversão das leis naturais não pode chegar a resultados sãos." [7]

O crítico reconhecia o esvaziamento da objetividade compulsória imposta pelo cientificismo, mas mostrava sua apreensão ante uma (improvável) volta dos escritores aos "próprios estados de consciência", que viria pôr em risco as "tendências objetivas da humanidade". Instaurado assim o subjetivismo, a falta de "fibra" dos escritores poderia levá-los à "filosofia desalentadora", ou seja, ao pessimismo. Analisando Pompéia, concluía que ele era um caso à parte, pois compensava a pouca objetividade com um estilo rico. Tinha portanto "fibra" suficiente. Mas Araripe não via como os novos "temperamentos literários" poderiam trazer boas contribuições à literatura. Impregnado ainda do espírito científico que começava a desertar do campo literário, ele considerava esse subjetivismo melancólico, desalentador, de fundo pessimista, como um atentado às "leis naturais". Ao examinar a nova produção poética pretendeu agir com a maior isenção de espírito, mas sua formação e suas convicções pessoais pontilharam esse exame de supresas e ressalvas.

Na tentativa de compreender as inovações, Araripe começou por sistematizar a complexa rede de relações que envolvia o Naturalismo e as demais tendências literárias francesas. Além de rastrearem a contínua inter-relação entre umas e outras, as tentativas de sistematização não raro enveredavam pela trajetória individual de um ou outro autor. Em meio à efervescência literária, configurava-se uma única escola com características claramente definidas: o Parnasianismo.

A POESIA *ROSICLER* DOS PARNASIANOS

Sendo Raul Pompéia o ponto de partida e de chegada do ensaio, era natural que a ele se relacionassem os movimentos e autores em discussão. Araripe o considerava um escritor subjetivista, porém agudo observador, e preocupado com o estilo; afirmava também que Pompéia havia cultivado a "poesia rosicler" do Parnasianismo. Essa tendência, já superada quando Araripe analisou *O ateneu* — também teve origem francesa. Curiosamente, o ponto de interseção entre Pompéia e o Parnasianismo vinha de longe:

> "[...] o seu exagerado subjetivismo obriga-o a passar primeiramente pela metáfora e pela antítese apocalíptica do Victor Hugo da *Legenda dos séculos,* car le mot, qu'on le sache, est un être vivant.
>
> "A crença na *palavra viva* põe-no, em seguida, em comunhão com o espírito parnasiano." [8]

A definição da palavra como "ser vivo" provém de um verso de Hugo, extraído de *Les contemplations,* conforme Araripe explica em nota de rodapé. Essa definição aplica-se perfeitamente ao Parnasianismo, como se aplica à poesia de todos os tempos. Afinal, conceber a palavra como "ser vivo" é compreender a poesia em seu grau mais elevado, dispensando o referencial e a realidade objetiva. A ênfase dada à palavra – "a palavra viva" — e à forma constitui, na verdade, uma reação contra o Naturalismo no plano estético, pois pressupõe a valorização da expressão e do estilo. Comentando as incompatibilidades entre Pompéia e a estética parnasiana, Araripe afirmava:

> "Ninguém ignora o papel que o verbo, o princípio da subordinação do pensamento à forma, exerceu, ainda nos mais possantes e imaginosos poetas dessa escola, como Sully Prudhomme, Coppée e Leconte de Lisle. Raul tentou, nas *Canções sem metro,* guindar-se a essas inacessíveis regiões da poesia rosicler. A sua índole, porém, não era a de um verdadeiro parnasiano. Espírito investigador, muito amigo de observar, e muito agudo, era-lhe impossível embotar-se nessa clarividência sempiterna da musa grega, transportada e aquecida ao sol das concepções modernas." [9]

Araripe estava se referindo ao Parnasianismo francês, como comprovam seus exemplos: Sully Prudhomme, Coppée e Leconte de Lisle. Seu contato com a poesia francesa havia-se estabelecido não só pela leitura de obras poéticas, como dos artigos e ensaios críticos que aqui chegavam. Uma de suas fontes foi Jules Lemaître, autor da série de ensaios publicada na imprensa e depois reunida em quatro volumes, com o título de *Les contemporains*. Vejam-se fragmentos de Lemaître sobre Sully Prudhomme e Leconte de Lisle:

"Il y fallait une langue précise: celle de Sully Prudhomme l'est merveilleusement. Elle semble procéder de l'antiquité classique, qu'il a beaucoup pratiquée [...].
"J'avais tort de dire qu'il ne doit rien aux parnassiens. C'est à cette époque qu'il fréquenta leur cénacle et qu'il y eut (si on veut croire la modestie de ses souvenirs) la révélation du vers plastique, de la rime parfaite et rare. [10]
"Des vers d'une splendeur précise, une sérénité imperturbable, voilà ce qui frappe tout d'abord chez M. Leconte de Lisle. [...]. Ses vers intransigeants ne condescendent point aux faiblesses ni aux habitudes du troupeau, n'entrent point dans ses émotions, ne le bercent ni le secouent." [11]

A "subordinação do pensamento à forma" é, no caso parnasiano, a escolha de uma linguagem precisa, clássica e sem concessões. Quando Araripe se referia à "clarividência sempiterna da musa grega, transportada e aquecida ao sol das concepções modernas", estava retomando uma explanação de Lemaître sobre a literatura francesa, que se encontra no mesmo ensaio:

"La poésie de notre âge et de notre pays contient toutes les autres dans son vaste sein. Hugo, Vigny, Gautier, Banville, Leconte de Lisle, l'ont faite souverainement intelligente et sympathique, soit qu'elle déroule la légende des siècles, soit qu'elle s'éprenne de beauté grecque et païenne, soit qu'elle traduise et condense les splendides ou féroces imaginations religieuses qui ont ravi ou torturé l'humanité, soit enfin qu'elle exprime des sentiments modernes par des symboles antiques." [12]

Araripe não deixou de registrar a modesta repercussão que os poetas parnasianos obtiveram junto ao público francês, pois esse movimento

"coexistiu, embora na penumbra, com o naturalismo, durante toda a época de seu maior movimento; o que não quer dizer que os seus grandes poetas tenham deixado de atingir a glória, e que Leconte de Lisle, por exemplo, não seja, pelo talento que possui, e não pela escola, um dos mais alevantados engenhos deste fim de século."¹³

O renome de Leconte de Lisle deveu-se a suas qualidades individuais, e não ao sucesso do Parnasianismo junto ao público. Todavia, o terceiro poeta francês citado por Araripe, Coppée, conseguiu cair nas graças de "tous les publics", ainda segundo Lemaître:

> "Et pourtant, parmi nos poètes si délaissés, il en est un dont les vers s'achètent, qui en vit, qui [...] est goûté des artistes les plux experts et compris par tous les publics. Cet être invraisemblable est François Coppée, et sa marque, c'est précisément d'être le plus populaire des versificateurs savants, à la fois subtil assembleur de rimes et peintre familier de la vie moderne, avec assez d'émotion et de drame pour plaire à la foule, assez de recherche et de mièvrerie pour plaire aux décadents, et, çà et là, un fond spleenétique et maladif qui est à lui."¹⁴

Lemaître conseguiu explicar o sucesso de Coppée, não sem lhe atribuir, em um texto até certo ponto ambíguo, uma excessiva condescendência em relação a diversos públicos. Ao contrário de Prudhomme, autor da "rime parfaite et rare", Coppée era um "subtil assembleur de rimes"; diferentemente de Leconte de Lisle, autor de versos "qui n'entrent point dans ses émotions", Coppée produzia poemas "avec assez d'émotion et de drame pour plaire à la foule". Fosse qual fosse a razão de seu sucesso, apoiado em talento autêntico ou na capacidade de levar ao público o que esse público pedia, Coppée pouco ou nada devia à escola parnasiana.

A "NOVÍSSIMA GERAÇÃO"

No quarto artigo da série, Araripe expõe sua visão de conjunto da "novíssima geração", tentando simultaneamente identificar o Decadentismo-Simbolismo em face das considerações já expostas sobre o Parnasianismo.

Embora o Parnasianismo alcançasse algum destaque em relação a outras tendências da época, ainda permaneciam todos na vertente antinaturalista. Araripe fez uma preciosa síntese dessas tendências que conviviam com o Simbolismo:

> "Delicados psicólogos uns, estilistas primorosos outros, analistas sutis pela maior parte, estes indivíduos têm sido confundidos, senão envolvidos, pela denominação genérica da escola; e assim, desde Barbey d'Aurevilly até Paulo

[sic] Bourget, desde Huysmans até Maurício *[sic]* Barrès, contando uma imensidade de parnasianos indecisos e de baudelairianos cansados, é possível catalogar toda a novíssima geração que, por cálculo ou sem ele, tenta libertar-se da influência ditatorial do autor do *Assommoir*." [15]

Catalogar "toda a novíssima geração" era tarefa fácil; as dificuldades se interporiam caso se tentasse situar cada um dos autores citados em um ou outro grupo, visto que, naquela fase de inquietação cultural e farta produção poética, suas obras estavam em franca evolução. Termos como "delicados psicólogos", "estilistas primorosos" ou "analistas sutis", permitem identificar, na crítica de Lemaître, a fundamentação para a de Araripe. Bourget, por exemplo, segundo o crítico francês, seria um analista sutil:

"Ce curieux est un analyste et un pessimiste (un «triste», si vous préférez). Ne séparons point les deux choses; car, chez lui, elles se tiennent étroitement. M. Bourget est très nettement de ceux qui sont moins préoccupés du monde extérieur que du monde de l'âme, moins sensible au plaisir de voir et de rendre la forme des choses [...]." [16]

Lemaître discutia longamente os aspectos pessimistas da obra de Bourget, aspectos que Araripe não comentou, nesta altura, pois estava dando ênfase à caracterização estética da "novíssima geração".

Não é casual esta construção da frase de Araripe: "desde Barbey d'Aurevilly até Paulo *[sic]* Bourget". Denota um distanciamento, provavelmente compatível com a crítica feita por Lemaître a cada um deles. Veja-se Barbey d'Aurevilly segundo o crítico francês:

"M. Barbey d'Aurevilly m'étonne... Et puis... il m'étonne encore. On me cite de lui des mots d'un esprit surprenant, d'un tour héroïque, qui joignent l'éclat d'image à l'imprévu de l'idée.

"Ce qui rend l'âme de M. Barbey d'Aurevilly peu accessible à ma bonhomie, ce n'est pas qu'il soit aristocrate dans un siècle bourgeois, absolutiste dans un temps de démocratie, et catholique dans un temps de science athée [...]; mais c'est plutôt la manière dont il l'est." [17]

A dificuldade de apreensão da "personne littéraire" Barbey d'Aurevilly sugere, no fundo, uma impressão de originalidade forçada, ou falta de autenticidade, em contraste com a sutileza atribuída a Bourget. Barbey seria um estilista, com seus "mots d'un esprit surprenant".

Da mesma forma pode-se marcar a distância que se estende "desde Huysmans até Maurício *[sic]* Barrès". Huysmans já havia delimitado seu próprio espaço dentre os novos:

> "M. Huysmans, surtout, a sa vision du monde, ses manies et sa forme, et est assurément un des écrivains les plus personnels de la jeune génération.
> "Allez au fond de son oeuvre: vous trouverez d'abord un Flamand très épris du détail, avec un vif sentiment du grotesque; puis le plus dégoûté, le plus ennuyé et le plus méprisant des pessimistes; un artiste, enfin, très incomplet, mais très volontaire, très conscient et raffiné jusqu'à la maladie: le représentant détraqué des outrances suprêmes d'une fin de littérature." [18]

Huysmans mostrava-se tão pessimista e doentio que podia ser anunciado como arauto "d'une fin de littérature". Suas obras, representações acabadas do espírito decadente, permitem identificá-lo como um dos "baudelairianos cansados" a que Araripe se referia. Em outro extremo da mesma literatura subjetivista, Barrès marcaria o espaço do egocentrismo, dedicando-se ao "culte du moi", como ele mesmo esclareceu na introdução de sua obra:

> "[...] il convient que nous nous en tenions à la seule réalité, au Moi. C'est la conclusion du premier chapitre (assez insuffisante, d'ailleurs) de *Sous l'oeil des Barbares*.
> "Les Barbares, voilà le non-moi, c'est-à-dire tout ce qui peut nuire ou résister au Moi." [19]

A trajetória literária de cada um desses autores reservaria grandes surpresas; Barrès constitui uma delas. Em *Symbolistes et décadents,* Gustave Kahn fez um depoimento pessoal sobre episódios ligados à origem e evolução dessas escolas e incluindo sua própria participação. É dele este comentário sobre Barrès:

> "Maurice Barrès, qui eut quelque temps contact avec le symbolisme et dont on aima les premiers livrets élégants et secs, dédiés au culte du moi, et à un amusant égotisme, s'est développé en romancier social." [20]

Barrès, que na época seria um "delicado psicólogo" voltado para si mesmo, foi visto por Araripe como escritor verdadeiramente representativo das novas tendências. A partir dele o crítico brasileiro apontou a proximidade entre Pompéia e o Decadentismo-Simbolismo:

"Há momentos em que Raul Pompéia chega a parecer um mero diletante; e ocasião já houve, em que me pareceu vê-lo até nas fronteiras do acampamento dos simbolistas ou decadentes.

"— A afeição de Raul pelo *Sous l'oeil des Barbares*, de Maurice Barrès, disseme, há dias, um amigo, não será sintoma de que ele já vai-se inclinando para o grupo dos Verlaine e dos Mallarmé?

"— Não o creio, respondi logo.

"Mas esta resposta sofre muitas restrições." [21]

Araripe não afirmou diretamente a eventual proximidade, preferindo atribuir tal cogitação a um interlocutor. Barrès podia ser considerado um escritor em transição. Subjetivista, preocupado com o estilo, constituía, nas palavras do crítico, um marco no caminho para as inovações.

Araripe procurava compreender a nova versão do subjetivismo cultivada pelo "grupo dos Verlaine e dos Mallarmé" [22], no "acampamento dos simbolistas ou decadentes". Por suas afirmações, depreende-se que estavam indiferenciados, no Brasil, os dois grupos. Essa indiferenciação ocorria também na França.

Decadentes e simbolistas

Decadentes e simbolistas alcançavam destaque, não necessariamente pela qualidade ou quantidade de suas obras, mas pelos inúmeros periódicos que conseguiam pôr em circulação. De duração variável — mas quase sempre efêmera — os periódicos empenhavam-se nos ataques à literatura naturalista, expunham doutrinas e ideais estéticos, criavam polêmicas. Acabavam por repercutir na grande imprensa, que alcançava um público mais abrangente, como a *Revue des Deux Mondes* ou o *Figaro*. Além deles, movimentavam-se outros romancistas e poetas adeptos do subjetivismo que podiam causar nos críticos a impressão de estarem se inclinando para o Decadentismo e o Simbolismo, mesmo que isso não correspondesse realmente aos seus propósitos.

Veiculando as idéias do grupo que, segundo Araripe, constituía a "novíssima geração", os periódicos revelavam algumas semelhanças e muitas diferenças entre si. Surgiam posicionamentos conflitantes, com sérias conseqüências para os editoriais ou artigos que, inicialmente voltados para divulgar determinadas propostas, acabavam por atacar seus oponentes, motivando incontáveis réplicas e tréplicas entre os articulistas. Mas a proliferação de periódicos não ocorreu sem motivos. Segundo Ernest Raynaud, "toutes ces publications avaient comme point commun le mépris de la littérature officielle et la recherche d'une

Beauté nouvelle". Todavia, o próprio Raynaud reconheceu que "ces publications étaient trop intransigeantes pour faire aucune concession au goût du public; et la grande presse restait hostile; elle ourdissait autour de ces tentatives la conspiration du silence" [23]. Se, por um lado, os periódicos explicitavam sua rejeição à "literatura oficial", por outro, eram sumariamente ignorados pela grande imprensa, que não legitimava, junto ao público, as novas manifestações artísticas.

Constituindo dois diferentes grupos na "novíssima geração", e tendo em comum a aversão à literatura naturalista (apesar de laços pessoais e intelectuais com muitos de seus representantes), tanto os decadentes como os simbolistas pretendiam renovar radicalmente a poesia francesa.

Foram os decadentes que logo obtiveram destaque, entre 1885 e 1888. Sob a liderança de Anatole Baju, o grupo conseguiu manter em evidência suas teorias e divulgar sua produção literária nas páginas de *Le Décadent*. Inicialmente esse periódico era aberto a todas as correntes antinaturalistas. Produzidos de modo artesanal, os primeiros números foram impressos numa gráfica improvisada no apartamento onde residia Baju, para espanto e até hostilidade de seus vizinhos. Mais tarde o editor Léon Vanier daria apoio às publicações, e em torno dele agrupou-se a "coterie du Vanier", a que Araripe se referiu em um de seus ensaios.

Com os decadentes marcando espaço próprio na imprensa alternativa, Anatole Baju escrevia editoriais indignados sobre a resistência da grande imprensa em reconhecer as novas manifestações artísticas:

"La presse parisienne a contribué dans une large mesure à la vulgarisation de l'idée décadente, non point exclusivement dans le but de l'acclimater dans le grand public, mais au contraire pour empêcher qu'on ne goûtait les oeuvres de nos maîtres." [24]

As circunstâncias em que se originaram os termos decadentismo/decadente e simbolismo/simbolista são bastante conhecidas. Mas a palavra *décadisme* em francês foi cunhada por Baju, conforme revela a carta de Verlaine publicada em *Le Décadent* de 1.º de janeiro de 1888: "*Décadisme* est un mot de génie, une trouvaille amusante et qui restera dans l'histoire littéraire; ce barbarisme est une miraculeuse enseigne" [25].

Na França o Decadentismo repercutiu antes do Simbolismo. Como registrou Gustave Kahn,

"En 1885, il y avait des décadents et des symbolistes, beaucoup de décadents et peu de symbolistes. Le mot de décadent avait été prononcé, celui de symboliste pas encore; nous parlions de symbole, nous n'avions pas créé le mot générique de symbolisme, et les décadents et les symbolistes c'était tout autre chose alors."²⁶

Foi o grupo dos decadentes, sob a liderança de Baju, que fez questão de se individualizar em relação ao dos simbolistas. O jornal *Le Décadent,* editado por Baju, publicou a referida carta de Verlaine como se fosse uma "declaração de adesão" ao Decadentismo. Verlaine afirmava que esse movimento

"[...] est proprement une littérature éclatant par un temps de décadence, non pour marcher dans les pas de son époque, mais bien tout 'à rebours', pour s'insurger contre, réagir par le délicat, l'élevé, le raffiné si l'on veut, de ses tendances, contre les platitudes et les turpitudes, littéraires et autres, ambiantes."²⁷

E concluía a carta enviando sua adesão: "vous voulez bien avoir besoin de mon avis, en forme d'absolue adhésion à votre vaillant entêtement dans une cause si bonne".

No número seguinte, percebe-se um Baju exultante:

"Le Maître [Verlaine] a parlé. Tout le monde a pu lire dans notre dernier numéro la déclaration de principes qu'il nous a communiquée sous la forme d'une lettre.
"Tant que nous avons été seul à défendre cette idée, on a pu douter que la victoire nous resterait [...]. Mais aujourd'hui que le Maître, dont les écrits sont l'origine même de ce mouvement, veut bien reconnaître la légitimité de nos efforts et sanctionner de son adhésion formelle et absolue l'oeuvre entreprise sous son inspiration, le doute n'honorerait plus personne."²⁸

Era o insistente Anatole Baju que carregava com mais estardalhaço o estandarte decadentista, exigindo que se reconhecesse de modo inequívoco a existência de vários grupos, e apontando o seu, evidentemente, como o pioneiro, o melhor, o mais consistente. Um de seus artigos chegava a apontar os simbolistas como "parasitas" do Decadentismo:

"Eh bien il faut que personne ne puisse plus s'y tromper, il faut qu'on sache qu'en tant qu'écoles le symbolisme et l'instrumentation sont des blagues et que nul n'est plus persuadé de l'inanité de ces théories que ceux-là même qui les proclament. Nous pour qui le Décadisme est un drapeau et non pas une simple étiquette, nous avons le devoir d'éclairer l'opinion publique. Les Décadents sont ceux qui demeurent fidèles à leurs principes [...]. Les autres ne sont que les parasites de notre idée." [29]

Apesar das ruidosas iniciativas dos decadentes, os simbolistas aos poucos consolidavam seu próprio movimento. E a crítica posterior nunca chegaria a reconhecer uma escola decadente, embora consagrasse a simbolista. Mas as polêmicas contribuíam pouco para o estabelecimento de uma diferenciação nítida ou permanente, até porque os escritores ligados a um periódico podiam colaborar em outros, numa flutuação muitas vezes coincidente com a própria variação de seus pontos de vista.

Tentando apreender criticamente a nova poética e propondo-se a ser imparcial, Araripe afirmou que não pretendia "depreciar o novo movimento", ao contrário do que teriam feito dois críticos franceses:

"Não farei a injustiça de dizer, como J. Lemaître, que os simbolistas inventaram coisas que já estavam inventadas desde Homero; que esses novos poetas não passam de logogrifistas, incapazes de escrever na língua de todo o mundo; nem, como J. Tellier, levarei o meu espírito de crítica até o ponto de passar a rasoura sobre tantos talentos prometedores, classificando-os de reles amigos de extravagâncias sem nome." [30]

Lemaître havia escrito o artigo "M. Paul Verlaine et les poètes symbolistes et 'décadents'", onde se encontram os comentários que Araripe parafraseou:

"Or je pourrais sans doute accorder quelque attention à ces logographes, croire qu'ils méritent d'être déchiffrés, et qu'ils impliquent, chez leurs auteurs, un état d'esprit intéressant, s'il m'était seulement prouvé que ces jeunes gens sont capables d'écrire proprement une page dans la langue de tout le monde; mais c'est ce qu'ils n'ont jamais fait. Cependant, puisqu'une curiosité puérile m'entraîne à les étudier, je suis bien obligé de présumer qu'ils en valent la peine." [31]

Atendo-se ao essencial, Araripe deixou de lado outros aspectos relevantes da crítica de Lemaître. Não se tratava exatamente de poetas "incapazes de escrever na língua de todo o mundo", mas da falta de provas quanto a essa capacidade: "c'est ce qu'ils n'ont jamais fait". E o crítico francês havia atenuado suas declarações considerando o fato de ter-se disposto a estudá-los: "je suis bien obligé de présumer qu'ils en valent la peine". Observa-se o mesmo na seqüência:

"On soupçonnait depuis Homère [cf. Araripe] qu'il y a des rapports, des correspondances, des affinités entre certains sons, certaines formes, certaines couleurs et certains états d'âme [...]. On n'ignorait pas que des sons peuvent être éclatants ou effacés comme les couleurs, tristes ou joyeux comme les sentiments. Mais on pensait que ces ressemblances et ces rapports sont un peu fuyants, n'ont rien de constant ni de rigoureux." [32]

As "coisas que já estavam inventadas desde Homero", como Lemaître esclarece, são as "correspondências", que constituem, realmente, um aspecto fundamental da renovação estética proposta por decadentes e simbolistas. É bastante provável que Araripe tenha lido também a réplica a Lemaître, que Ernest Raynaud escreveu para *Le Décadent*:

"Tout recémment M. Jules Lemaître a publié dans la *Revue Bleue* un article sur M. Paul Verlaine et les poètes décadents, où il fait montre d'une incompétence fâcheuse. [...]. Cet article est dangereux parce qu'il tend à propager des erreurs redoutables et à compromettre toute une génération d'artistes qui méritent mieux qu'un banal dédain, et qu'une gouaillerie facile, si peu dignes d'ailleurs d'un écrivain soucieux de sa plume et de son talent.
"[...]. Il n'a pas cherché dans ses écrits l'explication des enthousiasmes qu'ils ont suscités chez une génération neuve, érudite et subtile." [33]

Eram dois os críticos franceses mencionados por Araripe: J. Lemaître e J. Tellier. Este último acabava de publicar *Nos poètes,* obra em que agrupava os poetas franceses a partir de critérios bastante subjetivos. Assim, o livro se divide em quatro partes: "Quatre maîtres", "Quelques aînés", "Poètes divers" e "Décadents et symbolistes" [34].

Verlaine publicou uma resenha sobre *Nos poètes* em *Le Décadent*. Curiosamente, essa resenha pouco tem em comum com o ponto de vista de Araripe. Lendo o crítico brasileiro, tem-se a impressão de que Tellier condenou diversos nomes ("tantos talentos prometedores") da nova geração; lendo Verlaine, a impressão é outra:

"Un livre enfin de critique compétente et sympathique vient de paraître: *Nos poètes,* par Jules Tellier, qui est lui-même un poète. [...].
"Après un adieu respectueux à M. Leconte de Lisle historien et philosophe, un hommage affectueux, cordial et syncère à ce Théodore de Banville [...],

après Coppée, exquis et Sully Prudhomme, noble témoin, salués, Jules Tellier aborde enfin les Modernes.

"Et largement, malgré les étiquettes sans nul doute voulues telles de sa table de matières, il veut bien rendre compte au public [...] de sa sollicitude pour les seuls efforts sérieux de ce commencement de fin de siècle littéraire-ci."[35]

Só mais adiante, após destacar alguns poetas, Verlaine fez ligeiras ressalvas e concluiu que eles

"[...] apparaissent ou plutôt paraissent pleins de *grâce et de vérité* dans ce livre substantiel auquel il faut acquiescer, en dépit des justes réserves que lui doit le Décadisme (ou ce qu'on nomme ainsi) en raison de quelques injustices."[36]

Um dos grandes injustiçados em *Nos poètes* foi Mallarmé. Enquanto sete artigos se ocupam de Verlaine, Tellier dedica apenas dois parágrafos a Mallarmé, de quem afirma, por exemplo, que "écrivit jadis, aux temps du Parnasse, des vers très clairs et très banals [...]; et il se rencontre des gens qui le considèrent comme un grand penseur et comme un grand musicien [*sic*]."[37]

Evidentemente, Tellier não estava sozinho no enorme equívoco a respeito das novas manifestações poéticas. Nesse momento, poucos críticos franceses deram-se conta da revolução poética que o Simbolismo acabaria por desencadear. Isso se deve também ao fato de que poucos dos poetas abrigados na escola estavam realmente à altura de transformar em poesia a proposta teórica que abraçavam.

Outro crítico e escritor francês de renome, Edmond de Goncourt, tinha poucos motivos para acreditar nas novas propostas. Araripe relatou suas impressões:

"Edmond de Goncourt [...], prefaciando *Les derniers songes,* romance de Francis Poictevin, teve a franqueza de declarar que não tinha percebido o pensamento do livro, conseguindo apenas apanhar, na flutuação do estilo da obra, aqui e ali, uma ou outra definição delicada de sentimentos e objetos. É a isso que ele, ironicamente, dá o nome de — vitórias da prosa sobre o invisível, sobre o impalpável."[38]

A última frase ("vitórias da prosa sobre o invisível, sobre o impalpável") conclui o prefácio de *Derniers songes* — prefácio que era, na origem, uma carta bastante irônica de Goncourt para Poictevin. Entre outras considerações, Goncourt afirmava: "Puis, vraiment, Monsieur, vous aimez trop l'obscurité, la nuit dans le style, et il y a pour moi, oui pour moi, nombre de phrases tout à fait indéchiffrables".

Ele comparava o efeito da prosa de Poictevin ao que lhe causava a leitura do "Paraíso" de Dante, que "restait pour mon intellect du pur cunéiforme". Goncourt gentilmente atenuava o comentário, e acrescentava a ironia final:

> "Et cependant par-ci et par-là, et même très souvent, il y a de délicates définitions de sentiments, et des choses que la copie est rebelle à rendre: des victoires de la prose sur l'invisible, sur l'impalpable." [39]

A crítica de Goncourt dirigia-se, como se vê, menos para a renovação poética proposta pelos simbolistas, que para o próprio Poictevin. É o que se confirma pela leitura de um trecho de seu *Journal*. Ele declara que no início desse ano recebera uma visita do poeta, em que este lhe fez "la demande impudente que je dise un mot de son talent dans mon *Journal*".

E mais adiante, em julho:

> "Visite interminable de Francis Poictevin. [...]. Il est plus fou que jamais, le Poictevin, et ce qu'il y a de triste, hélas! c'est que sa folie ne le fait pas original!... [...]. Et tous ses efforts à rendre l'invisible, l'impalpable, n'attrapent que le contourné biscornu et l'incompréhensible tourmenté." [40]

MALLARMÉ

Dentre os críticos brasileiros, Araripe era o menos preconceituoso e portanto o mais habilitado a tentar compreender a nova estética. Mas da tentativa à compreensão propriamente dita havia ainda um longo caminho, que foi percorrido nos anos seguintes. Verlaine e Mallarmé eram os nomes que se destacavam e, talvez por circunstâncias biográficas, o primeiro estava sempre em evidência.

Em 1888, Mallarmé já havia completado duas décadas de produção literária, modesta, em termos quantitativos, porém de uma riqueza e originalidade insuperáveis. Em torno dele — literalmente — agrupavam-se seus admiradores, nas reuniões organizadas em seu apartamento às terças-feiras. Em carta a Verlaine, o próprio Mallarmé explicava que lhe era atribuída uma influência, onde ele via apenas encontros:

> "Vos *Poètes Maudits*, cher Verlaine, *À Rebours* d'Huysmans, ont intéressé à mes Mardis longtemps vacants les jeunes poètes qui nous aiment

(mallarmistes à part) et on a cru à quelque influence tentée par moi, là où il n'y a eu que des rencontres."[41]

A história literária iria registrar, posteriormente, esse mesmo sentido de liderança, dando a cada um deles um papel específico como "chefes de escola":

> "Verlaine é, na verdade, o mestre; as variações de seus temas e de seu estilo se multiplicarão de geração a geração. Enquanto Mallarmé se torna a pessoa que se ouve, Verlaine é a pessoa cujo exemplo como poeta se assimila e imita. [...]. Poder-se-ia dizer que todo poeta da década de 1880 até 1920 tentou ser um Verlaine. Mallarmé é o Simbolismo na teoria, Verlaine o é na prática."[42]

A compreensão do alcance da poesia de Mallarmé tardou. Entretanto, o fato de Araripe ter sido um leitor atento de *Le Décadent* não o levou a alinhar-se automaticamente pela pregação panfletária de Baju, exagerando a importância ou a originalidade do grupo decadentista. Ele comentou o fato de que Mallarmé, sendo "o chefe real e reconhecido da escola simbolista, há dez anos que trabalha em um poema, no qual se supõe dar uma explicação órfica do universo"[43].

Não são rigorosamente exatas as afirmações de Araripe. Na verdade, Mallarmé escreveu uma longa carta a Verlaine, quando este lhe pedira dados biográficos para uma futura publicação. Essa carta ficou conhecida como "Autobiographie", e tem muita importância também por apresentar o desejo de Mallarmé de criar o famoso "Livro":

> "J'irai plus loin, je dirai: le Livre, persuadé qu'au fond il n'y en a qu'un, tenté à son insu par quiconque a écrit, même les Génies. L'explication orphique de la Terre, qui est le seul devoir du poète, est le jeu littéraire par excellence: car le rythme même du livre, alors impersonnel et vivant, jusque dans sa pagination, se juxtapose aux équations de ce rêve, ou Ode."[44]

Envolvido inteiramente em sua causa, Mallarmé se percebia avançado em relação ao seu tempo: não eram exatamente dez anos de trabalho na "explicação órfica", como pretendia Araripe, mas eram dez anos em que ficou à espera de que os seguidores o alcançassem: "Très affiné, j'ai été dix ans d'avance du côté où des jeunes esprits pareils devaient tourner aujourd'hui"[45].

Voltando ao *Ateneu*

Embora seu título não deixasse claro, o ensaio "Raul Pompéia: *O ateneu* e o romance psicológico" fazia toda a caracterização da poética francesa do final do século XIX. Trata-se portanto de um texto que suscita a discussão dos temas que polarizavam as preocupações de escritores e críticos. Além dos já mencionados, como pessimismo, psicologismo, subjetivismo, surgem outros, associados às tendências antimaterialistas: misticismo, esoterismo, ocultismo. O texto suscita igualmente o exame de temas de ordem estética, como a sugestão, a "holófrase" proposta por Mallarmé, o hermetismo.

Esse era o primeiro ensaio de Araripe sobre o Decadismo-Simbolismo: suas opiniões ainda estavam carregadas de rejeição e reservas. Não se distinguia claramente uma tendência da outra, elas integravam aquele movimento generalizado de oposição ao Naturalismo, escola que já havia saturado o público, a crítica e os próprios escritores. Araripe apreciou a nova estética com a isenção possível, acompanhada de boa dose de ceticismo.

O interesse de Araripe foi um fator decisivo para a consolidação do Simbolismo no Brasil, mesmo que ele só viesse a comentar a produção dos nossos poetas — Cruz e Sousa, B. Lopes e outros — em 1893. A análise de suas fontes revela que, para atuar como crítico contemporâneo aqui, era necessário estar com os olhos em Paris, pois a produção literária brasileira acompanhava — à sua maneira — a francesa. Isso não impediu alguns dos nossos poetas de realizarem poesia da mais alta qualidade, como ocorreu no próprio Simbolismo, com Cruz e Sousa. Como leitor da crítica francesa, Araripe estava em condições de reconhecer as inovações, quando estas chegaram à poesia brasileira.

Notas

[1] Araripe Júnior, T. A. *Obra crítica*. Rio de Janeiro: Casa de Rui Barbosa, 1958-1970, vol. III, p. 135.

[2] Goes, Fernando. *Panorama da poesia brasileira*. Rio de Janeiro: Civilização Brasileira, 1959, vol. IV, p. 7.

[3] Veríssimo, José. *Estudos de literatura brasileira* – 1.ª série. Apud Muricy, J. C. *Panorama do movimento simbolista brasileiro*. Brasília: Conselho Federal de Cultura-INL, 1973, vol. I, p. 106.

[4] Ibidem, p. 107.

[5] Araripe Júnior, T. A. Op. cit., vol. III, p. 136.

[6] Ibidem, vol. II, p. 127-77.

[7] Ibidem, p. 130-1.

[8] Ibidem, p. 133.

[9] Ibidem, loc. cit.

[10] Lemaître, Jules. *Les contemporains*. Paris: Librairie H. Lecène et H. Oudin, 1884, vol. II, p. 36.

[11] Ibidem, vol. II, p. 5.
[12] Ibidem, vol. II, p. 8.
[13] Araripe Junior, T. A. Op. cit., p. 134.
[14] Lemaître, Jules. Op. cit., vol. I, p. 83-4.
[15] Araripe Júnior, T. A. Op. cit., p. 135.
[16] Lemaître, Jules. Op. cit., vol. III, p. 351-2.
[17] Ibidem, vol. IV, p. 44-5.
[18] Ibidem, vol. I, p. 311-2.
[19] Barrès, Maurice. *Sous l'oeil des Barbares*. Paris: Plon-Nourrit, 1921, p. 15.
[20] Kahn, Gustave. *Symbolistes et décadents*. Paris: Léon Vanier, 1902.
[21] Araripe Júnior, T. A. Op. cit., p. 134.
[22] Ibidem, loc. cit.
[23] Raynaud, Ernest. *La mêlée symboliste*. Paris: Nizet, 1971, p. 133.
[24] Baju, Anatole. *L'école décadente*. Paris: Léon Vanier, 1888, p. 26.
[25] Verlaine, Paul. In *Le Décadent*. Paris, 1er. Janvier 1888, p. 1.
[26] Kahn, Gustave. Op. cit., p. 33.
[27] Verlaine, Paul. Loc. cit.
[28] Baju, Anatole. *Le Décadent*. Paris, 15 Janvier 1888, p. 1.
[29] Ibidem, p. 3-5.
[30] Araripe Júnior, T. A. Loc. cit.
[31] Lemaître, Jules. Op. cit., vol. IV, p. 65-6.
[32] Ibidem, p. 70.
[33] Raynaud, Ernest. In *Le Décadent*. Paris, 12 Février 1888, p. 5.
[34] Tellier, Jules. *Nos poètes*. Paris: Ed. Dupret, 1888, p. 252.
[35] Verlaine, Paul. In *Le Décadent*. Paris, 15 Avril 1888, p. 1.
[36] Ibidem, p. 2.
[37] Tellier, J. Op. cit., p. 230.
[38] Araripe Júnior, T. A. Op. cit., p. 136.
[39] Goncourt, Edmond de. "Préface". In Francis Poictevin. *Derniers songes*. Paris: A. Lemerre, 1888.
[40] Goncourt, Edmond de. *Journal*, vol. XIV. Monaco: Imprimerie Nationale de Monaco, 1957, p. 75.
[41] Mallarmé, Stéphane. *Correspondance II*. Org. Henri Mondor et Lloyd J. Austin. Paris: Gallimard, 1965, p. 303.
[42] Balakian, Anna. *O simbolismo*. São Paulo: Perspectiva, 1985, p. 60.
[43] Araripe Júnior, T. A. Op. cit., p. 135.
[44] Mallarmé, Stéphane. Op. cit., p. 301.
[45] Ibidem, p. 303.

RECEPÇÃO CRÍTICA

Regina Salgado Campos

ANATOLE FRANCE NOS ANOS 40

> "Estou de luto por Anatole
> France, o de *Thaïs,* jóia soberba.
> Não há cocaína, não há morfina
> igual a essa divina
> papa-fina.
>
> Vou perder-me nas mil orgias
> do pensamento greco-latino.
> Museus! estátuas! catedrais!
> O Brasil só tem canibais."
>
> Carlos Drummond de Andrade, "Fuga"

*E*scritor de grande sucesso entre o público de seu tempo, em particular no começo do século, Anatole France (1844-1924) foi também muito lido no Brasil. Visto por uns como o cético do *Jardim de Epicuro,* sorridente, defensor da "ironie et pitié" tão citadas, criador de *Taís* e *O lírio vermelho,* sua escrita e sua sensualidade encanta os contemporâneos. Foi para muitos modelo de bem escrever[1], além de leitura obrigatória na formação da geração modernista brasileira. Alcântara Silveira (paulista nascido em 1910), por exemplo, em sua homenagem a "Anatole France, 50 anos depois de morto"[2], observa:

> "No fundo, foram o estilo e a inteligência desse guardião do idioma francês que me fizeram seu admirador. Mas houve tempo em que, ainda alheio a questões de estilo e de linguagem, fui atraído pela parte, digamos, sensual dos romances anatolinos" (p. 31)[3].

Reconhece entretanto outras leituras possíveis desse autor francês: "Confesso que a fase literária de Anatole France que reflete sua atitude política é a que menos interesse me desperta" (p. 30).

Vemos portanto que há no Brasil duas maneiras fundamentais de ler Anatole France: na primeira, trata-se do Anatole, modelo de estilo e de sensualidade (vale destacar as referências aos "romances anatolinos" de que fala Silveira); na segunda, valoriza-se o lado anticlerical e socialista, representado por seu personagem Monsieur Bergeret das crônicas de jornal que, na rubrica "Histoire contemporaine", discute os problemas de seu tempo. Destaca-se então a atuação de Anatole France durante o Affaire Dreyfus cujo centenário foi comemorado em 1994.

Affaire Dreyfus

A condenação por traição, em 1894, do capitão Alfred Dreyfus, militar francês de origem judaica, baseava-se em documento secreto apenas comunicado aos juízes do Tribunal Militar. Graças ao irmão do condenado, a imprensa é alertada, mas só em 1896 é que se inicia de fato a polêmica que acaba chegando à cena política. Em 1897, a crise se agrava: o tenente-coronel Picquart, do Serviço de Informações do Exército, suspeita que o comandante Esterhazy seja o verdadeiro autor do "bordereau" atribuído a Dreyfus, "bordereau" esse que anuncia o envio de documentos secretos ao adido militar alemão. Julgado em 1898, Esterhazy é inocentado e nesse momento é que é publicado o famoso artigo de Émile Zola "J'accuse" no jornal *Aurore*, insistindo na revisão do processo. Se Dreyfus fosse inocente, seria admitir que o exército havia falhado ao "fabricar" um documento falso, ficando abalada, portanto, a ordem estabelecida. Uma vez questionada a lisura do julgamento, poder-se-ia deixar que um inocente continuasse na prisão, prisão perpétua, na ilha do Diabo, na Guiana, para onde havia sido enviado em 1895?

A França está dividida. Pela ordem, pela preservação das instituições estão os partidos de direita, os nacionalistas, a Igreja. Pela revisão do processo estão os democratas, os socialistas. São posições políticas opostas que dividem "antidreyfusards" e "dreyfusards", além das posições anti-semitas, ou não, uma vez que, embora de família francesa de longa data, pesa na tomada de posição o fato de Dreyfus ser judeu. Além disso, também dividem-se os intelectuais de destaque da época de acordo com suas convicções. Assim, no dia seguinte à publicação do artigo de Zola, uma petição dos "intelectuais", visando a revisão do processo, é assinada inicialmente pelo próprio Zola, seguido de Anatole France e ainda pelo jovem Marcel Proust, entre muitos outros. E a luta continua...

Em 1899 há afinal a cassação do julgamento do tribunal militar e Dreyfus é julgado agora pelo Conselho de Guerra reunido em Rennes que o condena de novo (a dez anos de prisão), mas dessa vez com "circunstâncias atenuantes". O presidente da República de então é que vai assinar o ato de perdão que permite a libertação de Dreyfus. É uma grande decepção para os "dreyfusistes" (distinção que se faz no interior mesmo do grupo partidário da revisão do processo), pois parte dos socialistas, os que se alinham com Jaurès, vão aceitar essa meia revisão — pois de fato Dreyfus não é inocentado[4]. Daí a decepção de um Charles Péguy, cuja crítica aos socialistas foi relida recentemente como antevisão da queda dos países do bloco socialista, o que justificaria, por parte dos "novos filósofos" franceses, posições conservadoras, altamente nacionalistas — sem esquecer que, neste caso, se trata de um judeu francês, Alain Finkielkraut, o autor de *Le mécontemporain — Péguy, lecteur du monde moderne* (1991).

Quanto a Anatole France, continua ele na sua qualidade de "filósofo", apostando num socialismo futuro para o qual contribui com seus escritos e sua participação enquanto intelectual.

No caso de Dreyfus, esse novo julgamento só será anulado em 1906, quando o ex-capitão é reabilitado, reintegrado ao exército como comandante, e condecorado com o grau de Cavaleiro da Legion d'Honneur.

Se a participação de Zola na campanha pró-Dreyfus é bastante conhecida, a figura de Anatole France nesse episódio o é menos, embora também seja representativa. Escrevendo regularmente em jornais, France trabalha como "dreyfusard" ao integrar fatos cotidianos em episódios de personagens fictícios, e o Affaire Dreyfus será objeto de intervenções da personagem M. Bergeret. Esses artigos foram posteriormente selecionados e reunidos em livros, quatro deles constituindo a *História contemporânea*. Nos dois últimos volumes: *O anel de ametista* (1899) e *M. Bergeret em Paris* (1901), há referências ao Affaire Dreyfus. France desempenha também um papel público, participando como testemunha do processo movido contra Zola, renunciando à sua condecoração da Légion d'Honneur em 1898, presidindo comícios, militando na Liga dos Direitos do Homem, incentivando as universidades populares.

Monsieur Bergeret e o Caso Dreyfus

O anel de ametista reúne artigos de setembro de 1897 a dezembro de 1898, publicados em *L'Echo de Paris,* remanejados e readaptados para a composição do livro. Mme Bancquart, em seu estudo, ressalta o paradoxo vivido pelo "dreyfusard" France, escrevendo para um jornal antidreyfusard, *L'Echo de Paris.* Assim, os artigos anódinos, onde não há referências à situação do momento, não são retomados no livro de 1889.

Destacamos o capítulo II, "Os judeus diante da Igreja", no qual France apresenta o duque de Brécé em seu castelo, um general, um abade e um advogado, conversando sobre o Affaire militar que, "secreto e público, perturba nesse momento todos os espíritos". Analisam à luz da História francesa o papel dos judeus, da Igreja, do Exército, dos filósofos do século XVIII e da Revolução Francesa na situação atual. No capítulo XIV, traça um retrato bem pouco favorável de Esterhasy como Raoul Marcien, o amante violento da sempre dócil Mme de Bonmont. No capítulo VIII, após a condenação de Zola, France apresenta M. Bergeret tratando o arquivista antidreyfusard Mazure como um dos "dupes triomphants" (iludidos, parvos triunfantes), ou seja, os que desenvolvem continuamente "a tocante faculdade de ser(em) enganado(s)". Ainda nesse livro, no capítulo XXIII, vemos M. Bergeret traduzir do grego a lenda de Hércules Atimos que deveria matar um criminoso, mas, como mata por engano um inocente, quer que se considere o criminoso inocente para não perder o respeito dos homens. Esse Hércules representa assim aqueles que condenaram Dreyfus e fazem agora o elogio de Esterhazy e Henry, militares que falsificaram novos documentos para justificar a condenação de Dreyfus. Essa lenda porém não existe. Trata-se de um procedimento de France mais usado ainda no volume seguinte, que, como diz Marie-Claire Bancquart, faz "a transposição dos fatos para relatos muito mais exemplares que o confuso momento atual, mas que só têm sentido em relação a esse momento, e podem mesmo referir-se a uma personagem imaginária"[5]. Também, o início do capítulo final, o XXVI, quando Guitrel, agora bispo, em carta ao presidente da República, faz o elogio da ordem, da hierarquia e do exército, para depois lamentar o tratamento dado pelo Estado à Igreja, só pode ser lido como irônico pelo leitor assíduo do anticlerical France.

M. Bergeret em Paris, com exceção do capítulo I publicado em *L'Echo de Paris* de janeiro de 1899, reúne artigos do *Figaro* de julho de 1899 a setembro de 1900. Agora o professor de literatura latina do interior da França adquire um lugar de destaque ao ser nomeado para a Sorbonne. Passa a morar em Paris, cenário mais apropriado para os comentários sobre o Affaire. Como ele, Anatole France muda de veículo para melhor se expressar, colaborando agora para o "dreyfusard" *Figaro.* Publicou cinqüenta e quatro artigos dos quais só trinta e cinco foram na totalidade ou em parte retomados no romance, numa ordem muito diferente da do jornal.

Nesse livro, M. Bergeret tem uma posição particular, pois sofre ataques dos socialistas e dos conformistas que aceitaram o resultado da revisão do processo de Dreyfus. France está isolado e critica a sociedade em que vive. Os nacionalistas aparecem então sob a forma da alegoria dos Trublions. Aos poucos vai se afastando da atualidade: tendo rompido com Jaurès e as outras correntes socialistas, refugia-se numa reflexão mais geral e na confrontação com o passado. O Affaire Dreyfus aparece no capítulo IX em conversa de Bergeret com Mazure, de férias em Paris. O tema aparece fatalmente: "— O que censuro, sobretudo, nos dreyfusards, acrescentou o sr. Mazure, é haverem enfraquecido, enervado a defesa nacional e reduzido nosso prestígio no exterior. [...]. O sr. Bergeret supôs honesto responder:

"— Considere, meu caro Mazure, que se a causa dum obscuro capitão se tornou um caso nacional, a culpa não é de modo algum nossa, mas dos ministros, que transformaram a manutenção duma condenação errônea e ilegal em sistema de governo. [...]. O que impacientou o país, o que era de sorte a prejudicá-lo interna e externamente era que o poder se obstinara numa monstruosa iniqüidade que, dia após dia, aumentava com as mentiras com que se esforçavam por encobri-la."

O capítulo XIII trata de um artigo do *Figaro* que M. Bergeret lê no Jardim do Luxembourg e que faz o elogio do tenente-coronel Picquart que descobriu que as provas apresentadas contra Dreyfus tinham sido forjadas. No capítulo XVII há uma profissão de fé socialista de M. Bergeret: "é a única na obra romanesca de France que tem esse tamanho e essa coerência, e coincide com as declarações públicas do escritor"[6]. Ao dar uma esmola e lamentar o que fez, M. Bergeret está certo de que a contradição que existe na sociedade de seu tempo vai desaparecer, mas lentamente. Também descreve para sua filha o modelo da cidade futura. Para Marie-Claire Bancquart, "France é um reformista"[7] — se seu conhecimento de Marx é superficial, baseia-se entretanto, para prever a chegada de um novo mundo, num darwinismo interpretado de maneira otimista. M. Bergeret, porta-voz de France, desempenha um papel importante enquanto preparador, através da palavra, dessa sociedade futura.

Datado da mesma época e publicado em partes no final de 1900 no *Figaro*, temos os episódios do "Affaire Crainquebille", o conto que será constituído inicialmente pela prisão, processo e detenção da personagem do título e sua volta ao trabalho. Era portanto uma demonstração da justiça injusta, bem ao estilo de M. Bergeret, e seria uma alegoria do Affaire Dreyfus. Em janeiro de 1901 publica mais artigos e introduz modificações. Há um novo final: Crainquebille começa a beber e tenta sem sucesso voltar à prisão. Para Mme Bancquart, o título definitivo centra o conto na personagem e desloca portanto a alusão ao Affaire Dreyfus. Em 1901 é publicado por Pelletan, numa edição ilustrada; é publicado nos *Cahiers de la Quinzaine* de Péguy em outubro de 1902, em 1903 surge em livro a adaptação para o teatro, depois de ser representado em março por Lucien Guitry. Foi incluído na coletânea de contos de mesmo nome em 1904, que contém ainda três artigos publicados no período de *Monsieur Bergeret à Paris,* além de outros contos que tratam do problema da justiça. Parece-nos, portanto, corresponder ao assunto em discussão na França de então.

Não se pode esquecer também que um livro tão famoso como *A ilha dos pingüins* (1908), inclui em sua fábula o Affaire Dreyfus que passa a ser, no Livro Sexto de Os Tempos Modernos, "O caso dos oitenta mil molhos de feno", que teriam sido roubados por um judeu chamado Pyrot. O leitor acompanha todos os episódios do Affaire Dreyfus até a reabilitação de Pyrot. Mas no último capítulo vemos a personagem Bidault-Coquille, num monólogo interior, fazer sua autocrítica desencantada: foi ingênuo ao pensar que, apontando uma injustiça social, as demais viriam à tona imediatamente. Trata-se portanto de uma prova de sua incompreensão das "condições do desenvolvimento intelectual dos povos". Como conseqüência temos a personagem de volta a suas pesquisas sobre asteróides, pois perdeu as ilusões, agora que sabe que é difícil corrigir os erros e se está sempre obrigado a recomeçar. Há uma espécie de retorno do autor à sua filosofia cética, um pouco cansado do esforço demandado por seu "engajamento", cujos resultados práticos ficaram aquém de sua expectativa. Mantém a ironia nessa transposição para a fábula, na escolha dos nomes (Pyrot, de fogo, já adverte o leitor que "um judeu deveria acender o incêndio no país que o acolheu", diz um padre), no problema das provas num julgamento (a quantidade reunida depois de seis meses é enorme: "enchiam dois andares do Ministério da Guerra", mas o general que deu início ao processo sempre repete: "a melhor das provas é não ter nenhuma. Essa é a única que não se discute"). Mas com recuo no tempo manifesta também seu desencanto: as transformações sociais necessárias são trabalhosas e ficam para um futuro longínquo.

Vemos portanto que a luta de France, anticlerical e "dreyfusard", se desenvolve em sua obra, literatura engajada *avant la lettre,* participação do intelectual nas questões de seu tempo, como será definido depois da Segunda Guerra.

Anatole France no Brasil

O que se retém da obra de Anatole France no Brasil não é exatamente esse M. Bergeret que para aqui vem em pessoa em 1909, e que gera uma série de mal-entendidos. À moda brasileira, o próprio Brito Broca em *A vida literária no Brasil* só se refere a Anatole France como Anatole ao narrar a estada do francês no Rio e em São Paulo. E há os anatolianos brasileiros estudados por Sérgio Miceli[8], uma releitura dos chamados pré-modernistas. Se os estudos franceses sobre Anatole France são "études franciennes", isto não faz muito sentido para um brasileiro.

Há, no entanto, uma recepção desse Anatole, por parte desses "anatolianos".

No caso de Léo Vaz[9] o brasileiro toma do autor francês a forma apólogo: vale lembrar aquele em que ataca de frente os modernistas comparando-os aos índios que remam contra a corrente, numa tentativa inútil de reverter o curso do rio[10], deixando de lado deliberadamente, nesse caso, o aspecto engajado de M. Bergeret.

Sob esse aspecto, no livro de grande sucesso *O professor Jeremias* (1920) vemos que, como M. Bergeret, Jeremias é professor, mas a evolução de sua carreira ocorre em sentido inverso. Em vez de ir de uma cidade do interior para Paris, como no caso francês, Jeremias vai de Santo André para Ararucá — de uma cidade maior para uma menor (que "fica [...] a sete montanhosas léguas do ponto final da via férrea"). Em vez de professor universitário do interior promovido a Sorbonne, o brasileiro, professor primário, vai lecionar numa escola isolada e terá como ponto de encontro para conversas a tradicional barbearia brasileira em vez da livraria Paillot, apesar de modesta e interiorana.

O livro de Jeremias, de caráter autobiográfico, como muitos de Anatole France, tem como motivação "a falta do que fazer". M. Bergeret às avessas, não tem encontros interessantes nem se preocupa com o que acontece no país. Não lê, não o vemos em sala de aula, não fala dos alunos e, quando tenta explicar determinado fato lido por outros nos jornais, aborrece os interlocutores que gradativamente vão embora, sem que ele perceba — estava distraído. Dedica o livro ao filho Joãozinho, que não viu mais depois que se separou da mulher, e que é seu interlocutor ao longo do texto, "se porventura vive e tem o vício de ler livros" (p. 27). O leitor é desencorajado por Jeremias a prosseguir na leitura:

"Portanto, leitor impertinente e curioso, se tu não és Joãozinho, o meu filho, estás dispensado de acompanhar-me além. Já sabes quem sou e ao que venho. O mais são coisas íntimas, que te pareceriam indiscretas ou banais. Adeus!"

Melhor do que cético, vemo-lo dar, no capítulo LV, uma verdadeira lição de oportunismo ao filho, cheia de ironia e ressentimento (ou desencanto?) Seria uma adaptação do ceticismo do escritor francês à realidade brasileira?

"Joãozinho amigo, acompanha sempre a onda que te envolve. Nada lhe adianta andar alguém fora da corrente. Apenas lhe trará fama de maluco ou de pedante, segundo a maior ou menor malignidade da onda. Enquanto a moda for o patriotismo, sê patriota. Em filosofia, prefere o lugar-comum. Podes ter uma ou outra dúvida, em pontos acessórios. Duvidar é ignorar elegantemente. Mas não sejas cético. Sê católico, que é cousa fácil e de muito proveito. Cético, todos os teus defeitos serão alçapremados à plana de cinismo e depravação; religioso, teus maiores pecados serão lançados na conta das manifestações do teu espírito liberal" (p. 202).

No último capítulo, prestes a se suicidar, Jeremias desiste, joga as balas do revólver pela janela e vê um cão filósofo com quem dialoga. Não se pode deixar de pensar em Riquet, o cãozinho que acompanha M. Bergeret desde que este se separou da mulher no *Anel de ametista,* que se torna personagem de um conto, além de ocupar o capítulo "Pensamentos de Riquet" no livro *Crainquebille*. Só que no caso de Jeremias, este ainda não havia se separado da mulher, mas estava numa situação limite. O cão tem uma lata amarrada ao rabo e lhe dá conselhos:

"Não tenhas opiniões. Não há vida mais doce do que a de quem não tem opiniões. Quando bambeio o cordel da minha lata, é como se a não tivesse: não me vexa. Restringe-se o círculo dos meus movimentos, é certo, mas fico livre, dentro de um círculo menor. Ao passo que a primeira opinião adotada é um passo fora do círculo: é a lata a chiar atrás de mim, monótona, enervante... [...]. Livra-te das opiniões, e ficarás imediatamente livre de uma série de coisas aborrecidas: política, filosofia, sistemas, impostos, calos, caixeiros-viajantes..." (p. 259-60).

Não nos parece ser uma leitura desse M. Bergeret que justamente se mostra como alguém que participa, posicionando-se como "dreyfusard", depois de ter feito uma leitura paródica da situação política francesa no fim do século, durante a Terceira República. Não seria o caso de vermos em Jeremias o avesso de M. Bergeret? Jeremias, como seu próprio nome sugere, é o profeta bíblico que em suas *Lamentações* refere-se à ruína de Israel. E o nosso Jeremias só vê degradação: da família, da escola, da participação como cidadão, e como saída, a omissão.

Outras leituras de Anatole France

A recepção de Anatole France em seu país, depois da Primeira Guerra, sofre modificação com o surgimento dos movimentos de vanguarda que combatem os "valores garantidos" representados por ele, em determinados aspectos. Por ocasião de sua morte em 1924, é de autoria dos surrealistas a série de panfletos que têm o título genérico "Le cadavre", da qual destacamos o de Aragon: "Avez-vous déjà giflé un mort?" e dele a frase: "Je tiens tout admirateur d'Anatole France pour un être dégradé". No entendimento dos autores, Anatole representa um espírito de conciliação, de aceitação cética de tudo o que vai acontecendo, responsabilizando essa posição pela guerra subseqüente. Daí, em 1943, a postura indignada de um Sérgio Milliet contra Léo Vaz em especial, e seus amigos, vendo neles os que propõem à juventude uma espécie de conformismo, representado pela "compra de valores garantidos", postura essa incompatível com o que deve ser proposto aos jovens, ou seja, "a curiosidade ligada à aventura".

Mas não é só Milliet que se mostra contrário a Léo Vaz. Em suas memórias em *Um homem sem profissão,* Oswald de Andrade fala de seu interesse por Anatole:

> "Meu tio Chico [...] partindo em viagem para a Europa, me perguntou o que queria que me trouxesse de lá. Falo-lhe na obra de Anatole France, meio encabulado do exagero do pedido. Ele me traz inteira, numa edição amarela. São vinte volumes do *Mercure de France.*"

Há aqui um equívoco quanto à editora francesa, pois foi a Editora Calmann-Lévy que publicou as obras de Anatole France. Mais adiante faz uma avaliação das suas leituras:

> "O meu complexo de rebeldia se alenta com o conto social *Crainquebille*. Não vou com o *Le lys rouge*. Gosto de *Rôtisserie de la Reine Pédauque*" (p. 47).

Oswald de Andrade mostra assim que, por volta de 1909, acompanhando o que era veiculado no Brasil sobre a França, estava, podemos dizer, em dia com as leituras de praxe. Mas posteriormente, em *Do pau-brasil à antropofagia e às utopias,* diz:

> "Não posso esquecer-me do que foi a minha chegada a Paris no ano de 22, já depois de ter tomado parte aqui na Semana de Arte Moderna. Onde estavam os Anatole de minha infância? «Avez-vous giflé un mort» — gritava Aragon que nesse tempo era inteligente" (p. 191).

Também aqui é preciso apontar uma imprecisão: os panfletos surrealistas foram publicados em 1924, quando da morte de Anatole France. De toda forma, isso mostra que até esse momento, no Brasil, ele ainda não tinha tido acesso aos posicionamentos surrealistas. Foi preciso, portanto, ir à Europa... Considerando que Léo Vaz foi um de seus companheiros dos tempos da mocidade, também ele deve ter lido Anatole nessa época. Porém não evoluiu, não fez a crítica necessária a essas leituras, permanecendo ligado aos "valores garantidos" de que fala Milliet.

Oswald de Andrade em "Correspondência", artigo de *Ponta de lança,* de 1943, ao enviar a Léo Vaz um exemplar de *Marco zero*, declara, fazendo outras distinções:

"[...] vocês que fazem uma guerra infernal à arte moderna aproveitam-se de tudo para se darem um grande ar de entendidos, jogando para cima de nós o estulto rótulo de improvisadores e palpiteiros. Vocês é que são uns imperdoáveis preguiçosos mentais, solidários com o ancilóstomo no retardo bucólico destes intelectuais Brasis. Que culpa tenho eu, Léo, de um ou outro escriba se contentar com a rodinha de missivistas que provincianamente se regozijam ante uma *anatolice* blindada ou apaixonadamente defendem a sociologia de catálogo e suas proezas?"

Observe-se a ironia da "anatolice" cultivada pelo "vocês" que se opõe ao "nós", bem como o próprio tom da carta, onde há indignação e defesa de posições contrárias. A forma escolhida é a "carta", pois se trata de resposta a artigo de Léo Vaz, ele também autor de rodapés publicados em *O Estado de S. Paulo*. Mas agora o texto, como vimos, data de 1943.

Nos anos quarenta, houve uma releitura de Anatole France, com ênfase para o seu M. Bergeret. A ocupação da França pelos alemães, as manifestações de solidariedade provocadas pela simpatia que a une aos intelectuais brasileiros, assim como a comemoração do centenário de nascimento do escritor francês, vão contribuir para essa retomada, não só aqui, mas também lá.

Em 1944 não há condições na França para que os festejos ocorram, mas na imprensa clandestina o fato não é esquecido. Assim sendo em *L'étudiant patriote* (órgão parisiense do Front National) de maio de 1944, por exemplo, encontramos referências a esse fato. M. Bergeret é visto como "cético à moda de Voltaire" como "guardião da tradição francesa". Lúcido, foi um dos poucos intelectuais franceses que "soube dar mostras do maior espírito de compreensão dos problemas sociais do pós-guerra". Por outro lado, temos o ponto de vista do ocupante: France é considerado um "homem desprezível", "romancista nulo, "cético invertebrado" que no momento praticamente desapareceu. Segundo esta publicação, os racistas nunca o perdoaram por "seus saborosos retratos dos anti-semitas pré-nazistas, nem sua corajosa atitude no Affaire Dreyfus".

Há a partir de então uma tentativa de reabilitação de M. Bergeret por parte de uma intelectualidade francesa de esquerda.

Traduções brasileiras de Anatole France

A quase totalidade das traduções brasileiras de Anatole France data dos anos quarenta. Excetua-se a tradução de *O procurador da Judéia* (*Balthazar* —

Crainquebille) — a seleção desses contos é bastante curiosa — por Fernando Nery[11], datada de 1929. É acrescida de dois estudos de Constâncio Alves: um, conferência de 1924 na Academia Brasileira de Letras na sessão em memória de Anatole France, e o outro publicado no *Jornal do Comércio* de 1924. Fernando Nery também traduz *Cristianismo e comunismo (Sur la pierre blanche),* (Rio: Ed. Guanabara, 1934) inicialmente publicado em 1904 em *Humanité,* jornal do partido socialista com o subtítulo "Dialogues philosophiques" e em livro em 1905. Além da escolha do texto, parece-nos curiosa a solução do tradutor para o título da obra. Já sua primeira opção pelo conto "Crainquebille" que problematiza a justiça tal como é praticada, totalmente apoiada na burocracia e no autoritarismo, lido por alguns como uma imagem da condenação de Dreyfus, parece indicar uma preferência pelo aspecto "engajado" da obra de Anatole France. Quanto a *Sur la pierre blanche,* é claro o aspecto "engajado" nessas reflexões sobre o passado e a visão utópica do futuro. Marie-Claire Bancquart em *Anatole France, un sceptique passionné* chega a se perguntar sobre a possibilidade de esse texto ser bem compreendido pelo leitor do *Humanité* por se tratar não exatamente de um romance, mas de seqüências de conversas, narrativas utópicas, de leitura difícil que demandariam "um leitor ávido de cultura clássica de um certo nível". E usa toda sua ironia ao concluir: "Mais nous sommes au temps des universités populaires!" (p. 274). Imagine-se essa escolha para o leitor do Brasil!

Em 1913, *O lírio vermelho* é editado no Rio de Janeiro com tradução do jornalista e prosador português Justino de Montalvão (1872-1949), com reedições em 1934 e 1938. Vale lembrar que, além delas, encontramos nessa época algumas reimpressões: em 1942, em razão de circunstâncias ligadas à situação de guerra e de ocupação do país, temos a edição brasileira em francês de *Les dieux ont soif, La révolte des anges* e *La rôtisserie de la Reine Pédauque* pela Editora Chantecler. A Americ=Edit publica em francês em 1943 *Thaïs,* em 1944, *Le lys rouge* e em 1945, *Le petit Pierre*. Podemos considerá-las como preparação da comemoração do centenário do autor em 1944. Aliás encontramos no *Livre d'or du centenaire d'Anatole France* de 1949, na segunda parte, onde são registradas as homenagens promovidas fora da França, alusão às "várias" reimpressões da Americ=Edit.

São no entanto as traduções que merecem destaque. Duas editoras do Rio de Janeiro serão responsáveis por elas: a Editora Vecchi e a Editora Pongetti. A primeira ocupa-se da tradução dos quatro volumes da "História contemporânea": os dois primeiros, *A sombra do olmo* e *O manequim de vime* datam de 1942 e foram traduzidos pelo português Justino de Montalvão. Os dois outros, *O anel de ametista* e *O Sr. Bergeret em Paris,* datam de 1942 e 43, e têm a tradução assinada por Eloy Pontes[12]. Não se pode afirmar que os motivos que levaram tal editora a lançar tais traduções tenham sido os mesmos que motivaram uma releitura de Anatole France nos anos quarenta na França ocupada, com referências explícitas a ele na imprensa clandestina da época. Entretanto, podemos supor ter sido considerada oportuna a tradução de um autor que recebera um Prêmio Nobel em 1921 (tal referência caracteriza o autor na capa do livro) e cujo centenário seria em breve comemorado. Porém, pela seleção das obras, podemos levantar a hipótese (cuja comprovação a censura da época deve certamente prejudicar um pouco) de que tenham tido aceitação também por estarmos na época do Estado Novo, da ditadura Vargas.

Ainda são traduzidos pela Vecchi, em 1945: *A ilha dos pingüins,* por Eloy Pontes, *Os deuses têm sede* por Marina Guaspari e *As sete mulheres de Barba Azul* por Frederico dos Reys Coutinho, e em 1947, também por Eloy Pontes, *A rotisseria da rainha Pedauque.* Parece-nos haver um interesse progressivo em divulgar o autor que, como dissemos, já havia sido lido no original pelos intelectuais brasileiros do período.

A Editora Pongetti publica *Thaïs* em 1940 com tradução de Sodré Viana; em 1941, *A revolta dos anjos* é traduzida por Olympio Monteiro, e *História cômica,* por Marques Rebelo. Como vemos, os títulos selecionados não estão diretamente ligados com o Affaire Dreyfus e a problemática por ele levantada, enfatizando portanto o aspecto menos político do autor.

É oportuno citar também a tradução de 1946 de um livro originalmente em inglês, que se quer uma biografia exaustiva: *Anatole France, uma vida sem ilusões,* de Jacob Axelrad[13] traduzido por M. C. Wagner Vieira da Cunha. Demonstra o interesse na época dos leitores brasileiros por esse autor francês. O mesmo pode ser constatado ao ver a Editora Clube do Livro de São Paulo que tem como objetivo, além de "favorecer o gosto pela leitura", contribuir para "a formação de bibliotecas econômicas, selecionadas e padronizadaas", escolher em setembro de 1948, com autorização da Editora Vecchi, a tradução de *O anel de ametista,* livro que trata em particular do Affaire Dreyfus, com a reprodução como prefácio, de artigo de Afonso Schmidt, já publicado no jornal *O Estado de S. Paulo* e no número comemorativo da revista *Dom Casmurro.* Em 1953, essa mesma editora lança *O manequim de vime.*

Dentro da coleção "O Romance da Vida" (biógrafos e memorialistas do mundo) da José Olympio, são traduzidos por nomes como Sérgio Milliet, Lúcia Miguel Pereira, José Lins do Rego, Brito Broca, Gastão Cruls, por exemplo, biografias variadas. O livro de n.º 45, *Ironia e desencanto,* de 1949, é de Eloy Pontes, que apresenta uma biografia de Anatole France, "O homem e a obra", em cento e quinze páginas, precedendo trechos selecionados e traduzidos por ele. Trata-se portanto de um tipo de livro diferente dos demais da coleção. Em seu texto, Eloy Pontes obedece à ordem cronológica, porém se perde e se repete quando remete a outros autores que já reconstituíram fases da vida de Anatole, quando apresenta trechos de suas obras, mostrando reflexões sobre determinada questão. Enfatiza o episódio do Affaire Dreyfus e faz considerações sobre a noção de justiça para um escritor que "não confiava na dos homens" (p. 24). Considerado pela crítica como diletante, France surpreende quando assume posições de esquerda. Pontes descreve em detalhes a viagem à América do Sul. Percorre os críticos que trataram de Anatole, analisando e eventualmente contestando suas posições. Para ele, todas as polêmicas teriam como origem sua tomada de posição no Affaire Dreyfus. O livro apresenta ainda a tradução de um prefácio, "Diálogo nos infernos", uma longa série de "Idéias e doutrinas", um trecho de Nicolas Ségur, "Anatole France íntimo", e um discurso em "Anatole France orador". O mérito está em apresentar uma visão brasileira, para brasileiros, de um autor bastante conhecido, mas até então apenas lido no original.

Apesar de tal "moda" não ter se mantido por razões que apontaremos mais adiante, há dois outros momentos em que as traduções de Anatole serão republicadas: nos anos setenta e nos anos oitenta. Em 1978 a Civilização Brasileira reedita os quatro volumes da "História contemporânea" com nova tradução, agora de João Guilherme Linke, na Coleção "Sempre Viva", com "orelhas" de Mário da Silva Brito: "História (ainda) contemporânea", onde é enfatizado o aspecto "engajado" do autor que foi muito lido só como modelo de "l'ironie et la pitié", ou seja, "cético e sutil". No mesmo ano, a mesma editora lança a coletânea de contos *A justiça dos homens*, incluindo "Crainquebille" e os demais textos desse volume (com "orelha" de Mário da Silva Brito, "Anatole France — um contestador"), e os contos de *O poço de Santa Clara*, ambos traduzidos por João Guilherme Linke. Em 1979, *Pierre Nozière* é ainda traduzido por João Guilherme Linke (com "orelha" de Mário da Silva Brito: "Pierre Nozière"), bem como, em 1980, *A ilha dos pingüins*. São, portanto, oito volumes nesse período. Em 1983, agora na Francisco Alves, o mesmo tradutor refaz a versão brasileira de *As sete esposas de Barba Azul*.

Em 1986 a Difel reedita os mesmos oito volumes publicados anteriormente pela Civilização Brasileira, reproduzindo também as "orelhas" de Mário da Silva Brito.

ANATOLE FRANCE E A CRÍTICA BRASILEIRA

Os críticos no Brasil referem-se a Anatole France nos anos quarenta, anos marcados pela Segunda Guerra Mundial, pela ditadura Vargas, e, em outro nível, pelo cinqüentenário do Affaire Dreyfus (1944) e pelo aniversário de cem anos de Anatole France (1944):

Inicialmente tomemos o artigo de Otto Maria Carpeaux[14], publicado na *Revista do Brasil* (junho de 1941, n.º 36), "Inventário do «Caso»". Parte da idéia de que cada época tem seu romance representativo. Assim, o da Terceira República francesa seria o Affaire Dreyfus. Se no começo era um romance policial, torna-se "um romance de folhetim, um romance de sensação": há uma divisão na França — a nova burguesia medíocre "dos industriais e dos professores, dos jornalistas e dos corretores da Bolsa" contra a velha França "dos barões e dos curas, dos camponeses e dos duques". Baseado em bibliografia conservadora, caracteriza essa nova França de "anti": antimonarquista, antiaristocrática, anticlerical. Só não é anti-semita, pois entre eles há sempre um judeu. Para ele, o romance correria o risco de se tornar um romance filosófico calmo e tedioso com os estudos "dos professores da Rua Ulm e os congressistas das Semanas Sociais", mas há a explosão das paixões e temos de fato "um grande romance, o maior romance, realista, naturalista, super-realista, como quiserem". Para Carpeaux, os dois pontos de vista em disputa se equivalem e a única pessoa que salva o final lamentável é Péguy: nele, "«dreyfusard» socialista, tornado cristão, a união nacional se prepara". Esse diálogo entre as duas Franças, porém, não está terminado. O debate continua pois, segundo ele, há, "depois da «traição de Dreyfus», a «traição dos clérigos»", numa referência a Julien Benda que justamente em 1927 questiona o papel dos intelectuais. Como escreve em 1941, durante a Guerra e a Ocupação francesa, constata que tanto o problema religioso como a divisão direita-esquerda prosseguem. No centro do romance que analisa, não vê o capitão Dreyfus, "personagem insignificante e pouco simpática":

"O verdadeiro herói da tragédia [...] é a nação francesa, dividida, pelo conflito de consciência e de consciências, entre a Justiça e a Pátria, entre a Razão de Estado e o Direito da Pessoa."

Portanto, depois de todas as peripécias, pode afirmar:

"A noção «decadência» não atinge a França. Somente a alguns franceses. Durante quarenta anos eles declararam: «O Caso vive ainda» — e hoje declaram encerrada a sessão. Mas, atentai, senhores: o Caso vive ainda e a França também vive sempre."

Apesar da má qualidade da tradução que rouba o efeito deste parágrafo final do texto de Carpeaux, vemos que o autor não se deixa abater pela situação da época e localiza um problema, um conflito ainda por resolver (conflito esse que terá vida longa e ainda hoje estará na ordem do dia), ou seja, o da responsabilidade do intelectual perante a situação política. Avesso a totalitarismos de esquerda ou de direita, Carpeaux aponta a continuação do conflito enquanto houver confusão entre dois conceitos: unidade (= a vida) e uniformidade (= a morte). Em sua análise do Affaire, cita Anatole France, mas não destaca sua atuação. Aliás aponta suas "ironias invertebradas", referência que nos remete a críticas pouco elogiosas dos jornais franeses da época (cf. publicação clandestina *L'étudiant patriote* já citada).

Nem brasileiro, nem francês, Carpeaux trata, no entanto, do tema Affaire Dreyfus em publicação brasileira. Embora questione as partes envolvidas, leva-nos à conclusão de que se trata de um assunto discutido nessa época.

Em outro artigo, publicado em *25 anos de literatura* (Rio: Civilização Brasileira, 1968, p. 57), "O utopista Anatole", Carpeaux relê o conto "Crainquebille" de Anatole France e considera-o uma "paródia irreverente e amarga" do Affaire Dreyfus. Assim como não simpatiza com o militar francês, o mesmo ocorre com a personagem do conto. Mas vê nos dois casos semelhanças com situações contemporâneas, seja a guerra, sejam as ditaduras:

"[...] é a mesma situação, artificial e no entanto profundamente humana, na qual se encontra cada um de nós, quando tem de esperar, em antecâmaras cheias, imundas e malcheirosas, as decisões de autoridades tão mesquinhas como infalíveis e inapeláveis. É uma situação à maneira de Kafka."

Assim sendo, para Carpeaux,

"O caso Crainquebille virou parábola. Quase faz parte do folclore político dos nossos dias. Já não importa saber quem o escreveu. E, com efeito, Anatole France, enquanto não desprezado, está esquecido."

Partindo dessa constatação, analisa a seguir se há motivos para que seja defendido. Considera o escritor "o filósofo da Terceira República" francesa, um mundo que desapareceu, pois era uma utopia. Entretanto esboça uma certa defesa ao dizer que Anatole soube despertar do sonho "quando Dreyfus foi condenado, quando Crainquebille foi preso e quando não foi preso". Nessa comparação com sua época, viu se multiplicarem os processos injustos, tanto na União Soviética como nos Estados Unidos. Com ironia anatoliana, diz que "temos evoluído muito. Os casos particulares já não interessam. Estamos dormindo, sonhando, num pesadelo". Portanto, se em seu tempo Anatole pôde reagir, pô-de, ao se ligar aos socialistas, reagir à injustiça, ou seja, "acordar na hora certa", agora isso não é mais possível: "nosso destino seria, será o de todos os Crainquebille: o de desaparecer na escuridão chuvosa da noite". Nesse sentido, portanto, não vê nenhuma saída, nenhuma possibilidade de retomada de uma luta eficaz contra as injustiças de seu tempo.

Não parece ser esta a atitude dos que, como na revista *Dom Casmurro,* comemoram, em 13 de maio de 1944, o centenário de Anatole France[15]. Já na introdução há uma dedicatória à França ocupada, mas "eterna", que "continua a ser a pátria dos gênios, mãe espiritual de todos nós". São setenta e oito páginas onde se encontram republicados artigos sobre Anatole France, como os de Afrânio Peixoto e de Constâncio Alves, trechos de livros franceses dos anos vinte (traduzidos ou no original), dois dossiês sobre a visita de Anatole ao Brasil em 1909 (um de Abner Mourão e outro de Brício de Abreu), incluindo a reprodução de notícias dos jornais da época, tradução de uma de suas conferências no Brasil e numerosas fotos. Há também artigos especialmente escritos para a comemoração, como o de Afonso Schmidt, de George Raeders, cauteloso e reticente, opondo-se ao entusiasmo de Alfredo Pujol por uma obra que inclui entre os grandes clássicos. Há as reminiscências dos primeiros contatos com o autor, sempre atual, para Edith Magarinos Torres. Por sua vez, Almeida Fischer enfatiza o lado engajado da atuação do escritor. Temos ainda a tradução do conto "A caução". Uma entrevista com intelectuais dos anos quarenta parte da seguinte pergunta: "Qual a influência de Anatole France na literatura brasileira?" As respostas variam. Todos são unânimes em afirmar que, embora tenha sido lido no início do século, nessa época Anatole France não tem mais nenhuma presença na literatura brasileira. Todos louvam-lhe o estilo. Para Graciliano Ramos, entretanto, "não é tão lido como se supõe". Diz ter feito várias "enquetes imprevistas" para chegar a tal conclusão. Afirma ainda que "é só compulsar os livros e verificar que ninguém, no Brasil, escreve como Anatole France". Ainda Otto Maria Carpeaux é entrevistado e inicialmente define sua posição: não faz parte dos "dogmáticos" que se revoltam com o ceticismo de Anatole nem dos "parnasianos atrasados que morrem de amores pelas sutilidades estilísticas parisienses". Não concorda com a afirmação de que será sempre lido pelo povo, pois o considera "um dos representantes mais dignos de uma literatura burguesa, decadente e inacessível ao público". Se acha que a obra da primeira fase ficará como objeto de estudos literários, a da segunda "ficará, apesar das fraquezas da construção novelística, como grande documento histórico". Mário de Andrade e um grupo de amigos não fazem declarações. Outros intelectuais prometem textos que não chegam a tempo.

Quanto a Augusto Meyer, fala do autor francês num artigo posterior a 1944[16], "Sobre Anatole France". Refere-se à grande moda, o "anatolismo", que precisou ser combatida tal era o exagero cético. Cita as críticas que foram feitas após sua morte por J.-J. Brousson, René Johannet, Bernanos, Gide, que servem para a reação brasileira: "não podíamos compreender como é que France não se irritava na companhia de Anatole..." Meyer não gosta de seu estilo que não deixou seguidores, acha limitado seu mundo ficcional, pois frases de efeito apropriadas para o texto crítico, "enxertadas agora a tesoura e cola na boca das personagens, cheiram a fundo de gaveta e fichário". O esquecimento em que caiu sua obra seria uma contrapartida da fama:

"[...] provém da tranqüila convicção de já sabermos de cor a obra de um grande autor, o que nos dispensa de o relermos, refrescando a memória" (p. 88).

Nesse caso, Meyer deixa de lado qualquer referência a M. Bergeret e à participação política de Anatole France.

Já Oswald de Andrade, num texto de sua coluna Telefonema, "Saudemos a França", de 26 de abril de 1944, faz alusão não só à Libération francesa, mas também ao centenário de Anatole France. Conclui ele, generalizando:

"Justamente o que falta aos tiranos que têm procurado acaudilhar a nossa época é uma boa dose de *anatolismo,* desse que soube rir das certezas desesperadas dos cretinos e da ardorosa empáfia dos senhores do mundo"(grifo meu).

Agora o ceticismo anatoliano se opõe ao dogmatismo dos tempos de guerra e de ditadura. Se nesse caso a escritura de Anatole France não é comentada, vejamos como o apresenta Sérgio Milliet.

No *Diário Crítico,* em 5 de julho de 1943[17], posiciona-se contra "a geração dos discípulos de Anatole", "a geração que aprendeu a ler na cartilha de Anatole", representados, no caso, por Léo Vaz a quem acusa de não ter nenhuma sensibilidade. Milliet opõe aos "anatolianos" "os Gide e os Péguy, os Claudel e os Apollinaire" na literatura, Freud que "desvenda as trapaças do inconsciente", Durkheim na Sociologia, além de psicólogos norte-americanos.

"Ao passo que esses espíritos corajosos se lançavam à descoberta de novos rumos e de novas possibilidades criadoras, a geração dos seguidores de Anatole fazia piadas à margem dos cataclismos."

Acha-a portanto um péssimo modelo para os jovens com sua defesa dos "valores garantidos" pois, para ele, "a única atitude compatível com o verdor dos anos [é] a da curiosidade ligada à aventura".

O segundo rodapé, de 24 de junho de 1944[18], é dedicado a Anatole France por ocasião do centenário de seu nascimento. Destaca a atuação de France na crítica ao preconceito e na luta pela justiça, presentes na "terrível e premonitória sátira da *Histoire contemporaine*" e no "livrinho sob a forma de novela, primeiro, adaptado ao teatro em seguida", *Crainquebille*. Se pode parecer contraditório, Milliet já se previne:

"[...] assim como não devemos criticar o velho Anatole pela canga do momento que lhe tolheu em parte a expressão essencial, mas antes nos cabe admirá-lo pelo fundo significativo de seu pensamento político e social, não devemos tampouco exigir da gente de hoje que fale uma língua antiquada. Insisto neste ponto, para não imaginarem que estou dando marcha a ré e me arregimentando de novo entre os passadistas" (p. 188).

No primeiro rodapé, portanto, Milliet trata especificamente do lado ultrapassado de Anatole, ainda cultivado no Brasil, segundo ele, pelos "anatolianos", enquanto no segundo procura demonstrar a atualidade do francês: revelar-se "um marxista quase ortodoxo e como um precursor das mais recentes teorias psicológicas"[19]. Assim sendo, para Milliet, haveria pertinência na releitura, nos anos quarenta, desses aspectos da obra de Monsieur Bergeret.

Considerações finais

Houve, de fato, essa tentativa de reabilitar Anatole France em seu aspecto engajado de M. Bergeret, bem oportuno no imediato pós-guerra. São prova disso a edição em quatro volumes de *Trente ans de vie sociale* (o primeiro em 1949), por Claude Aveline, ele mesmo presidente da Associação "Le Lys Rouge", assim como o n.º 108 da revista *Europe* de dezembro de 1954, em parte dedicada ao aspecto engajado do autor. O mesmo pode ser verificado nas publicações brasileiras que examinamos. O engajamento do intelectual proposto por Jean-Paul Sartre entretanto vai predominar nessa época, pois utiliza uma nova linguagem, e a escritura de Monsieur Bergeret, como bem observa Sérgio Milliet, já não era mais adequada aos novos tempos.

Notas

[1] Em carta a Gastão Cruls, depois de ler e fazer restrições aos contos que este lhe enviara, Antônio Torres o aconselha: "O estilo, para todo escritor que se preza [...] deve ser claro e rápido [...]. Ora, meu querido Gastão, essas qualidades nenhum de nós pode apurá-las, lendo coisas em português, com exceção de Machado de Assis. [...]. No mais, lê em francês e lê em inglês. Anatole Fran-ce, Maupassant, muito Maupassant e pouco Flaubert. Digo-te porquê. Eu não ponho Maupassant acima de Anatole France; mas, para quem quer aprender a escrever contos dramáticos em estilo familiar, creio que Maupassant é o modelo indicado" (Londres, 28/9/1922, in Gastão Cruls. *Antônio Torres e seus amigos*. São Paulo: Companhia Editora Nacional, 1950, p. 103-4).

[2] In *Estudos literários e biográficos*. São Paulo: Pioneira-Secretaria de Estado da Cultura, 1981, p. 23-32.

ANATOLE FRANCE NOS ANOS 40

³ A hesitação de Silveira em caracterizar os romances de Anatole France como "sensuais" parece indicar o tipo de público leitor: os senhores letrados. Quanto às moças finas, alunas de colégio de freiras, com o ensino ministrado em francês, tinham em suas bibliotecas os livros de Paul Bourget.

⁴ Só em 7 de setembro de 1995 é que será reconhecida a inocência de Dreyfus pelo exército francês (cf. *Libération*, n.º 4453, de 12/9/95: Dreyfus: l'armée s'accuse enfin — L'institution militaire admet la "conspiration" contre un "innocent" (p. 13).

⁵ Cf. Marie-Claire Bancquart (Notice), in *Oeuvres III*. Paris: Gallimard, Bibliothèque de la Pléiade, 1991, p. 1159.

⁶ Idem. Ibidem, p. 1225.

⁷ Idem. Ibidem, p. 1226. Além de sua tese de doutorado *Anatole France polémiste* (Nizet, 1963), Marie-Claire Bacquart inicia em 1984 a publicação das obras desse autor na Coleção Bibliothèque de la Pléiade, bem como *Anatole France, un sceptique passionné* (Calmann-Lévy, 1984), trajetória biográfica do autor. O volume II da Pléiade data de 87, o III de 1991 e o IV de 1994, além de *Anatole France* (Julliard), ensaio biográfico e literário, seguido de uma seleção de textos reunidos por tema, coincidindo com a comemoração dos cento e cinqüenta anos de escritor. No Brasil, essa releitura francesa de Anatole France é bem recebida: cf. *O Estado de S. Paulo*, Suplemento Cultura de 20/1/85: "Anatole France deixa o Purgatório", de Gilles Lapouge, p. 1 e "Ressurreição de Anatole France", de Guilhermino César, p. 3. Vale lembrar também a reedição em 1980, pela Fundação Casa de Rui Barbosa da *Saudação a Anatole France,* objeto de artigo de *O Estado de S. Paulo*, Suplemento Cultura de 16/5/82: "Rui Barbosa e Anatole France", onde Macedo Dantas louva a coragem de Rui em fazer restrições à filosofia do escritor francês "em plena Academia, em pleno anatolismo fanático".

⁸ Miceli, Sérgio. *Poder, sexo e letras na República Velha (estudo clínico dos anatolianos)*. São Paulo: Perspectiva, 1977.

⁹ Léo Vaz (1890-1973). Pseudônimo de Leonel Vaz de Barros, escritor paulista, definido em comentário biobibliográfico de 1969 como "cético, pertencente à família espiritual de Anatole France e Machado de Assis". Trabalhou em *O Estado de S. Paulo* a partir de 1921. Colaborou com Monteiro Lobato na *Revista do Brasil*. Justamente *O professor Jeremias* foi editado pela Editora Revista do Brasil, e *Ritinha e outros casos,* pela Editora Monteiro Lobato, em 1923 (*O burrico Lúcio,* romance, Saraiva, 1951). Assim sendo, embora não conste da lista dos escritores estudados por Miceli nem por Machado Neto em *Estrutura social da República das Letras,* não deixa de ser um "anatoliano".

¹⁰ In *Páginas vadias*. Rio: José Olympio, 1957, p. 11.

¹¹ (1885-1948). Biógrafo e tradutor. Colaborou na *Revista da Academia Brasileira de Letras*. Com Lúcia Miguel Pereira, organizou as obras completas de Machado de Assis.

¹² (1888-1967). Escritor, crítico literário e tradutor. Em 1913, publicou *Luta anônima,* romance de tese socialista.

¹³ O exemplar da Biblioteca de Letras da FFLCH-USP pertenceu a Abílio Martins de Castro. As anotações a lápis nas primeiras páginas revelam apreciações sobre a tradução, considerada má, e sobre o trabalho: "o melhor de todos quantos conheço e [...] conheço muitos". No interior foi colado um recorte de jornal não datado, assinado Alceste (Brito Broca) "Monsieur

Bergeret": o autor leu em jornais franceses que "um movimento de interesse se vem fazendo em torno de Anatole France", escritor que "de 1930 a 40 tinha recaído no mais completo esquecimento". Elogia esse trabalho de Axelrad, embora não conheça o autor. Ao falar da influência de Anatole no Brasil, depois de dizer que, apesar de muito lido nas duas primeiras décadas deste século, "não chegou a caracterizar o feitio de nenhum dos nossos escritores", refere-se a Lima Barreto: "[...] principalmente na *Vida e morte de Gonzaga de Sá* percebe-se o traço anatoliano". Congratula-se com o fato de o brasileiro não ter procurado "macaquear o monge laico de Villa Saïd". Quanto a Axelrad, Abílio Martins de Castro informa ter sido um advogado americano que decidiu escrever a biografia, "porque Anatole era seu autor preferido e pelo estilo e pela filosofia. Também porque, como France, era socialista. Influiu igualmente sobre o americano o papel de M. Bergeret no Affaire Dreyfus..." Diz ainda que o livro teve parecer favorável de André Maurois. E a fonte é indicada: A. Maurois. *Etudes américaines*. Nova York: Ed. de la Maison Française, 1945.

[14] Austríaco de nascimento (1900), vem para o Brasil em 1939 por falta de condições de sobrevivência na Europa. Já havia se transferido para a Bélgica e, diante da situação, decide viajar para o Brasil. Durante a viagem, é declarada a guerra. Homem de letras de sólida formação européia, nos primeiros anos escreve em francês, sendo traduzido, como no caso deste artigo. A partir de 1942, passa a trabalhar no Rio, já escrevendo em português, e demonstrando grande interesse pela literatura do país. É amigo de Álvaro Lins, tendo como ponto em comum, além da crítica literária, a religião católica.

[15] No *Livre d'or du centenaire d'Anatole France*, organizado por Claude Aveline (Calmann-Lévy, 1949), há referência a esse número de *Dom Casmurro* do qual é feita uma resenha bastante detalhada. Comenta-se também o sucesso do número: em três dias, esgotaram-se duas edições. É reproduzida em francês a dedicatória que "avait de quoi toucher les Français".

[16] In *Preto & branco*. 2.ª ed. Rio: Grigo-MEC, 1971, p. 83-8.

[17] In *Diário crítico I*. São Paulo: Martins-Edusp, 1981, p. 115-20.

[18] In *Diário crítico II*, p. 182-9.

[19] O mesmo é afirmado por Georges Londeix. *Les fous dans la littérature*. Bordeaux: Le Castor Astral, 1993. São reproduzidos aí contos de Anatole France, escritor francês preferido por Freud. Também na enquete de *Dom Casmurro*, Gastão Pereira da Silva atribui a France a criação do que chama de "complexo de Pilatos", no conto "O procurador da Judéia".

Teresa de Almeida

BERNANOS NO BRASIL: O RASTRO DE UMA PERMANÊNCIA

A Jean-Loup e Brigitte Bernanos

Aos amigos, diretores da "Casa Bernanos", em Barbacena, Minas Gerais

"Écoutez-moi cependant (paysans du Brésil): [...] bien avant que vous n'ayez vaincu la faim, la soif, les fièvres, les herbes vénéneuses que votre sol préfère aux bonnes, les insectes innombrables; bien avant que vous n'ayez perdu cette humilité envers les choses, qui n'a d'ailleurs rien de servile, vous aurez donné au monde un trésor mille fois plus précieux que des pâturages et des vergers, vous lui aurez donné un peuple libre, formé pour la liberté."
GEORGES BERNANOS, Prefácio de *Lettre aux Anglais*. Cruz-das-Almas, Barbacena, janeiro de 1942.

*M*ÚLTIPLOS INSTANTÂNEOS ou *flashes* nos ocorrem, na abertura deste estudo, focalizando a figura do escritor francês Georges Bernanos, que entre nós residiu durante sete anos, de 1938 a 1945, no Rio de Janeiro, em Vassouras, Itaipava, Juiz de Fora, Pirapora e Barbacena, na colina de Cruz-das-Almas. Não por acaso, ele que tanto se deslocara através de regiões ou países — França, Espanha, Paraguai, Brasil, França, Tunísia, França outra vez onde viria a falecer em 1948 — marcado fisicamente pelo pé claudicante (este fora gravemente ferido, estropiado num acidente de motocicleta em 1933), foi chamado de forma metafórica de "Coxo Veloz"[1] pelo poeta Jorge de Lima.

Quais flashes, então, irrompem no *écran* desta página meio vazia? Eles se produzem sugeridos por depoimentos de pessoas que conviveram, aqui, com o autor de *Sous le soleil de satan*, ao longo dos anos sombrios da Segunda Guerra

Mundial ou pelos seus próprios textos — não romanescos — nos quais se registram suas impressões a respeito da terra brasileira. Aliás, tanto se afeiçoaria ao Brasil que regressou, na verdade, a contragosto à França, a pedido do general Charles de Gaulle, após o término da guerra ("Ai-je eu raison de quitter le Brésil?" indagaria com angústia, durante a agonia no hospital, segundo um dos testemunhos em *Georges Bernanos,* obra de Albert Béguin)[2].

Vejam-se alguns exemplos de tais instantâneos, pois há inúmeros relatos concernentes ao romancista com freqüência cercado por amigos e intelectuais. Primeiramente, pelo vigor das evocações, destaca-se Jean Bénier, médico que acompanhou Bernanos e a família, na viagem à América Latina, ao Paraguai e depois ao Brasil, percorrendo ambos as cidades há pouco mencionadas em busca de um local onde se instalar, penetrando também o sertão com sua flora estonteante e impregnada de mistérios.

Assim, encontrando-se Jean Bénier e Georges Bernanos, uma vez, em Pirapora, perto do rio São Francisco, num bar, um deles move o botão de um rádio à procura de notícias, certamente — naquela época a guerra já explodia na Europa com toda a sua truculência — e de súbito ouvem-se, no recinto bastante brasileiro e interiorano, acordes da Marselhesa e "todos os fregueses do bar [...] levantaram-se conosco e, de pé, fixaram-nos com os olhos, durante todo o tempo em que ressoava o hino"[3].

O jovem Hélio Pellegrino, acompanhado por colegas estudantes, visita o escritor pela primeira vez em sua casa em Cruz-das-Almas, construída segundo moldes franceses. Com emoção observa o escritório, a mesa despojada de livros ou outros objetos, a presença solitária da cruz de Lorena... Depois chega de modo impetuoso o romancista, a galope em seu cavalo, e o relacionamento amistoso se estabelece entre os jovens e o célebre estrangeiro. Pellegrino declara: "Falamos longamente do movimento de Resistência". Aludem os estudantes, num clima de solidariedade, à ditadura brasileira de 37, ao fascismo interno de Getúlio Vargas e ao colaboracionismo petainista na França invadida por Hitler. Hélio Pellegrino termina o depoimento de forma exaltante, referindo-se às qualidades psicológicas e morais do autor de *Journal d'un curé de campagne:* "Bernanos em toda a sua obra, de romancista, de panfletário, de observador vigilante dos acontecimentos políticos [...] nada mais fez do que testemunhar. Com violência, com paixão, com generosidade, com heroísmo"[4].

Há ainda Alceu de Amoroso Lima ou Tristão de Ataíde falando deste "cruzado" dos tempos atuais com o qual ele próprio muitas vezes entraria em conflito, divergindo a propósito de política (Bernanos não aceitando a admiração de Amoroso Lima pelos Estados Unidos) e de religião (o escritor francês era considerado, apesar de católico, anticlerical) mas reconhecendo em suas reações excessivas, cóleras e crises de angústia, uma criatura dotada de um magnífico talento, genial, e que "desdenhou todos os prestígios terrestres para viver entre nós a vida de um autêntico cavaleiro de Cristo"[5]. E o crítico Roberto Alvim Corrêa destacaria nessa coletânea de textos sobre o romancista, já mencionada, organizada por Albert Béguin após a sua morte, compreendendo testemunhos de várias nacionalidades, a atuação incisiva e corajosa daquele que "durante toda a guerra [...] foi reconhecido pelo mundo inteiro como sendo a própria resistência nacional"[6].

Agora é Bernanos, por exemplo, que num prefácio dirige-se ao leitor — num estilo aqui sem dúvida perpassado de barroquismo — relatando o episódio relativo ao dia em que recebeu, em 1940, em Barbacena, Cruz-das-Almas, da Inglaterra, da *Dublin Review,* um pedido para escrever um texto sobre a honra francesa seriamente abalada com a invasão nazista. Artigo este que se transformaria na obra *Lettre aux Anglais,* sendo publicada no Brasil em 1942 e surgindo também em várias edições clandestinas na Europa[7]. Bernanos, nessa descrição, nos faz visualizar a natureza brasileira, em Minas Gerais, sob o efeito de uma tempestade formidável, trombas d'água que transformam — pelo animismo ou animalização, digamos, do ponto de vista retórico — um carro (cujo motorista lhe traria a notícia a respeito de um telegrama vindo da Inglaterra) em um monstro cambaleante atravessando poderosas colunas líquidas formadas pela chuva. Numa ótica exacerbada e poética este breve relato nos revela fragmentos da existência do romancista num contato visceral com o país estrangeiro, o Brasil, ao mesmo tempo voltado com ansiedade para um outro país, a Inglaterra, em cuja capital havia nascido a Resistência Exterior contra o inimigo nazi-fascista.

Observam-se no texto determinados elementos transmitidos principalmente de maneira visual, compondo uma espécie de seqüência cinematográfica com vários planos, destacando-se então: o narrador-personagem (Bernanos) no lugar descampado, envolto pelas chuvas, a aproximação de um carro vacilando em meio à tempestade, avançando, qual um monstro ou uma figura deformada, dentro de um halo luminoso ou de uma nuvem de poeira de água irisada ("une poussière d'eau irisée"). Depois há as referências, aqui sempre de modo dramático, a Londres, à neblina fria e pegajosa ("froide et gluante") ou à baía ensolarada do Rio de Janeiro. Há ainda a partida dessa personagem, Bernanos, em busca do telegrama londrino ("Nous sommes donc partis... La route inondée ronflait derrière nous comme une cataracte..."), no carro, dentro do temporal. E a pequena cidade mineira é vislumbrada por ele no vale, sob o desabamento das águas, avultando esta no texto numa esplêndida comparação, em que o macabro da névoa amarela se associa ao fulgor sinistro contido nos termos "cidade incendiada" — "elle [a cidade] recevait stoïquement l'assaut du ciel au milieu d'un brouillard jaune et sinistre, ainsi qu'une ville incendiée"[8].

Há igualmente outro trecho de Bernanos bastante revelador, surgido em *Le chemin de la Croix-des-Âmes,* coletânea de artigos antifascistas, onde é enfocado o momento em que ele escuta a notícia sobre a capitulação de Paris. Encontrava-se no sertão, ao crepúsculo, no instante em que a terrível comunicação lhe é transmitida através de uma precária emissão radiofônica. Bernanos nos descreve o ambiente criado pela floresta disforme "torturée par la soif", atravessada pelo vôo escuro e assustador sem dúvida dos morcegos. A angústia do escritor, solitário e impotente diante dos eventos na Europa, em meio às árvores atormentadas, atinge o leitor enquanto já se visualiza Paris apoderada pelos nazistas. A ocupação desta que se verifica no emprego da metonímia "a bandeira alemã flutuava sobre Notre-Dame". Vale a pena citar o trecho: "Nous étions là seuls, vraiment seuls, seuls comme des morts, tandis que la hideuse voix nasillarde d'un radio, alimenté par une batterie hors d'usage, nous annonçait que le drapeau allemand flottait sur Notre-Dame [...]"[9].

Estes exemplos de depoimentos, visando pois à apreensão da figura do romancista em seu contato com a intelectualidade e a terra do Brasil, incidem em particular sobre o aspecto político de sua biografia. Deste autor que se notabilizou — tendo estreado com êxito em 1926, com *Sous le soleil de satan,* inspirando mais tarde cineastas como Robert Bresson, renovador da linguagem cinematográfica, com suas obras *Journal d'un curé de campagne* e *Nouvelle histoire de Mouchette,* de 1936 e de 1937 respectivamente — tanto com sua produção romanesca como aquela chamada "de combate" ("écrits de combat"). E que, achando-se no Brasil durante essa época crucial da história da humanidade, viria consagrar-se a partir de 1940 apenas à tal literatura polêmica.

Convém então lembrar que Georges Bernanos sempre se declarou monarquista e católico, mostrando-se profundamente cristão em seu desprezo pela burguesia — na esteira de Léon Bloy e Charles Péguy — no exercício do poder econômico. E tendo pertencido à direita, à Action Française, liderada por Charles Maurras, Bernanos, estando em Palma de Majorca, durante a Guerra Civil Espanhola, viria a investir com violência contra os franquistas apoiados pela Igreja Católica, denunciando os crimes cometidos pelo "Terror Branco" em *Les grands cimetières sous la lune* (1938). Livro que iria provocar agora o respeito da esquerda e a indignação dos direitistas[10].

Assim com a sua visão original na captura dos fatos, numa escritura ardente, o autor nos fala de delação, de exterminações que se avolumam, da organização implacável do "Terror". ("Chaque nuit, des équipes [...] opérèrent dans les hameaux"). Isto é, todas as noites, grupos recrutados por falangistas associados aos italianos fascistas, os Camisas Negras, atuam nos vilarejos aprisionando e executando sumariamente seus habitantes. O indivíduo detido é transportado num caminhão, ao lado de outros companheiros, sombrios todos e calados "résignés, le regard vague...". É dada a ordem: "Desçam". Eles descem, os condenados, alinham-se, beijando uma medalha. Amanhã os cadáveres serão encontrados, "la tête éclatée, la nuque reposant sur un hideux coussin de sang noir coagulé"[11]. Esta força trágica no texto bernanosiano, traduzida em imagens dilacerantes — "um hediondo travesseiro de sangue negro coagulado" — perturba extremamente o leitor. É explicável então que *Les grands cimetières sous la lune* haja provocado, com o seu poder de denúncia, a ruptura definitiva do escritor com os seguidores de Charles Maurras.

Chegando ao Brasil pouco antes da irrupção da guerra, tendo contudo já pressagiado, de modo visionário, a hecatombe conduzida pelas forças totalitárias, alemães e italianas, participantes do movimento falangista, na Espanha, ele tenta, com dificuldades e interrupções, levar a cabo a escrita de um romance denominado *Monsieur Ouine*. Iniciado este em 1931, em Toulon (considerado pela crítica como a narrativa voltada para a "exploração de uma alma e do nada"), intitulado primeiramente *La paroisse morte* (A paróquia morta) será terminado — isto é, o último capítulo, o décimo nono — em Pirapora, Minas Gerais, em maio de 1940. A partir então do vergonhoso armistício na França e do apelo do general de Gaulle em direção à Resistência, Bernanos decide com sacrifício de sua vocação a não mais produzir obras romanescas, como se sabe, devotando-se à feitura de artigos panfletários, em geral, combativos. Passando a colaborar para jornais brasileiros no Rio de Janeiro (*Correio da Manhã*, *A Notícia* e *O Jornal*, em particular), *La Marseillaise* de Londres e para a imprensa clandestina francesa em periódicos como *Le Franc-Tireur*, *Les Cahiers de Libération* e *Les Cahiers du Témoignage Chrétien*[12].

Monsieur Ouine foi publicado pela Editora Atlântica entre nós, em 1943, recebendo críticas elogiosas antes mesmo de ser avaliado na França. O caráter onírico do livro com seu enredo rarefeito, uma certa indefinição do ponto de vista espacial e o aspecto deliberado do falso-policial marcando a narrativa (Por que, na verdade, quem matou na aldeia de Fenouille o pequeno pastor?) com seus enigmas não resolvidos, tornam *Monsieur Ouine* uma obra sumamente moderna. Aliás houve críticos que a aproximaram do "Nouveau Roman", por exemplo Michel Estève e Brian Ficht (este citando o romance *Voyeur* de Allain Robbe-Grillet)[13], utilizando determinados conceitos relativos a semelhante tipo de romance como a presença do "vazio" no centro do livro ("la construction en creux").

Com justeza, Ledo Ivo, em 1988, por ocasião do centenário do nascimento do romancista escreveria a respeito das estruturas de romance policial marcando a obra bernanosiana com sua "narração febril e o ritmo deambulatório" (ele, lembramos, que com suas deambulações constantes fora chamado por Jorge de Lima de "Coxo Veloz"): "Este emblema estrutural e estilístico explica o excepcional interesse dos mais modernos cineastas pela obra de Bernanos, já que esta, fundada na escrita visual, participa simultaneamente do romance policial e do roteiro cinematográfico, com as suas imagens nítidas ou turvadas, os cortes inesperados, os closapes, as mutilações que desorientam o leitor, os *flashbacks* que sugam a hora presente e vivida e devolvem o tempo suprimido e a memória"[14].

Então é pertinente, já que se ressaltou a importância de *Monsieur Ouine* — de forma significativa tendo sido publicado pela primeira vez no Brasil e constituindo o marco final na carreira literária do ficcionista — nos reportarmos a sua recepção nos anos quarenta, em especial por Álvaro Lins, Roberto Alvim Corrêa, Antonio Candido e Sérgio Milliet. É preciso antes disso assinalar que no intercâmbio de idéias efetuado entre Bernanos e certos segmentos da intelectualidade brasileira, com predominância dos católicos, destacando-se personagens como Tristão de Ataíde, Murilo Mendes, Álvaro Lins, Jorge de Lima ou mesmo Lúcio Cardoso, ele viria a emitir comentários a respeito da produção artística de determinados autores nacionais. Veja-se o seu ponto de vista a propósito de Álvaro Lins que analisara, por sua vez, o ensaio de Jacques Maritain, traduzido no Brasil por Tristão de Ataíde intitulado *Noite de agonia na França*. Assim escreve Georges Bernanos em *O Jornal*, em 5 de julho de 1941, no Rio de Janeiro: "[...] os católicos agonizantes de que falava outro dia o sr. Álvaro Lins — em dois admiráveis artigos de frêmito pascaliano, de estilo tão ágil e nervoso que me lembrou algumas páginas da língua francesa".

E Lúcio Cardoso, admirador fervoroso do autor de *Sous le soleil de satan*, evocaria num diário a figura impressionante do romancista francês dotado de temperamento altamente desconcertante: "Na verdade, era majestoso na sua cólera permanente — e afrontando-o, ousei perguntar-lhe qual era, na sua opinião, o maior romancista francês [...] numa voz firme, vibrante, onde havia toda a paixão de uma escolha [...] respondeu-me: «Balzac»"[15].

E quanto à recepção crítica da obra bernanosiana no Brasil, marcada, como se sabe, pelo combate ao mesmo tempo tenebroso e fulgurante entre o Bem e o Mal? Não por acaso, ela fora chamada de dostoievskiana, com o seu universo visionário povoado por criaturas infernais ou que aspiram à santidade. Mas, principalmente em relação a *Monsieur Ouine*, quais análises foram realizadas naquela década conflituosa de quarenta?

Antes, cabe ainda lembrar dados biográficos, concernentes ao exílio deliberado do escritor na América Latina — ele havia partido de Marselha com a família numerosa e alguns amigos, em 20 de julho de 1938, após a publicação do seu livro que provocaria grande impacto, *Les grands cimetières sous la lune,* e também depois da conclusão dos acordos de Munique, que, sob a aparência enganosa de uma paz restabelecida entre países europeus, iriam na verdade possibilitar o avanço do poderio hitlerista.

E Bernanos, passando pelo Rio de Janeiro pela primeira vez, ficou surpreendido com o fato de ser conhecido e admirado por integrantes da intelectualidade brasileira católica. Quando o navio em que viajava o escritor fez escala no porto do Rio, estavam à sua espera Alceu Amoroso Lima e Augusto Frederico Schmidt. Dias mais tarde, decepcionando-se com a vida no Paraguai — país com o qual sonhara longamente na adolescência, sempre impregnado pelo desejo de aventura e liberdade — desiste de retornar à Europa ("En Europe il n'y a que deux dictadures: celle de Staline e celle de Hitler", escreveria no jornal *A Noite,* em outubro de 1938), instala-se finalmente no Brasil. E aqui finalizando *Monsieur Ouine,* em Pirapora, onde tentara sem nenhum sucesso a atividade de criador de gado. Por essa época, maio de 1940, iniciava-se a ofensiva do Reich no continente europeu, invadindo a Bélgica e os Países Baixos. No mês de junho deste ano as linhas de defesa francesas são aniquiladas. E a Itália também corroborando para essa série de eventos desastrosos viria a entrar na guerra ao lado da Alemanha.

No mês de junho, em 1940, ainda em Pirapora, Bernanos, numa carta endereçada a um amigo, falaria com ansiedade e rancor ("Que dire? Que dire?") acerca da catástrofe abatendo-se sobre o país natal, o bombardeio de Toulon, onde residira nos anos trinta (ali escrevendo, lembramos, as primeiras páginas de *Monsieur Ouine*) e também de Paris. Ele se refere ainda às reações de desgosto dos brasileiros, à grande decepção que percebeu aqui diante da derrota inesperada da França. Então, leia-se: "Pirapora, 4 juin 1940 [...]. Je viens d'apprendre le bombardement de Toulon. Que dire? Que dire?" Em seguida: "Vous ne pouvez imaginer la déception, la fureur, le désespoir des Brésiliens, pauvres gens. Je n'ai plus le courage d'aller en ville". E, certamente com estupefação, "J'apprends à l'instant même le bombardement de Paris"[16].

Monsieur Ouine, narrativa penetrada de pessimismo, contendo um verdadeiro sistema de imagens de insólita beleza relativas à corrupção das coisas e das criaturas, foi publicada em francês, no Rio de Janeiro, em 1943. Surgindo na França pela Editora Plon, apenas em 1946. Há toda uma série de circunstâncias, peripécias ou reveses em torno dessa primeira publicação, prejudicando-a, apesar do cuidado e empenho do editor da Atlântica no Rio, Charles Ofaire, no sentido de que fosse perfeita: a guerra com suas complicações, o envolvimento de Georges

Bernanos com esta na elaboração contínua de panfletos, a perda pelo autor de quinze páginas de manuscritos, os numerosos erros de datilografia...[17].

E todas essas lacunas irritariam a crítica francesa em 1946 — pois em Paris, Plon baseou-se na edição brasileira — sendo-lhe mesmo desfavorável, com exceção de Claude Edmonde-Magny, julgando-o de forma elogiosa em seu caráter enigmático. Aqui, no entanto, *Monsieur Ouine* seria recebido com admiração. Reconhecendo-lhe os críticos, em geral, a estética de alta qualidade e a importância do significado.

Vejamos a análise de Álvaro Lins. Para quem, em 1942, o romancista escreveria uma carta em francês, reproduzida parcialmente na *Folha de S.Paulo,* por ocasião do aniversário da morte do intelectual pernambucano: "O Brasil precisa de um crítico, capaz de desanimar os diletantes, desviar da facilidade os jovens escritores do futuro [...]. Você será esse crítico"[18]. Lins, por sua vez, que considerava o autor de *Lettre aux anglais* semelhante a um anarquista teórico, em oposição freqüente aos valores estabelecidos, de algum modo um herdeiro do pessimismo jansenista[19], classifica o seu último livro, em artigo intitulado "Romance católico: o das oposições", como sendo "o mais estranho, o mais requintado, também o mais esquisito [...] de todos os seus romances". E portanto, fugindo aos modelos calcados na realidade convencional, *Monsieur Ouine* viria a ocasionar, talvez, a decepção em determinados leitores.

O subtítulo deste artigo de Álvaro Lins, "Significado de *Monsieur Ouine*: uma fuga, uma evasão, uma transfiguração?", já contém de alguma maneira o "onírico", fator que ele iria detectar — sonho ou pesadelo — na narrativa de Bernanos. Aliás, tal elemento, o onírico, fora levantado imediatamente por Jorge de Lima, é preciso assinalar, num texto breve, jornalístico, surgido em seguida à publicação do romance. Bernanos então escreveria ao amigo, felicitando-o pela sua observação justa:

> "Vous l'avez classé magistralement: onirique [...]. Rien n'est plus réel, ni plus objectif que le rêve [...]. Ah, mon cher Jorge, la vie est imaginative [...] mes sallutations affectueuses de dormeur éveillé."[20]

Ainda segundo Álvaro Lins, que no referido texto opusera o conceito de "realidade" ao de "onírico", *Monsieur Ouine* constitui paradoxalmente, digamos, uma obra feita de realidade — "realidade psicológica e suprafísica, num mundo de almas trágicas e vivas". Enfim, num romance marcado pela não-caracterização do tempo e do espaço, desprovido de ação, de enredo, na verdade (há um crime naquele vilarejo, mas o que ele significa para as personagens tão fora do comum?), e em que se contrapõem as criaturas entre si, M. Ouine e o seu ambiente, o cura de Fenouille e a religião convencional, os ricos e os pobres, Bernanos revela a tragédia católica dos elementos humanos em oposição. Construindo tal universo com um estilo, enfatiza o crítico, "singularmente estrutural de autêntico grande escritor"[21].

O ensaísta Roberto Alvim Corrêa — tendo exercido a atividade editorial com êxito, em Paris, de 1928 a 1936, lançando nomes importantes da literatura francesa como François Mauriac, Charles Du Bos, Gabriel Marcel, entre outros — ao abordar de modo elogioso *Monsieur Ouine,* discorda da classificação de "romance católico" utilizada por Álvaro Lins. Esta expressão, no seu ponto de vista, mostra-se bastante vaga e ambígua, portanto insatisfatória, conclui-se. Sim, porque "Há os bons romances e os outros. Não se vê por que não seria considerado católico *Madame Bovary* e o é o romance do católico Mauriac *Thérèse Desqueyroux* cuja heroína envenena o marido, só por estar cansada de olhar para ele". Aqui convém então ressaltar que tanto Georges Bernanos quanto Julien Green, autores pertencentes a uma mesma série literária, aproximados pela problemática e estética afins, considerados criadores, ao lado de Mauriac, do "roman tragique chrétien", dostoievskiano[22], sempre rejeitaram a designação de "romancista católico".

E uma observação pertinente ressalta no artigo de Roberto Alvim Corrêa, "Bernanos"[23], concernente à função do crime desempenhada na narrativa, efetuado no vilarejo de Fenouille, conferindo-lhe um aspecto policial, aparentemente, pois no romance é o espiritual que sobretudo conta. Trata-se do tema da culpabilidade (e diante deste comentário, sem dúvida o leitor evoca a obra de Fiódor Dostoiévski, tantas vezes relacionada com a de Georges Bernanos). Ou antes: "*Monsieur Ouine* é o romance da culpabilidade. E o que interessa realmente na culpabilidade é menos o culpado do que saber em que consiste a culpabilidade deste. Ver-se-ia, então, que todos nós somos culpados"[24].

Brilhante e preciso é o texto de Antonio Candido, "Paixão dos valores", inserido em *Brigada ligeira,* enfocando igualmente o último e profético livro de Georges Bernanos, na época de sua publicação. Captando aspectos fundamentais da obra, como o da "putrefação" invadindo a matéria e as consciências, ao discorrer sobre a decomposição dos valores (idéias e crenças) entre os habitantes de uma perdida comuna da França, Fenouille. E esta putrefação é simbolizada certamente pelo nariz disforme e grotesco do prefeito da aldeia, dotado de uma acuidade olfativa excessiva ou anormal (personagem, lembramos, obcecado pela lavagem do próprio corpo numa tentativa derradeira e vã de limpar ou dragar — "curer" — a memória, como um poço é, por exemplo, desobstruído). Antonio Candido cita, traduzindo, um trecho altamente significativo do romance; uma confidência em tom exaltado do prefeito à esposa que não compreende o sentido de suas palavras, quase um monólogo enlouquecido: "Aliás [diz ele] tudo fede, os homens, as mulheres, os animais, a terra, a água, o ar que respiro, tudo: a vida inteira fede. E nós, então! Tu me dirás que se poderia lavar, enxaguar, esfregar, que diabo!... O cheiro de que falo não é um cheiro, na verdade; vem de mais longe, de mais fundo, da memória, da alma, que sei eu! Não adianta água; seria preciso outra coisa"[25].

Na análise de Antonio Candido, há uma referência bastante sugestiva a uma personagem alucinada e infernal de Dostoiévski, Stravoguine, de *Os possessos,* ao abordar o tema da "mornidão" marcante na produção de Bernanos; porque a cidadezinha de Fenouille é habitada, em sua maioria, por seres "enquistados no egoísmo, indiferentes ao bem e ao mal, são os *mornos* de que fala o Apocalipse[26] e que obsedam Stravoguine".

Monsieur Ouine, o demoníaco professor de línguas, tuberculoso, com freqüência tendo ao lado o jovem discípulo Steeny, com o seu mistério e o veneno do pensamento exercendo uma espécie de propedêutica do Mal, destilando-o nas consciências (por exemplo, o castelão de Wambescourt que ali o instalara, ao mestre, antes forte e esportivo, viria a falecer com gangrena e atingido pela loucura), irá provocar de algum modo a perfuração do "tumor" que constitui a comunidade de Fenouille. E nada pode salvá-la: nem mesmo o discurso fulminante e incompreensível do vigário, desesperançado, nem a própria igreja da paróquia desprovida do perfume da resina, exalando agora o odor morno de um estábulo. Os valores no lugar estão à solta, pois, provocando o desnorteio completo dos moradores (Quem matou o pequeno pastor? indaga-se em vão), enquanto o herói da narrativa, Ouine, única personagem lúcida e consciente na confusão, agoniza no castelo desmantelado junto a Steeny, dentro de uma atmosfera de sonho e tédio. Conotando para o leitor a decomposição dos valores da civilização cristã do Ocidente.

Antonio Candido termina o artigo valorizando o livro desse "revolucionário tradicionalista", Georges Bernanos, indicando-o como um dos romances capitais da época "como uma grande obra que é necessário ler, pelo que tem de permanente no seu sentido apocalíptico e no seu admirável estilo"[27].

Monsieur Ouine, cabe salientar, é uma obra de difícil acesso quanto à compreensão. Espessa em sua complexidade, não solucionando os mistérios para os leitores. E fortemente pessimista. Aliás, já se falou muito a respeito da ausência de Deus neste romance, enquanto que em *Sous le soleil de satan* com o padre Donissan buscando a santidade, em *La joie,* destacando-se a personagem luminosa Chantal de Clergerie e em *Le journal d'un curé de campagne,* um jovem religioso declarando ao morrer "Tudo é graça", esta é, na verdade, vislumbrada.

Sérgio Milliet, crítico de *O Estado de S. Paulo,* naquela década de quarenta, sempre preocupado com a postura política do intelectual diante dos acontecimentos históricos, decisivos, e embora discordando do ficcionista francês em vários pontos (é preciso não esquecer que Bernanos era católico e monarquista) elogia-lhe a coragem e a honestidade ao denunciar o governo servil de Vichy, não se deixando seduzir pelas idéias fascistas que se apoderavam do mundo. Julga assim a literatura de combate ou polêmica do escritor, em especial, e ainda *Monsieur Ouine:* "Um dos intelectuais mais combativos da Resistência no estrangeiro tem sido sem dúvida alguma Georges Bernanos. Pois, ao lado de seus admiráveis artigos de polêmica e propaganda *(Le chemin de la Croix-des-Âmes...)* tão lúcidos e tão integrados aparentemente na mentalidade do povo da França, vemo-lo criar um romance difícil e de pequena elite como *Monsieur Ouine*". E define com lucidez o posicionamento do autor francês diante da arte e da História: "O escritor Georges Bernanos participa da Resistência como homem, mas como artista não admite nenhuma concessão [...]"[28].

Há ainda no *Diário crítico* vários outros comentários sumamente elogiosos a Bernanos, sendo este comparado a Charles Péguy, o cristão socialista, morto durante a Primeira Guerra Mundial, poeta de origem campesina. Veja-se então: "Acabo de ler *Le chemin de la Croix-des-Âmes* de Georges Bernanos. Sinto uma simpatia profunda por esse homem rude, reto e independente, tão parecido por tantos ângulos com Péguy"[29].

Já que se trata aqui, principalmente, da recepção de *Monsieur Ouine,* é bastante pertinente nos referirmos ainda ao enfoque crítico de Tristão de Ataíde a respeito de Bernanos, em "Satã nas letras"[30], embora ocorra no final dos anos cinqüenta. O autor desse texto, no qual é sobretudo focalizado o romancista Otávio de Faria em suas relações, a propósito do Bem e do Mal, com Dostoiévski, Julien Green e Georges Bernanos, entre outros, aproximaria *Monsieur Ouine* do existencialismo sartriano. Tal personagem, o professor de línguas, significando ao mesmo tempo o Demônio e a negação absoluta de todos os valores, indicaria com o seu nome, Ouine — contração de Oui-Non — "a síntese da equivalência dos contrários, que afinal irá ser consagrada por Sartre substituindo Deus pelo Néant"[31].

Sim, *Monsieur Ouine,* cabe reiterarmos, é uma obra de difícil apreensão. Aliás, a cena do crime, de importância fundamental, não é exposta para o leitor. Assim, no capítulo IV, após um denso diálogo entre os adolescentes, o protagonista Steeny e Guillaume, o amigo aleijado, em torno de quimeras, heróis e da figura bizarra de M. Ouine, pela qual o primeiro sente fascinação, intervém Ginette ou Jambe-de-Laine, a castelã, com seus gestos exacerbados e o rosto maquiado sobressaindo lúgubre na vegetação, qual uma "cabeça cortada". Há aqui uma elipse brusca, inesperada, e metonimicamente introduz-se a seqüência em que o delicado corpo estrangulado (com um fio cortante?) é depositado na sala da prefeitura, em cima de uma mesa. A mão da vítima, de início, num rápido primeiro plano, permanece exangue, "aberta como uma flor". Depois, num outro momento, de modo imprevisto, a mão do pastor assassinado já se revela rígida, e em meio a explicações de ordem científica o médico elegante, e frívolo, tenta naturalmente separar-lhe — num clima atingido pelo absurdo — os dedos tensos. E até o desfecho da narrativa, haverá suposições apenas acerca do assassinato, alimentadas de forma sinistra com o aparecimento de cartas anônimas ou delações.

Tratando-se de um romance visionário, como já se disse, pode-se antever em certos temas do romance (tais cartas anônimas ou delações) a atmosfera sombria também feita com denúncias e convivência com o Mal que iria apoderar-se da França, durante sua ocupação pelo regime nazista de 1940 a 1944[32].

❖ ❖ ❖

Retornam aqui, após o rastreamento de críticas a respeito da obra bernanosiana, *flashes* ou instantâneos captando fragmentos da permanência do autor no Brasil. Vejam-se: ele visita, no Rio durante esses anos da Segunda Guerra, o Comitê da França Livre, dele participando ativamente com artigos inflamados. Envia mensagens aos resistentes na França, por meio da BBC de Londres. Um dia, em 1942, recebe em Cruz-das-Almas com grande afeição o escritor Stefan Zweig, judeu austríaco que fugira dos nazistas, vindo a suicidar-se em Petrópolis semanas mais tarde[33]. Revolta-se, enfurecido, em relação a medidas tomadas pelo governo do marechal Pétain, utilizando nos panfletos toda uma retórica caracterizada pela violência com imagens hiperbólicas repletas de fulgurações.

Por exemplo, quando Georges Mandel, político francês de ascendência judaica e que sempre rejeitara o colaboracionismo, foi entregue a Hitler, em fevereiro de 1943. Assim no texto panfletário "Nous vous jetterons sur le parvis": "entendez-vous bien, chiens que vous êtes — chaque goutte de ce sang juif versé en haine de votre ancienne victoire nous est plus précieuse que toute la pourpre d'un manteau de cardinal fasciste"[34]. Ou ainda quando a função de linguagem conativa explode em frases no imperativo em seus artigos, num ritmo crescente, dirigindo-se do Brasil, de Barbacena, aos franceses na resistência contra o inimigo, em "Cinq appels aux Français": "Ne lâchez rien! N'abandonnez rien! Ne desserrez pas les dents!" E a enumeração de destinatários em relação a sua mensagem amplia-se, abrangendo diversos níveis de ordem social, visando nessa situação de urgência desesperadora, agônica, à união de todos face ao ocupante da França: "[...] ouvrier, bourgeois, intellectuel, républicain ou royaliste, académicien ou cardinal, ne le laissez pas franchir vos lignes et, s'il veut quand même en courir le risque [...]" e aqui o romancista enuncia a solução drástica mas certamente inevitável "s'il veut quand même en courir le risque, abattez-le à coups de fusil!"³⁵

Quase três anos antes, entre março e maio de 1940, Bernanos concluía *Monsieur Ouine*, seu último romance. Era um desfecho duplamente dramático. Pois enquanto sofria dificuldades econômicas de toda ordem — e uma angústia ainda mais ampla, porque existencial — o escritor-combatente chega em Pirapora à página derradeira de *Monsieur Ouine* e a França mergulha na longa noite da Ocupação.

Notas

1. Cf. "Ode ao coxo veloz" na coletânea de depoimentos organizada por Hubert Sarrazin. *Bernanos no Brasil*. Petrópolis: Vozes, 1968, p. 15-8. Neste texto, escrito poucos meses após a morte do romancista em 5 de julho de 1948, em Neuilly, Jorge de Lima persiste na configuração do "movimento" caracterizando-lhe a existência e a produção intelectual. Vale a pena transcrever um fragmento:

    "Nunca paraste Cruz errante. Nunca houve repouso em Bernanos — França, Espanha, Uruguai, África, Barbacena, Pirapora, *le sertão sans bornes à mille kilomètres* de Rio, nunca houve repouso em Bernanos, Belo Horizonte, Juiz de Fora, Itaipava, Paracatu, *le pays des crocodiles couleur de boue*, África, Paris, é preciso lutar [...] guerra contra Hitler, contra Franco, contra o Duce, contra Pétain, tu um estropiado, tu um coxo [...]. É preciso lutar contra os campos de concentração, contra a demissão da França, contra le *Maréchal guignol politique*, é preciso lutar à direita, à esquerda, à retaguarda, contra o visível, contra Satã, contra o invisível, nunca houve repouso em Bernanos."

2. Trata-se do depoimento de Daniel Pézéril. "Bernanos et sa mort"; especialista na obra bernanosiana, organizador de *Cahiers de Monsieur Ouine*. Paris: Seuil, 1991, à p. 343, inserido em *Georges Bernanos*, acima mencionado.

3. Cf. "Homenagem a Georges Bernanos", in *Bernanos no Brasil*, p. 67. É interessante ainda notar que Jean Bénier, recentemente, no filme realizado para a televisão pelo filósofo francês Bernard Henri-Lévy, *Les aventures de la liberté*, exibido entre nós pela TV-Cultura, é entrevistado longamente a respeito do autor de *Sous le soleil de satan*, em seu exílio na América após a Guerra Civil Espanhola e a ascensão do fascismo na Europa.

4. "Viagem a Bernanos", in *Bernanos no Brasil*, p. 150-1.

5. Cf. o texto em francês, "L'hommage des écrivains brésiliens", in *Georges Bernanos* (org. Albert Béguin), p. 240.

6. "L'hommage des écrivains brésiliens", p. 243.

7. V. a "Introduction" da primeira edição completa de *Le chemin de la Croix-des-Âmes*, de Georges Bernanos (Monaco: Le Rocher, 1987), cujo autor, filho do romancista, Jean-Loup Bernanos, oferece inúmeras informações concernentes à atuação política de seu pai, no Brasil, no movimento de Resistência internacional intitulado France Libre.

8. "Introduction". *Le chemin de la Croix-des-Âmes*, p. 17-8.

9. Trecho citado por Sérgio Milliet em seu *Diário crítico II*. São Paulo: Martins-Edusp, 1981 (v. II, 1944), p. 298.

[10] Michel Estève, em *Georges Bernanos — un triple itinéraire*. Paris: Hachette, 1981, refere-se já num Prefácio à recepção favorável de obras de Bernanos, por personalidades de ideologias diferentes. Sintetizando: *Sous le soleil de satan* (1926) foi saudado por Léon Daudet de forma entusiástica (considerado um dos líderes da Action Française, direitista); *L'imposture* (1927) recebe elogios de André Malraux, esquerdista, e do famoso ator Antonin Artaud, reconhecendo no romancista um verdadeiro irmão "en désolante lucidité"; e finalmente *Les grands cimetières sous la lune* (1938) provoca a admiração de Simone Weil e de Louis Aragon. Este último escreveria: "Bernanos est catholique, monarchiste, je suis communiste; pourtant «par des chemins qui ne sont pas les miens» nous nous rencontrons" (p. 9-10).

[11] Transcrevemos a seguir tal trecho de *Les grands cimetières sous la lune*, com o seu teor violento e dramático, traduzido em Portugal, lembrando que esta obra ali foi proibida durante várias décadas. Cf. então *Os grandes cemitérios sob a lua*, p. 91 (Lisboa: Livros do Brasil, 1988): "Depois é a subida para a camioneta, onde se encontram dois ou três camaradas, igualmente sombrios, igualmente resignados, o olhar vago... Hombre! [...]. Ainda um momento de esperança, enquanto ela (a camioneta) não sai da estrada nacional. Mas eis que abranda a velocidade, penetra aos solavancos num caminho de terra. «Desçam!». Eles descem, alinham-se, beijam uma medalha ou simplesmente a unha do polegar. Pum! Pum! Pum! Os cadáveres são empilhados à beira do talude, onde o coveiro os encontrará no dia seguinte, cabeça estoirada, nuca repousando numa horrível almofada de sangue negro coagulado [...]. O alcaide escreverá no seu registo: «Fulano, fulano, fulano, mortos de congestão cerebral»".

[12] V. a esse respeito Joseph Jurt. "Bernanos, écrivain de la Résistance extérieure", em *Bernanos et le monde moderne* (Presses Universitaires de Lille, 1989). Destacam-se, por exemplo, nos periódicos clandestinos nos quais também compareceram nomes significativos como Jean Cassou, Albert Camus, Aragon, Éluard, entre outros — os panfletos seguintes de Georges Bernanos: "Nous vous jetterons sur le parvis" (*Franc-Tireur*, fev. 1943), "Où allons-nous?"(*Les Cahiers du Témoignage Chrétien*, ag.-set. 1943) ou "L'insolente nation" (*Les Cahiers de Libération*, dez. 1943).

[13] Conforme Brian Fitch em *Dimensions et structures chez Bernanos* (Paris: Lettres Modernes Minard, 1969), p. 180: "Michel Estève a déjà évoqué, à propos de ce roman, les recherches formelles du *Nouveau Roman* et son utilisation de l'intrigue du roman policier [...]. On pense surtout, en fait, au *Voyeur* de Robbe-Grillet où la période de temps pendant laquelle le viol et le meurtre de la petite fille ont été commis, est passé sous silence. Dans le roman de Bernanos également les éléments nécessaires pour résoudre l'énigme manquent pour la bonne raison que le meurtre n'est jamais évoqué directement".

[14] "Perto e longe de Georges Bernanos". Suplemento de Cultura de *O Estado de S. Paulo*, 20 fev. 1988. Inserido posteriormente em *A república da desilusão: ensaios*. Rio de Janeiro: Topbooks, 1994.

[15] *Diário completo*. Rio de Janeiro: José Olympio, 1970, p. 7.

[16] "Correspondance", in *Georges Bernanos* (org. Albert Béguin), p. 54.

[17] A propósito dos reveses que influíram na publicação de *Monsieur Ouine*, no Brasil e mais tarde na França, cf. *Georges Bernanos* de Max Milner (Paris: Librairie Séguier, 1989), p. 292-3, em particular. E, mesmo, observa-se com humor que Bernanos, absorvido em suas preocupações sobretudo relacionadas com a guerra, não se empenhara em revisá-lo com eficácia, respondendo às questões do editor Charles Ofaire, no Rio de Janeiro: "Mettez ce que vous voudrez".

[18] Augusto, Sérgio. "Um destino indeterminado", Suplemento Cultural "Mais", *Folha de S.Paulo*, 4 junho 1995, p. 5.

[19] Álvaro Lins ainda escreveria em seu depoimento, "Bernanos, o Brasil e a Inglaterra" (*Bernanos no Brasil*, p. 99-100), em 1942: "Ora, o que Bernanos deseja é um mundo organizado em conformidade com os princípios cristãos; mas não aqueles que já se acham poluídos pelos arranjos diplomáticos da Santa Sé e pelo oficialismo religioso do Vaticano. Estamos, por conseqüência, ante um possível ideal histórico, somente parecendo utópico em face das condições do mundo moderno".

[20] Cf. Max Milner. *Georges Bernanos*, p. 293-4.

[21] V. "Romance católico: o das oposições", em *O relógio e o quadrante*. Rio de Janeiro: Civilização Brasileira, 1964, p. 101.

[22] R. M. Albérès em *Histoire du roman moderne* (Paris: Albin Michel, 1962), no capítulo XIV, "Le roman dostoïevskien", p. 265-92, ao abordar o aspecto do "excessivo", da incongruência, dos gestos impregnados de ilogismo das criaturas que habitam o espaço romanesco do autor russo, refere-se com ênfase à narrativa dos escritores católicos franceses acima mencionados. E deles, Mauriac, Green e Bernanos, este último seria o verdadeiro sucessor de Dostoievski, "successeur involontaire en grande partie: avait-il tellement lu Dostoïevsky même...? Le monde de Dostoievsky était exubérant, nerveux, changeant; celui de Bernanos reste noyé dans l'ombre, prêtres à mi-chemin entre la folie et la sainteté, femmes névrosées, fillettes maudites comme les deux Mouchettes... Mais on y éprouve le même vertige".

[23] "Bernanos", in *Anteu e a crítica*.

[24] Op. cit., p. 94.

[25] "Paixão dos valores", in *Brigada ligeira*, p. 110-1.

[26] Ler os textos respectivos de Sandra Nitrini e de Maria Cecília de Moraes Pinto, a respeito da recepção crítica da obra bernanosiana e da visão apocalíptica do romancista em *Sous le soleil de satan*, "Bernanos no Brasil" e "Vomitar os mornos". Ambos publicados no Suplemento Cultural, numa edição especial, da *Folha de S.Paulo*, em dezembro de 1987, época próxima à comemoração do centenário do nascimento de Georges Bernanos (20 de fevereiro de 1888). Nesta referida edição, destaca-se ainda o artigo de André Parente, de modo significativo intitulado "Modelos de vozes brancas", focalizando os filmes de Robert Bresson, baseados em Bernanos, *Le journal d'un curé de campagne* (1951) e *Mouchette* (1967), aqui já mencionados, revelando a estética original e inovadora do cineasta — assim, os atores (de modo geral não profissionais) interpretando o texto de maneira não convencional, num tom monocórdio, quase sem inflexões, especialmente em *Diário de um pároco de aldeia*. Aliás, André Parente observa, comparando o talento de Bresson ao de Bernanos: "o temperamento de Bernanos, seu universo quase sobrenatural onde dominam a profusão de imagens, a magia do verbo, o sarcasmo e o tom polêmico dos sentimentos, está mais próximo de um Dostoievski e de um Léon Bloy do que do universo de Bresson, aparentemente carregado de classicismo e do repúdio aos efeitos expressionistas".

[27] Op. cit., p. 117.

[28] *Diário crítico IV*, p. 84.

[29] *Diário crítico II*, p. 77. Ainda prossegue Sérgio Milliet: "Honra, lealdade e boa fé, eis Péguy

nas suas supremas virtudes; e eis também o que descubro sempre em Bernanos, mesmo naquelas páginas que me chocam pelas convicções contrárias às minhas".

[30] In *Meio século de presença literária.* Rio de Janeiro: José Olympio, 1969.

[31] Op. cit., p. 89.

[32] A "delação" provocando a degenerescência da sociedade lembra-nos o filme *Le corbeau,* de Henri-Georges Clouzot, realizado em 1943, na França, durante o governo de Vichy, tornando-se fortemente polêmico na época da Libertação: tratava-se de um filme colaboracionista, produzido por uma firma alemã, ou ao contrário, um filme que denunciaria de modo metafórico a ocupação do país?

[33] Alberto Dines, em *Morte no paraíso* (Rio de Janeiro: Nova Fronteira, 1981), utilizando o depoimento de Geraldo França Lima (H. Sarrasin. *Bernanos no Brasil*), comenta, p. 358: "Zweig e Bernanos — duas figuras, dois modelos. [...] Bernanos monarquista, nacionalista exaltado, anticlerical, cristão fundamentalista, polemista, anticosmopolita, aleijado, sempre montado no cavalo que ganhara de Oswaldo Aranha, cheio de filhos, amigos e problemas, piedoso e explosivo, incansável lutador. Zweig, o manso". E numa nota: "Impossível situar a data desse encontro. Geraldo França de Lima, testemunha única e narrador, situa-o perto do desenlace, pois tão logo Bernanos soube do suicídio ficou muito chocado, comentando o fato com ele".

[34] *Le chemin de la Croix-des-Âmes,* p. 513.

[35] Ibidem, p. 194-5.

INTERMEDIAÇÃO CULTURAL

Luiz Dantas

LETRAS BRASILEIRAS NA
REVUE DES DEUX MONDES

> "Comme les rayons réfractés par l'atmosphère dissipent peu à peu les ténèbres de la nuit et annoncent le lever de l'astre caché encore sous l'horizon, l'Art annonce le lever de la science dont il est l'éclatante aurore. Car tout se tient, tout s'enchaîne: aucun progrès ne s'opère brusquement, ne s'accomplit dans une sphère isolée."
> F. LAMENNAIS, *De l'art et du beau*

> "Como era preciso impressionar bem aos homens sérios, assinava a *Revista dos Dois Mundos*. Toda a importância do Saraiva na Monarquia viera apenas disso. Lia os títulos dos artigos, mas não se esquecia de cortar cuidadosamente as páginas: examinava sempre se alguma não lhe escapara. E exibia-lhe a capa salmão nos bondes, na Câmara, na Rua do Ouvidor, sobre a mesa do escritório."
> AFRÂNIO PEIXOTO, *A esfinge*

A PASSAGEM DO SINGULAR AO UNIVERSAL

A PRIMITIVA CAPA DA *Revue des Deux Mondes*[1], nas edições de 1831, trazia uma vinheta de intenções alegóricas, representando uma cena americana. No recanto de uma beira-mar não localizável com exatidão, tendo ao fundo uma embarcação ancorada e de velas arriadas, duas mulheres, no frescor da idade, trocam olhares e gestos graciosos de cordialidade. A moça que acaba de aportar, européia, vestida à moda medieval, de pé à esquerda, mostra gravados num tronco de árvore uma lista de nomes ilustres. A selvagem, recostada discretamente à direita, resguardada só por um ligeiro cinto de penas, estende à recém-chegada um ramo. Cercam igualmente a selvagem algumas inscrições, embora em número restrito, num jogo simétrico de atributos intelectuais. De alto a baixo, as inscrições do tronco de árvore relacionam Homero, e em seguida, separados por um pequeno traço, Dante, o pintor Cimabue e o cronista Jean Froissart; novo traço, Goethe, Chateaubriand e Byron, por último enfim, também separados, embora dispostos ligeiramente abaixo, Cuvier e Humboldt, os cientistas classificadores dos seres animados e das línguas. As divisões, portanto, servem a ordenar os grandes períodos históricos: a Antiguidade, a Idade Média, e a época contemporânea, omitidas — *romantisme oblige*— a era clássica e as Luzes, evidentemente. Aos pés da jovem européia, também está aberta uma carta marítima com o nome de Vasco da Gama, e um volume identificado apenas pelo autor: Camões. A seu turno, cercam a jovem indígena as inscrições Cristóvão Colombo, gravada na raiz da árvore sobre a qual está sentada, e mais ao alto, em destaque, na face de alguma pedra, Benjamim Franklin.

A vinheta, que permite explicitar de entrada os dois mundos do título do periódico, parece remeter sobretudo a um balanço e a uma dinâmica civilizatórios. Os horizontes abertos pelas sucessivas epopéias descobridoras revelaram e puseram em contato sociedades em estágios diferentes de desenvolvimento. A imagem descrita contabiliza, lado a lado, a soma das grandes produções do espírito. Apesar da desigualdade patente das contribuições, parece particularmente notável a própria idéia do processo de emulação instaurado. O nome de Benjamim Franklin, o único elencado propriamente do lado selvagem, ao ombrear os ilustres, pressupõe, portanto, um resultado que independe de origens exóticas ou recentes; pressupõe também um reconhecimento em sentido inverso, uma comunicação. O barco fundeado da imagem, com o seu rico carregamento civilizatório, acena então à América incipiente com a possibilidade da viagem de volta; dos dois lados, lá e cá, um prometido intercâmbio dessas riquezas, convertíveis, perenes, reconhecidas, a aumentar o patrimônio comum.

As perspectivas proporcionadas pela História e os largos horizontes geográficos que a navegação exploratória abriu permitem que se conceba semelhante dimensão, atravessada magnificamente pela linha ininterrupta e otimista do progresso dos povos. Sobre o movimento, por conseguinte, e a mudança de estado, repousaria a concepção de civilização expressa na linguagem cifrada da alegoria, prometendo antecipadamente para o rochedo americano, até então liso de inscrições apostas, um devir prestigioso[2]. Os grandes vultos relacionados na imagem revestem-se, de mais a mais, de um papel indiciário: a atividade individual seria o prenúncio ou a tradução das modificações ocorridas no âmbito mais vasto da vida coletiva. Se no aperfeiçoamento da vida civil, etimologicamente, é que repousa a noção de civilização, a ênfase aqui é colocada com bem mais vigor nos expoentes que a revelam, dado, com certeza, o papel condutor e precursor atribuído aos grandes homens pelas crenças do tempo. Informação suplementar, as efetivas realizações científicas são percebidas como fenômeno tardio em relação com as realizações artísticas, como se estas, assim como os gênios profetizadores, as precedessem ou anunciassem de longa data.

A despeito da proveniência do periódico, dificilmente a vinheta poderia ser compreendida só como uma explícita apologia da cultura francesa, ou instrumento subliminar de seu *rayonnement* e conquista. Nos nomes citados, a diversidade das origens nacionais, de uma heterogeneidade toda premeditada, os distantes horizontes culturais e históricos envolvidos descobrem intenções menos exclusivas, questões de alcance mais geral. Chama a atenção, em especial, a irredutível individualidade desses heróis do espírito humano, a sua particularidade e concretude, o que tornaria inviável um padrão civilizatório único. Clamam neles o solo natal e uma época. Aliás, esses modelos trazidos do passado são romanticamente aqueles que impossibilitam qualquer retomada ou imitação: não estão fixados numa suposta perfeição marmórea e intemporal, mas, pelo contrário, reconhecem-se neles algo da ganga das origens, carregam o sotaque indisfarçável da própria língua e da pátria, Homero, Dante, o mundo medieval, Camões.

Os critérios de valor que garantem, portanto, a composição desse panteão espiritual dependem de um raciocínio de natureza comparativa, e não os fixados uma vez por todas. Os casos permanecem irredutíveis; o todo, ou o plano propriamente universal, seria algo como uma ampliação de singularidades. Porém, estamos longe tampouco de um isolamento voluntário das culturas, de um fechamento estrito no interior de limites ou fronteiras. Não é uma concepção que se contente com o registro das particularidades, apenas. A questão que parece estar colocada é a da comunicação, uma dinâmica, um movimento de passagem desse singular a um universal. Lembremos de novo: as figuras alegóricas da européia e da selvagem, embora se identifiquem com nitidez enquanto tais, entabulam um diálogo, estão empenhadas numa mesma causa que contempla o porvir. Se a alegoria encarregou-se de suprimir as referências ao classicismo, é por que se recusam os critérios submetidos a regras de organização uniformes. A vinheta, pelo contrário, evoca um deslocamento ocorrido em mais de um plano: primeiramente, confrontando o passado e o presente, embora não numa relação imitativa de modelos prestigiosos; a seguir, no ir e vir geográfico, em que os nomes não dissimulam as variadas origens, nem se substituem, mas comparam-se. Permanecem patentes sempre as condições que lhes conferiram originalidade, tornando-os propriamente inimitáveis, embora todos eles essenciais. Nem particularismos isolados, nem universalismo abstrato: a vigorosa linha de progresso que parece agregar os nomes ilustres, como se fossem sucessivos momentos dentro de uma única série voltada para o futuro, não passa por nenhum dos dois extremos. A dinâmica consiste no reconhecimento de cada um naquilo que possui de próprio. Necessariamente, como nenhum deles preenche o espaço absoluto da condição de modelo universal, os limites ou insuficiências próprios da condição singular engendram uma contínua ampliação e enriquecimento do quadro geral. O arsenal das disciplinas que emergiram com o romantismo teve como propósito, precisamente, dar conta desse material bruto e singular trazido à superfície por estes e outros tantos componentes do panteão, passível de outras transformações, seja dentro da mesma cultura, seja por intercâmbio, instaurando uma nova e promissora dinâmica de perfectibilidade[3].

A INSCRIÇÃO DO BRASIL NA *REVUE DES DEUX MONDES*

Acompanhados por um comparecimento regular no índice de matérias, desde o número inicial da publicação, em agosto de 1829, dois estudos substanciais foram consagrados ao nosso país pela *Revue des Deux Mondes* em meados do século passado: "O Império do Brasil e a sociedade brasileira em 1850", assinado por Émile Adêt, e "O Brasil em 1858 sob o imperador D. Pedro II" de Pereira da Silva[4]. Com efeito, a multiplicação dos textos sobre o Brasil permitiu atualizar, pelo século afora, a informação dos leitores assinantes. Os artigos mencionados possuem, como outros da série, um caráter voluntariamente enciclopédico: dados básicos sobre a geografia e a língua, situação geral da sociedade, costumes, perspectivas. Matéria heterogênea quanto às disciplinas de conhecimento mobilizadas, embora muito plástica de forma, capaz de incorporar num todo, conseqüentemente, as estatísticas, a descrição informativa e literária das paisagens, reminiscências e experiências pessoais, o exemplo histórico, coisas vistas e lidas.

As súmulas de Émile Adêt e Pereira da Silva, no entanto, merecem consideração à parte por conterem excepcionalmente no âmbito da *Revue* uma menção às nossas letras. Os artigos, de modo significativo, são contemporâneos da antologia interpretativa de Varnhagen, o *Florilégio* editado em Lisboa entre 1850 e 1853, ou ainda da empreitada de Ferdinand Wolf na sua edição berlinense do *Le Brésil Littéraire*, de 1863.

ÉMILE ADÊT, DEFENSOR E LEGITIMADOR

Émile Adêt[5] e Pereira da Silva colaboraram na *Revue des Deux Mondes* em circunstâncias bastante particulares, o que convida a repor, desde já, como terreno de entendimento dessas referências literárias, o seu invólucro.

A reivindicação de autoridade do jornalista francês, apresentada a título de preâmbulo de suas considerações sobre o Brasil na *Revue*, repousa no prestígio sempre fresco da coisa vista e vivida, acrescido das virtudes algo mais raras de um longo convívio. De entrada, contrapõe-se também em seu artigo uma figura adversa e não particularizada, a da testemunha ocular superficial, tanto mais detestável quanto passível de indistinção: "Os viajantes franceses que percorreram o Brasil, após longos intervalos de tempo, poderiam observar então, durante poucos meses, senão de modo superficial e nem sempre sem má vontade, uma sociedade que se esquiva ciosamente de sua curiosidade? Não, sem dúvida, e como espantar-se que julguem severamente um país onde o estrangeiro só vê caírem as barreiras que o separam das famílias após muitos anos de permanência, impedindo-o de penetrar na intimidade dos habitantes? Cabe àquele que pôde vencer tantos obstáculos, multiplicados por uma desconfiança talvez legítima, a tentativa de revelar um mundo tão pouco acessível e, entretanto, tão digno de atenção"[6].

Suzannet, a nossa civilização sob suspeita

Émile Adêt, por detrás da generalização, visava de modo velado, embora suficientemente enérgico, um colaborador anterior da *Revue des Deux Mondes*, o conde Suzannet, também autor de um longo artigo na década finda sobre o nosso país[7]. Suzannet, cujas observações eram de molde a ferir os brios brasileiros, provocou viva reação de protesto, manifestado em particular pelos colaboradores da *Minerva Brasiliense*[8]. Émile Adêt, ligado ao país por mais de um laço, prometeu enviar à *Revue* notícias sobre o Brasil, tratadas mais "filosoficamente".

Suzannet, partindo do Rio de Janeiro, havia empreendido uma viagem solitária pelas antigas regiões auríferas e históricas de Minas, descera parcialmente o São Francisco, rematando na Bahia o seu percurso. O artigo assinado por ele na *Revue*, que integraria um livro posterior[9], segue naturalmente as peripécias da viagem e as considerações que as etapas ensejaram. Apesar do empirismo reivindicado por ambos, entre Suzannet e Adêt existe todavia uma diferença apreciável pelo caráter eminentemente sedentário do texto de Adêt, já evidenciado nas próprias considerações iniciais citadas. Enquanto o conde retira dos atropelos e surpresas da deambulação a substância de seu juízo, o jornalista dispõe dos benefícios de um aprendizado que se realizou por longa sedimentação, que permite a ele, por conseguinte, acompanhar temporalmente uma evolução, ao passo que as impressões do conde fixam um conjunto de impressões instantâneas. Dois gêneros, por conseguinte, sob a aparência de identidade, cada um deles com aptidões distintas, irão debater uma mesma questão.

Inútil lembrar que coube ao jornalista a tarefa de refletir sobre a literatura pátria, revestida do devido e considerável papel de índice civilizatório, argumento decisivo nessa tarefa de reinstauração da pretendida verdade dos fatos, enquanto que a única referência feita à nossa vida literária, por Suzannet, diz respeito a uma tosca representação teatral: "À noite [2 de dezembro de 1842, aniversário do imperador, em Ouro Preto], havia grande espetáculo; o retrato do imperador foi colocado no palco, cantaram duas estrofes: três vivas foram repetidos pela assistência, cujo sinal foi dado pelo presidente [da província]. Uma vez retirado do palco o retrato, o imperador foi esquecido para que pudessem se ocupar da peça, cujos papéis, todos, mesmo os das mulheres, eram representados por oficiais e soldados. Uma má tradução de *Inês de Castro*(?!) compunha o espetáculo. Os atores, traídos pela memória, interrompiam-se muitas vezes no meio das réplicas mais belas. A sala era pequena e baixa; havia não mais que uma ou duas mulheres realmente bonitas; as demais, contaram-me, a chuva espantou. Depois de permanecer alguns instantes na sala, fiquei feliz em deixar o drama concluir-se sem mim"[10]. A partir da citação, patenteiam-se duas vocações nesses textos de gênero diverso: enquanto Émile Adêt conceberá um quadro coerente, ainda que sumário, de tendências e obras de nossa literatura, o conde Suzannet, no atropelo das condições concretas, em que suas frustrações e desenvoltura estorvam o juízo equilibrado, restituirá entretanto uma vivíssima prática, desembaraçada dos belos sistemas e da necessidade de decoro, somando à coisa documentada, além disso, um observador em toda a sua insolente parcialidade. Convém esclarecer, não se trata de atribuir ao relato de viagem uma maior veracidade ou peso informativo, em oposição ao raciocínio enciclopédico e dissertativo, caracterizador dos textos de Émile Adêt e Pereira da Silva, hipoteticamente mais falseadores dos fatos. Tampouco, por suspeita de inautenticidade, iremos descartar igualmente a todos, posicionando-nos em nome de uma outra história, que poderia ter sido e não foi, e para qual a qual uma outra vinheta alegórica pudesse ser imaginada, livre dos navios europeus e da visita de damas saturadas de cultura. Essa operação mental abstrata, ou nostalgia de um possível, que temos grande dificuldade em instaurar como método, suporia uma realidade, no caso a brasileira, para além das formas de sua representação. Os relatos, assim vistos, independentemente de suas diferenças, constituiriam filtros ou espelhos deformadores, em particular por não pertencerem supostamente à realidade representada. Pelo contrário, o que se pode conceber como a veracidade desses artigos, antagônicos e parciais, provém de uma capacidade comum de instaurar plenamente toda a complexidade do debate e seus atores, sem omitir a presença mais importante porventura, a do próprio Brasil. Parece claro, com efeito, que nessas páginas da *Revue des Deux Mondes* o que se desenrola é uma discussão eminentemente nacional.

A AMEAÇA VIAJANTE

Lembremos, num parênteses, as conhecidas comissões encarregadas pelo Instituto Histórico e Geográfico Brasileiro de verificar a exatidão dos relatos dos viajantes, especialmente um notável parecer sobre as pranchas do *Voyage pittoresque et historique au Brésil* de Jean-Baptiste Debret[11]. O incidente dá a exata medida da considerável autoridade atribuída a esse gênero informativo e aos testemunhos estrangeiros, justificando ao mesmo tempo a preocupação zelosa em retocar as imagens desfavoráveis ou defeituosas. Por outro lado, a relação com a literatura de viagem e suas ilustrações, por parte dos próprios brasileiros, não pode ser compreendida, apenas, como a do encontro satisfeito da própria imagem no retrato concebido pelo europeu, ou a da incapacidade de formular a própria e autêntica representação[12]. Estamos, pelo contrário, em face de uma intervenção plena e consciente, e de um forte ato político no interior de uma concepção precisa (sobre a qual, sem dúvida, poderiam recair as nossas discussões) sobre os destinos da nação.

Prolonga o parêntese um fato suplementar e curioso na série inesgotável de retratos brasileiros e de suas erratas; o artigo de Émile Adêt reserva, apesar do propósito restaurador confessado, um pequeno lugar para ressalvas. O jornalista lamenta o uso indevido feito pelas brasileiras do recinto religioso: "Podemos vê-las quando trocam demorados e cálidos olhares com os rapazes que passam e repassam, ou param ainda, podendo então melhor continuar o jogo durante todo o ofício. Com certeza a escolha do local é imprópria para armar esses namoros; transformar a morada de Deus em sucursal da Ópera é profanação; todavia, convém acrescentar que em geral o mal não é tão grande quanto o prelúdio permitiria supor. Tais namoros são esboçados apenas para satisfazer alguma necessidade passageira do coração, e se acaso um sentimento mais sério vier se juntar a eles, é por um virtuoso matrimônio que se concluem"[13]. O comportamento descrito (herdeiro talvez de formas de sociabilidade e vida religiosa do período colonial) provocará na pedagoga e feminista brasileira Nísia Floresta pronta reação: "Lemos estas linhas em Paris, quando com mais indulgência analisávamos outras repreensíveis faltas dos franceses, mais dignas de censura desse escritor, pois que são cometidas por um velho povo que tantos séculos conta de civilização. Não obstante reconhecermos que uma parte dos brasileiros merece aquela censura, todavia muito nos revoltou ela, porquanto a nacionalidade de um coração patriótico nunca tão altamente se revela como quando sente ele, em país estrangeiro, ferir ou humilhar o seu próprio país"[14].

O RIO DE JANEIRO, CENTRO E PARADIGMA

Se o itinerário do conde Suzannet, errático, coincidiu com o dos caminhos brasileiros disponíveis, alguns batidos, como os percorridos pelas tropas que embarcavam no Porto da Estrela em direção de Minas, outros menos freqüentados, Émile Adêt raciocina a partir do centro estável de uma curiosa geografia ideal. A capital do império, ponto eqüidistante dos extremos, tem como elemento de comparação a própria língua nacional e as suas modalidades: "O português é a única lingua falada de uma fronteira à outra do império. Porém, a comunidade de língua não apaga as notáveis diferenças observáveis entre os diversos elementos da sociedade brasileira. Ao sul do Rio de Janeiro, encontramos nas províncias do Rio Grande do Sul e de São Paulo populações algo herdeiras do espírito belicoso dos primeiros colonos europeus. Estas populações passam pelas mais agitadas do Brasil. Ao norte da capital, os habitantes da província de Minas lembram as raças corajosas do Rio Grande do Sul; enérgicos e robustos, consagram-se à criação do gado. Os pernambucanos têm gênio muito imprevisível, meigos, afáveis e prestativos, porém em questão de honra excessivamente suscetíveis; o espírito revolucionário freqüentemente os domina e confunde em demasia. Entre os povos da Bahia e Maranhão, mais vizinhos da linha equinocial, a indolência do crioulo é compensada por favoráveis faculdades de aplicação, atestadas por progressos lentos, porém seguros, no domínio dos trabalhos intelectuais. No Rio, todas as nuanças misturam-se, confundem-se um pouco e o caráter nacional prevalece acima das diferenças provinciais"[15].

O Rio de Janeiro, por conseguinte, permite que seja superado o plano da estrita singularidade, no caso, provinciana, para que se constitua o plano nacional. Note-se o quanto os particularismos das várias províncias parecem encerrados dentro dos seus limites geográficos, permanecendo fatalmente imóveis; eles representam, confinados em seu isolamento, as carências a serem compensadas no plano nacional, este sim, portador de uma dinâmica transformadora. Também, da mesma forma que no raciocínio inicialmente descrito, o dado bruto das singularidades não será aqui desvalorizado em função de padrões gerais e definitivamente fixados. Pelo contrário, o que se reitera é a não-ruptura do contato com aquilo que é particular, específico e elemento da própria identidade, embora as leis próprias dessa dinâmica impliquem um outro movimento, ascensional e progressista. Não será estranho, portanto, que Émile Adêt, logo adiante, possa concluir: "No Rio de Janeiro, sobretudo, é que podemos observar os brasileiros em sua vida tanto privada quanto pública"[16], demovendo o leitor de uma indiscriminada *invitation au voyage,* ou melhor, concentrando à roda da capital e ao alcance da mão as suas promessas. Tampouco parecerá estranho que o conde Suzannet, já imediatamente desdenhoso diante dos decantados esplendores da baía de Guanabara, tenha preferido embrenhar-se de pronto, só encontrando o verdadeiro eldorado no remate de sua peregrinação, Salvador da Bahia.

A capital geográfica e política, na concepção formulada por Adêt, tem na pessoa do imperador e das instituições que dele emanam o supremo foco dessa força centrípeta: estabelecimentos de utilidade pública, escolas superiores, bibliotecas, o jardim botânico e o museu de história natural. Tanto as coleções deste, em grande parte provenientes do gabinete pessoal do imperador, em particular os peixes fossilizados, quanto a biblioteca nacional, que "[...] comunica com o palácio do chefe de estado", e onde se encontra "com muita freqüência o jovem imperador, que dá assim ao seu povo o exemplo de um gosto pelos estudos sérios cada vez mais geral no Brasil"[17], indicam com a precisão desejada, inclusive por essa nobre promiscuidade dos aposentos públicos, o seu papel insofismável de paradigma, em muito semelhante ao dos nomes inscritos na vinheta francesa.

O gênero praticado pelo conde Suzannet permitia-lhe o registro da coisa vista, em seu instantâneo. Gênero potencialmente incômodo, por conduzir um indiscreto e impiedoso esquadrinhamento da vida pública, através dos rincões que a boa disposição do viajante permitisse percorrer. Gênero exuberante e muito povoado, sensorial. Émile Adêt e Pereira da Silva utilizam um outro instrumento de compreensão para responder ao relato do conde. A dissertação enciclopédica, ao cotejarmos os dois gêneros, revela-se mais bem adaptada para a percepção das linhas de evolução, cobrindo uma cronologia mais distendida, percebendo o que se furta ao olhar, compilando dados, freqüentando. Pereira da Silva, por sinal, em seu artigo, utiliza apenas os sucessivos orçamentos de Estado para entender a realidade do país. A dissertação enciclopédica, em compensação, tende à rarefação, provoca o desvanescimento das cores, sons e emanações, embora seja capaz de minimizar os males constatados e as frustrações com a perspectiva de um futuro remédio, mais bem apropriada que está a conceber os fluxos otimistas, não visíveis, e a luz do porvir.

A INSCRIÇÃO DOS BRASILEIROS ILUSTRES

A apresentação da literatura nacional de Émile Adêt que se segue, em toda a sua extensão, poderá ser entendida nesse panorama. Ela abre-se sob o signo do movimento e da marcha, juntando os primeiros capítulos de uma antologia, já uma tentativa de inscrever o nome dos brasileiros ilustres:

> "Se a sociedade brasileira continuar caminhando por esta trilha, guiada por um príncipe esclarecido, é possível esperar que em breve ocupe o primeiro lugar entre as sociedades jovens da América do Sul. A história literária do país conta já algumas páginas que mereceriam ser recolhidas e, se as relações do antigo continente com o império de Dom Pedro fossem mais freqüentes, o Brasil não tardaria a se libertar da influência do gênio português, que ainda se reflete com intensidade em sua literatura. Filha modesta da poesia portuguesa, a poesia brasileira atravessou o século XVIII sem se inspirar da natureza magnífica das regiões transatlânticas. Se excetuarmos alguns poemas religiosos, as produções brasileiras formaram durante muito tempo um ramo, apenas, bastante pobre da literatura

portuguesa. Desde a independência, a musa brasileira busca enfim a originalidade, encontrando-a por vezes; embora, é preciso dizê-lo, ela escape no mais das vezes da imitação dos escritores portugueses para pagar então tributo à França e à Inglaterra. Assim é que na coletânea lírica de um poeta brasileiro hoje muito reputado, o sr. Magalhães, a nossa literatura francesa contemporânea poderia reivindicar numerosos empréstimos. Um outro poeta, o sr. Teixeira Souza, inspira-se em Lamartine e junta às tendências sonhadores do vate das *Méditations* alguns reflexos da misantropia byroniana. Em face dessas obras de imitação, se quiséssemos colocar as obras originais, seria mister nomear os srs. Gonçalves Dias e Silveira Sousa que, por vezes, encontraram acentos marcados por uma melancolia, por um langor em que reconhecemos a suavidade do céu brasileiro, e o sr. Norberto, que aplica o modelo da balada para descrever os belos campos e os costumes poéticos de sua pátria. O mais independente, o mais notável dos poetas brasileiros é, sem contradição, o sr. Araújo Porto-Alegre. Em suas poesias, pouco numerosas infelizmente, embora todas inspiradas em temas extraídos da história nacional, notamos um brilho, uma riqueza de imagens que lembram a abundância esplêndida da poesia oriental. Na poesia dramática, o gênio da nação brasileira parece menos à vontade. Um poeta já nomeado, o sr. Magalhães, escreveu porém várias tragédias, *O poeta e a Inquisição, Olgiato, Sócrates,* onde a forma antiga, ao aliar-se com o gosto moderno, lembra a feitura harmoniosa de Casimir Delavigne. Um outro poeta, o sr. Sousa Silva, é o autor de uma tragédia, *Romeu e Julieta,* onde mostrou uma viva inteligência da obra-prima de Shakespeare. Enquanto verdadeiros descendentes de Camões, os brasileiros todavia preferem a epopéia ao drama. O sr. Gonçalves Teixeira representa com distinção esta tendência do gênio nacional. Escreveu um poema brilhante sobre a *Independência do Brasil,* um outro sobre *Os índios,* onde se nota um nobre sentimento das harmonias e dos esplendores da natureza americana. Pela organização e flexibilidade de seu ritmo, o sr. Teixeira lembra o poeta português Bocage; por suas imagens, Chateaubriand, que ele transformou em leitura favorita; por seu caráter geral enfim, e por sua forma sarcástica, lord Byron, o vate imortal de *Don Juan.*

"Não é sem intenções que insistimos neste movimento, nestas primeiras tentativas de uma literatura jovem. Existe aí um traço característico que não deve ser omitido na fisionomia moral de uma das sociedades mais interessantes da América do Sul. No Brasil, é quase um dever para qualquer jovem que entra na vida, preludiar com a poesia a prática dos negócios; aí também, porém, a literatura não é jamais, digamos de imediato, uma carreira, uma profissão, como entre nós. Assim, o brasileiro raramente permanece fiel ao culto das musas; a literatura nesse país é apenas um semeadouro de diplomatas, de homens de Estado e de funcionários públicos. Entre os ministros, embaixadores, senadores e deputados mais notáveis, poucos são os que não tentaram a poesia. Quanto aos estudos históricos e geográficos, contam ainda poucos adeptos no Brasil. Com exceção de algumas histórias parciais das províncias, tais como a do sr. visconde de São Leopoldo, podemos citar apenas, nestes últimos dez anos, o *Plutarco brasileiro,* do sr. Pereira da Silva, o *Dicionário geográfico do Brasil,* dos srs. Lopes de Moura e Milliet, e sobretudo a obra lenta, porém curiosa, do *Instituto Histórico e Geográfico* do Rio de Janeiro, que conta em seu seio o que há de mais ilustre e instruído no Brasil; esta grande associação recolhe e imprime por sua própria conta, numa *Revista* trimestral, todo o material antigo e moderno que servirá um dia a contar a história completa do império.

"Como se vê, estes índices de atividade intelectual fazem com que se tenha confiança no futuro do Brasil. Os habitantes do grande país começam a compreender que não é o contínuo choque das revoluções que favorece o progresso, e aderem em geral às opiniões sábias e liberais de Dom Pedro II. Neste império, a política tem assim ares mais calmos do que aqueles que mostram geralmente os demais estados da América meridional, onde todas as ambições rivais lutam entre si sem cessar. Se as facções, arrastadas por um pendor fatal durante muito tempo no Novo Mundo, arvoraram facilmente e sem reflexão o estandarte da revolta, graças aos céus, o mesmo hoje não acontece, no Brasil sobretudo. Os interesses individuais começam a se agrupar em torno do chefe de Estado, e o amor da pátria enraíza-se cada vez mais vigorosamente no coração das populações. Os ódios que insuflavam vingança entre os compatriotas apagam-se à medida em que a instrução pública penetra até o fundo das províncias. Os partidos, mais esclarecidos, têm princípios mais definidos, declarados, cuja convicção triunfa apenas através dos meios legais. O Brasil ama e compreende as suas instituições, e o governo do império encontra-se em presença de um movimento de progresso que facilita de maneira singular a sua tarefa, como nos convenceremos, ao menos na esfera puramente moral e política."[18]

Notas

[1] Com publicação ininterrupta, de 1829 aos dias de hoje, a *Revue des Deux Mondes* é objeto de uma bibliografia rica. Sublinho, para uma compreensão sobretudo histórica do periódico:

— *Cent ans de vie française à la Revue des Deux Mondes. Le Livre du centenaire.* Revue des Deux Mondes. Paris, 1929, 513 p.

— Charles de Mazade. "Le fondateur de la *Revue des Deux Mondes* — François Buloz", in *Revue des Deux Mondes,* tomo XXI, 1.º de junho de 1877, p. 481-512.

— Henri Blaze de Bury. "Mes souvenirs de la *Revue des Deux Mondes*", in *Revue Internationale.* Roma, 1888, tomo XVII, p. 5-37, e XVIII, p. 7-33, 197-209, 437-453.

— Nelly Furman. *La* Revue des Deux Mondes *et le Romantisme (1831-1848).* Genebra: Librairie Droz, 1975, 167 p.

— Gabriel de Broglie. *Histoire politique de la* Revue des Deux Mondes *(de 1829 à 1979).* Paris: Librairie Académique Perrin, 1979, 381 p.

2   A interpretação da vinheta tomou como inspiração geral, de modo voluntário, as concepções formuladas contemporaneamente por Guizot, na *Histoire de la civilisation en Europe.* Com efeito, parecem adequar-se bem ao espírito dos dois artigos examinados. Para efeito de contraste, poderíamos lembrar o quanto outras posições ulteriores sobre a matéria, radicalmente opostas (em Gobineau, por exemplo, no *Essai sur l'inégalité des races humaines* — 1853 a 1855, ou ainda em Buckle, na *História da civilização na Inglaterra* — 1857 a 1861), acentuarim, ambas, as cores da fatalidade e o peso invencível das origens, embaraçando com a rede determinista as possibilidades de qualquer dinâmica aperfeiçoadora.

3   Sobre a questão, leia-se o capítulo "Culture nationale et culture universelle" do estudo que Pierre Macherey consagrou a Mme de Staël, in *A quoi pense la littérature?* Paris: PUF, 1990, p. 17-37.

4   Émile Adêt. "L'empire du Brésil et la société brésilienne en 1850", in *Revue des Deux Mondes,* primeiro de março de 1851, p. 1028-48; e Pereira da Silva. "Le Brésil en 1858 sous l'empereur D. Pedro II", ibidem, 15 de abril de 1858, p. 791-834. Este último teve tradução contemporânea entre nós. Cf. J. M. Pereira da Silva. "O Brasil no reinado do Sr. D. Pedro II — escrito na língua francesa e publicado na *Revue des Deux Mondes* de 15 de abril de 1858", trad. M., in *Escritos políticos e discursos parlamentares.* Rio de Janeiro: Livr. B. L. Garnier, 1862, p. 3-85. Ambos os artigos serão citados em português, utilizando-se a tradução já existente do texto de Pereira da Silva, e uma tradução minha de Émile Adêt. Este, tanto pela maior extensão das considerações sobre a história literária brasileira, quanto por preceder de quase uma década o artigo de Pereira da Silva, será privilegiado na análise.

5   Uma extensa nota necrológica assinada por Joaquim Manuel de Macedo, publicada em 1867 na *Revista do Instituto Histórico,* permite retraçar de forma razoavelmente completa as atividades de Émile Adêt em nosso país. É igualmente possível, através dela, compreender algumas circunstâncias de sua atuação junto à *Revue des Deux Mondes.* Transcrevo um longo excerto, onde aparecem amalgamadas as atividades literárias e científicas do jornalista:

"[...] Emílio Adêt nasceu em Paris e em Paris seguiu o curso de bacharel em letras; tinha porém nascido para o Brasil, e ainda jovem passou o Atlântico e viveu alguns anos no Rio de Janeiro; a imprensa foi o seu amor da primeira mocidade, amor que conservou cada dia mais vivo até chegar ao marco extremo da sua carreira na terra. Verde em anos e já muito versado em literatura, escrevendo com facilidade e elegância, colaborou nesta cidade em diversas revistas e publicações literárias, pertencendo ao círculo esclarecido formado por Januário da Cunha Barbosa, Santiago Nunes Ribeiro, Domingos Magalhães, Sales Torres Homem, Porto-Alegre e poucos mais: bastava tal companhia para testemunho irrecusável do seu merecimento. Era então pobre; mas a ninguém foi pesado: do seu honestíssimo trabalho tirou o pão, sendo revisor do *Jornal do Comércio,* e sempre muito estimado pelo honrado velho Villeneuve.

"[...]. O coração levou Emílio Adêt ao país natal: abraçando porém os amigos que deixava, dizia comovido: «O coração que me leva me diz que hei de voltar: amo o Brasil como segunda pátria».

"Em Paris como no Rio de Janeiro a imprensa lhe deu trabalho e encanto: foi o correspondente da Europa primeiro para o *Correio Oficial,* depois para o *Correio Mercantil;* ampliou com estudo constante os seus conhecimentos, e ainda achou tempo que empregar na colaboração de gazetas políticas.

"Em 1851, realizando a sua previsão, voltou Emílio Adêt para o Brasil expressamente incumbido de tomar parte na redação do *Jornal do Comércio,* e nele redigiu por algum tempo com imparcialidade esmerada os debates do senado.

"[...]. Emílio Adêt era ilustrado, mas modesto: cultivador zeloso das ciências naturais, poucos e só os íntimos amigos lhe conheciam esse pendor, essa predileção, que lhe dava no estudo horas de encantamento. Profundamente conhecedor da literatura, escrevendo em francês lindas poesias, acompanhando de perto o progresso das letras, sua conversação era amena, e na intimidade a modéstia o atraiçoava, e o tesouro da inteligência ostentava sem o pensar suas riquezas.

"Deixou-nos um curioso e muito pensado trabalho sobre o — Cavalo, suas raças, sua criação, seu tratamento. Algumas das idéias nessa obra ensinadas encontram contestação bem ou mal fundadas; mas a importância e o merecimento do livro ninguém até hoje pôs em dúvida. Sem considerá-lo debaixo de outros pontos de vista de máximo interesse econômico e agrícola, olhando-o apenas em suas relações com as tristes exigências da guerra, não pode haver quem desconheça a sua transcendência.

"É certo que na Europa escritores autorizados, generais de nomeada, começaram já a sustentar que a artilharia moderna e as armas de precisão e de tiros por assim dizer instantâneos, anulam nas batalhas a influência da cavalaria; mas nem estes princípios se acham de todo sancionados, nem que o estivessem anulariam completamente a influência belicosa da cavalaria, e na cavalaria o cavalo completa o guerreiro.

"Recentemente prova nós temos: os paraguaios ou por natureza ou por fanatismo são bravos e sabem morrer combatendo; negá-lo seria negar a verdade, e amesquinhar o valor estupendo dos nossos soldados, que os vencem: pois bem: a cavalaria paraguaia mal montada foi, não batida, mas aniquilada pela nossa, que dispunha de bons cavalos: seria em todo caso vencida, pois que encontrava-se no campo com a brilhante e impetuosa cavalaria rio-grandense, que é a melhor do mundo na opinião do primeiro guerrilheiro do século; mas o fato demonstra sempre a necessidade de cuidar do cavalo, e de estorvar a degeneração de suas raças, e portanto demonstra o grande serviço prestado por Emílio Adêt na sua obra científica, mas escrita sem pretensões pedantescas, e suscetível de aproveitar a todos os criadores.

"Se deixamos em Emílio Adêt o homem de letras, encontramo-lo esposo, pai e amigo, tríplice exemplar na tríplice condição: foi o pai que partiu em setembro para França a cuidar na mais esmerada instrução do filho, foi o amigo que dedicado se demorou em Bordéus a velar à cabeceira do ilustre brasileiro ameaçado da morte; e que talvez levasse do leito do doente o gérmem da moléstia que o matou em Paris.

"Emílio Adêt havia nascido para o Brasil, repetimo-lo; e trocou pelo Brasil a pátria do seu berço, naturalizando-se cidadão brasileiro; chora-lo-íamos como nosso irmão pelas letras, choramo-lo duas vezes, porque era também nosso irmão pela pátria.

"S. M. o Imperador honrou a benemerência de Emílio Adêt elevando-o a oficial da imperial ordem da Rosa pelos seus serviços à imprensa: vimos o agraciado ufanoso da honra e ainda mais do motivo declarado.

"Emílio Adêt foi merecida e dignamente agraciado; mas em Emílio Adêt foi também honrada, agraciada a imprensa.

"É bela e entusiasmadora a significação de semelhante ato: só o trono de uma nação livre agracia a imprensa que é sentinela das liberdades públicas. Alce a fronte majestosa a imprensa livre e moralizada, e pregue sãos princípios, e cumpra sua missão! Não seja sol que cresta as plantas pelo fogo excessivo dos seus raios; mas seja fonte de vida e excelso astro de luz, seja a independente e leal aconselhadora e censuradora do governo, a revolucionária pacífica que prepare a solução legal dos problemas sociais ou econômicos implacáveis, e seja a vigilante mantenedora da monarquia constitucional do Brasil, da santa pureza da constituição do Estado, que nos há de salvar do furor das maiores tempestades que possa trazer-nos o futuro" (Joaquim Manuel de Macedo. "Discurso", in *Revista do Instituto Histórico, Geográfico e Etnográfico do Brasil,* 1867, tomo XXX, p. 517-21).

6 Émile Adêt. *RdDM,* op. cit., p. 1082.

7 Louis de Chavagnes, conde de Suzannet. "Le Brésil en 1844". *RdDM,* 1844, tomo 6, p. 66-106, e tomo 7, p. 849-909.

8 Há precisões sobre os desdobramentos da polêmica em Hélio Lopes. *A divisão das águas — contribuição ao estudo das revistas românticas.* São Paulo: Secretaria da Cultura, 1978, p. 289-91, e um apanhado das reações em Maria Helena Rouanet. *Eternamente em berço esplêndido — a fundação de uma literatura nacional.* São Paulo: Siciliano, 1991, p. 124-9. Ao artigo "insultante" do conde Suzannet, Manuel de Araújo Porto-Alegre respondeu igualmente com uma comédia satírica sobre os viajantes, *A estátua amazônica* (1848), analisada por Flora Süssekind em *O Brasil não é longe daqui — o narrador, a viagem.* São Paulo: Companhia das Letras, 1990, p. 50-5.

9 Cf. Suzannet (comte de). *Souvenirs de voyages. Les provinces du Caucase, l'empire du Brésil.* Paris: G.-A. Dentu, 1846, 462 p. Foi a partir da versão publicada em livro que traduziu-se a obra de Suzannet no Brasil. Cf. Suzannet (conde de). *O Brasil em 1845 (semelhanças e diferenças após um século).* Trad. de Márcia de Moura Castro, prefácio de Austregésilo de Athayde. Rio de Janeiro: Livr. Ed. da Casa do Estudante do Brasil, 1954.

10 Cf. Suzannet. *RdDM,* op. cit., p. 87. Sobre o palco brasileiro, Émile Adêt recomenda que o europeu se abstenha de freqüentá-lo, pela vulgaridade e falta de originalidade. O jornalista reserva, no entanto, palavras muito calorosas para a atuação de João Caetano. Cf. Émile Adêt. *RdDM,* op. cit., p. 1084.

11 "A Comissão viu com muita satisfação o elogio que o autor faz aos seus discípulos brasileiros, que fizeram tais progressos em seis anos, que muitos deles foram empregados como professores nas escolas de pintura, e contribuindo por isso para que ele pudesse voltar para a França, a fim de cuidar na impressão da primeira parte da sua obra.

"Igual satisfação experimenta a Comissão, quando o autor diz que o Brasil vai desenvolvendo progressivamente uma civilização que honra muito ao povo que o habita, o qual é dotado das qualidades as mais preciosas.

"[...]. Entre as estampas há três, que, se não fosse a consideração de que em geral o autor faz elogios aos brasileiros, pareceria que ele queria fazer uma verdadeira caricatura. Com efeito, a do empregado público passeando com sua família excita o riso. Ainda que no ano de 1816, em que chegou M. Debret ao Brasil, os costumes não tinham adquirido aquele grau de civilização que hoje tem, contudo não temos lembrança de que os empregados públicos saíssem a passeio, levando suas esposas no último período de gravidez, segundo se vê na estampa. Bom foi que o autor unisse à idéia de empregado à de ser casado, pois que teríamos talvez de ver que ele pintasse as mães, irmãs, ou parentas daqueles indivíduos, como hidrópicas, a quem os médicos aconselhassem o exercício de andar.

"A outra estampa é o tráfico dos africanos no Valongo. O Sr. Debret pintou a todos esses desgraçados em tal estado de magreza, que parecem uns esqueletos próprios para se aprender anatomia; e para levar o riso ao seu auge, descreve a um cigano sentado em uma poltrona, em mangas de camisa, meias caídas, de maneira que provoca o escárnio. Bem diferente é o desenho que apresenta a Senhora Graham nas suas *Viagens ao Brasil;* pois que é feito com seriedade e veracidade.

"Segue-se a estampa 25, em que se desenha um feitor castigando um negro. A atitude do paciente é tal que causa horror. Pode ser que M. Debret presenciasse semelhante castigo, porque em todas as partes há senhores bárbaros; mas isto não é senão um abuso" (Bento da Silva Lisboa & J. D. de Ataíde Moncorco. "Parecer sobre o primeiro e segundo volume da obra intitulada Voyage pittoresque et historique au Brésil ou Séjour d'un artiste français au Brésil, depuis 1816 jusqu'en 1831 inclusivement. Par J. B. Debret", *Revista Trimensal de História e Geografia. Jornal do Instituto Histórico Geográfico Brasileiro,* 1841, tomo terceiro, p. 96 e 98.

Sobre o incidente, há uma referência em Flora Süssekind. Op. cit., p. 38.

[12] Parece ser esta a conclusão implícita a que conduz Flora Süssekind em seu *O Brasil não é longe daqui,* op. cit.

[13] Émile Adêt. *RdDM,* op. cit., p. 1084.

[14] Cf. Nísia Floresta. *Opúsculo humanitário* (1853). São Paulo: Cortez Editora, 1989, p. 138. Devo a indicação à pesquisadora Sônia Valéria Marinho Lúcio.

[15] Émile Adêt. *RdDM,* op. cit., p. 1083.

[16] Idem. Ibidem.

[17] Ibidem, p. 1086.

[18] Ibidem, p. 1086-88.

Glória Carneiro do Amaral

O BRASIL NA REVISTA
MERCURE DE FRANCE

REMONTANDO AO FIM do século XVII, encontramos um periódico chamado *Mercure Galant*, fundado por Donneau de Visé. Já nesta época delineava-se um perfil da revista, que apresentava uma combinação de informações mundanas, resenhas literárias e obras originais. Foi o principal órgão de que se serviram os *Modernes* contra os *Anciens*, revelando um aspecto que a série moderna iria incorporar, o de apoiar as inovações literárias. Nos século XVIII, passa-se a chamar *Mercure de France*, continuando a servir sobretudo à literatura, apesar de só em 1791 ter perdido seu subtítulo: "Dedié au roi". Posteriormente, a revista vai declinando até extinguir-se em 1823.

No dia 1.º de janeiro de 1890, surge o primeiro número do que será chamada a "série moderna" do *Mercure de France*, retomada por Alfred Valette e um grupo de escritores simpatizantes do Simbolismo, entre os quais Rémy de Gourmont[1], Jean Moréas e Charles Cros. A publicação intitulava-se "Recueil de Littérature et Art" e tinha por finalidade abrir espaço para a juventude literária. Quanto ao nome, segundo Valette, era um *"vieux titre que de jeunes écrivains avaient jugé piquant de ressusciter"*. A história impregnava a nova publicação, desde o título ressuscitado até os endereços, o primeiro de sabor medieval, rue de l'Echaudé-Saint-Germain e o segundo, rue Condé, que pertencera a Beaumarchais e onde talvez ele tenha escrito le *Barbier de Séville*.

Dirigida por Valette até 1935, passou por várias fases, com uma interrupção durante a guerra e sobreviveu até 1965. Uma das razões dessa longevidade foi seu sucesso empresarial, sendo, ainda, e segundo ainda o próprio Valette, a primeira revista francesa a ser sua própria editora.

Em setembro de 1934, a pedido de Galtier-Boissière que estava preparando sua

História de la Presse, Valette faz um balanço, que fecha com a seguinte declaração: "Après bientôt um demi-siécle, le *Mercure de France* est ce qu'il fut toujours: une tribune vraiment libre, ouverte aux opinions les plus contradictoires, à tous les talents, neufs et anciens, que les auteurs soient connus ou obscurs, la qualité de l'oeuvre important autrement que la notoriété du nom".

De fato, nem sua longevidade nem o crescente número de assinantes interferiram no nível de suas publicações e o *Mercure* configurou-se sempre como um periódico conceituado, voltado especialmente para as artes e para a literatura. Nos anos 50 e 60, tinha artigos assinados por integrantes do Novo Romance, como Nathalie Sarraute, Michel Butor, Claude Simon e outros escritores de relevo como Maurice Nadeau, Jean-Pierre Richard, Jean Starobinski, Paul Zumthor, Gaetan Picon; isto num levantamento mais do que limitado. Mas nem só de franceses viveu a revista que contava com artigos assinados por Adorno, Walter Benjamin, Neruda, Borges e Octavio Paz.

Sua vocação internacional era, aliás, bastante nítida desde o início, com numerosos artigos sobre literatura estrangeira e comparada. Tão claro era esse partido que, entre as várias seções encontra-se uma intitulada "Lettres", dedicada especificamente a literaturas de outros países. Havia "Lettres" das mais variadas nacionalidades: Alemanha, Inglaterra, Portugal, Itália, Hungria, Noruega, Grécia, sendo as mais regulares as assinadas sempre pelo mesmo correspondente, como as inglesas (Henry Davray), as alemãs (Henri Albert), as portuguesas (Philéas Lebesgue). O que nos leva a crer que o circunstancial não deixava de desempenhar seu papel na manutenção dessa secção.

"LETTRES BRÉSILIENNES"

Desde 1897, Philéas Lebesgues, responsável pelas "Lettres Portugaises", tratava de literatura brasileira em seus artigos. A partir de 1901, iniciaram-se as "Lettres Brésiliennes". A seção foi mantida, de forma irregular, por seis colaboradores diferentes até a extinção da revista em 1965: três franceses, o já citado Philéas Lebesgue, Manuel Gahisto e Roger Bastide e três brasileiros: Figueiredo Pimentel, Tristão da Cunha e Severiano Resende, ligados ao movimento simbolista[2].

Qual o significado de que pode se revestir a publicação dessas crônicas em tão conceituada revista francesa? Haveria uma demanda francesa em relação à nossa literatura? O pesquisador francês Pierre Rivas sugere uma hipótese, que soa deceptiva para os brios nacionalistas: "Muitos brasileiros são também assinantes de Mercure"[3]. Mesmo se levarmos em conta a incontestável primazia das razões de *marketing* de um periódico, um mínimo de interesse haveria de existir em relação à nossa literatura.

Brito Broca, comentando rapidamente a existência das "Lettres brésiliennes", observa, com certa ironia, que "teríamos, agora, pelo menos, a ilusão de que os franceses tomariam conhecimento de nossa existência"[4]. E se coloca uma das perguntas, acredito, fundamentais da questão: "Até que ponto essas «Lettres» do *Mercure de France* poderiam ter despertado algum interesse pela literatura brasileira, já não dizemos do público, mas entre os escritores franceses?" Parece-me que, forçosamente, seriam escritores, ou pelo menos um público muito interessado em literatura, os leitores das «Lettres brésiliennes», pela simples razão de serem esses os leitores da própria revista, não concebida para o grande público. Acredito que o francês que lê, atualmente, Jorge Amado em edição de bolso, durante seus trajetos cotidianos de metrô, não se configuraria como o perfil habitual do assinante do *Mercure*. De qualquer forma, é pertinente a observação que Brito Broca faz à guisa de resposta à sua pergunta: "Seria difícil pesquisa a respeito".

O que não impede que se possa chegar a respostas pontuais. Rivas, por exemplo, afirma ter sido, "nitidamente", na crônica de Figueiredo Pimentel de maio de 1902 que o jovem Valéry Larbaud colheu suas primeiras informações sobre literatura brasileira[5].

Por outro lado, certamente a revista tinha assinantes em outros países e que poderiam tomar contato com a literatura brasileira por meio desses artigos, da mesma forma que os assinantes brasileiros tinham acesso a outras literaturas.

Diante das dificuldades de resposta nesta direção, pareceu-me, portanto, mais profícuo deter-me no tipo de literatura veiculada pela seção e nos procedimentos de que lançavam mão os escritores por ela responsáveis. Articulei, assim, este estudo em torno de três deles: Severiano de Resende, pela sua interessante personalidade e cujas colocações incisivas distinguem-se dos demais; Tristão da Cunha, cujas crônicas são retomadas em edição brasileira; e Roger Bastide, entre todos os seis cronistas aquele cuja obra teve maior repercussão no Brasil.

O POLÊMICO SEVERIANO

O mineiro José Severiano de Resende (1871-1931), nascido em Mariana, configura-se, em sua impetuosidade, no mínimo como uma personagem interessante, cuja vida foi marcada por confrontos e rupturas.

A sua primeira opção profissional fora o direito, indo estudar em São Paulo. Mas, logo no primeiro ano, tomou a defesa de um professor monarquista que havia sido jubilado e acabou por abandonar o curso.

Teve depois uma crise de misticismo e ordenou-se padre na sua cidade natal, em 1897. Criou aí um jornal tão polêmico e rodeou-se de tal animosidade que acabaram por fazer explodir uma bomba na porta de sua casa. Assim, pela segunda vez, acaba sendo obrigado a transferir residência.

Viajou em 1908 para Paris, onde se casou com uma francesa e morou até a morte.

Grande amigo de Alphonsus de Guimaraens, é sempre mencionado pelos historiadores do simbolismo como pertencendo ao grupo mineiro.

Massaud Moisés[6], analisando seu livro de poesias *Mistérios*, considera-o um epígono, simbolista original, até com certo caráter já surrealista. Nota esse traço especialmente nos sonetos dos "Painéis Zoológicos", dedicados a Jacques d'Avray. Concentrados cada um num animal, configurariam, segundo o crítico, "uma zoologia fantástica".

Andrade Muricy é entusiasta de sua poesia, na sua opinião, a segunda do Simbolismo mineiro, depois da de Alphonsus de Guimaraens. E, curioso para um pesquisador atento e cuidadoso como ele, fala dos "numerosos" artigos que Severiano teria escrito para o *Mercure de France*, elencando-o, ao lado de Tristão da Cunha, como um dos críticos literários do Simbolismo na revista francesa. Ora, na verdade, Severiano Resende só escreveu dois artigos para o *Mercure*, um datado de 15 de janeiro de 1929 e outro de 1.º de março de 1930. Faleceu no ano seguinte, sendo substituído por Manuel Gahisto.

Na primeira crônica, homenageia seus antecessores, Philéas Lebesgues e Tristão da Cunha e apresenta a obra de Alberto Rangel e de Gastão Cruls, que se ocupam ambas da Amazônia, interesse permanente do público francês. A segunda é centrada em poesia, por causa da publicação de duas antologias – *Antologia mística* e *Parnaso brasileiro* – e de um livro de Alberto Ramos. Muito crítico em relação à seleção das duas obras coletivas, discute também o axioma "Brasil terra de poetas", segundo ele ratificado pela estatística.

Após as reverências de praxe, o caráter encomiástico, corrente na crítica tradicional, deixa entrever, cá e lá, a personalidade particular que marca as crônicas de Severiano de Resende. Apenas duas, mas suficientes para revelar dois traços característicos: o tom polêmico e um estilo original.

O espírito polêmico que se evidenciara em sua biografia é traço de personalidade e aparece também em seu texto. Elogia a competência de Philéas Lebesgues no "vaste et confus domaine", neste "meli-mélo préfiguratif de la forêt vierge", que é como define a literatura brasileira. Não só toma partido de forma enfática, como parece lançar questões com intuito de polemizar. Aponta duas questões que julga fundamentais no panorama intelectual brasileiro: a da história e a da língua. Julga não ser inútil referir-se a elas, pois serão retomadas. Ora, não se pode saber se não teve tempo para retomá-las de forma mais sistemática, mas, tal como aparecem, insinuando-se que sejam duas manias nacionais, soam provocativas.

Várias observações incisivas pontuam seu texto: "l'histoire que l'on n'interprète pas et que l'on n'écrit pas en poète n'est qu'un tableau d'éphémérides, un poncif ephémère, un pensum de primaire". Ou referindo-se a um trabalho lexicográfico:

"nous croyons que si la mention des premiers [termos exclusivamente brasileiros] peut être utile à l'étude de sa langue, l'inclusion des derniers [termos de tecnologia científica] n'a aucun rapport avec son développement, leur création fantaisiste ou leur pullulation ridicule obéissant indéfiniment à la lubie gréco-latinisant des savants".

Quando a obra parece irritá-lo, como a *Antologia mística* organizada por Cristóvão de Mauricéa, não tem papas na língua: "une salade de versificateurs". Na crônica seguinte, assesta outra vez baterias contra ela, numa observação carregada de ironia: "tous ces braves versificateurs, d'une fadeur indiscutable, sont une preuve de l'ambiance catholique où baigne la masse brésilienne". Não perdoa ao organizador nem o emprego da palavra *antefácio,* dizendo que ele deve ter achado prefácio simples demais.

Sobre outra antologia, na qual sente falta de pelo menos três poetas ligados à Semana de Arte, Menotti del Picchia, Guilherme de Almeida e Manuel Bandeira, afirma: "Donc rien à conclure. Effort aride et tumultueux, en somme".

Paralelamente à ênfase de enunciação, o estilo de Severiano é marcado por um exagero na criação das imagens e o uso de um léxico às vezes insólito.

Referindo-se à Nietzsche, fala do z"scepticisme mirobolant du derviche teuton"; ou comentando os efeitos que pode causar a Amazônia de Gastão Cruls, pergunta-se: "de quelle frayer nouvelle et edgard-poésque veut-il nous faire tres-saillir?".

Articula, muitas vezes, sucessões de imagens em torno de um mesmo núcleo semântico, como, por exemplo, o vegetal para falar das línguas:

"Il [Lebesgue] voit les langues et les dialectes il en analyse les souches, les troncs, les branches, les racines". Evidentemente, esses termos são usados para se falar de línguas. Mas Severiano não só os enfileira, como se servirá ainda desse núcleo vegetal para fazer suas críticas, nele englobando a floresta, assunto dominante da primeira crônica. Ao falar das questões linguísticas, ele diz que elas "en se ramifiant, s'entrelacent, s'entre-croisent, s'entreprénètrent, telles les branches et les lianes de la grande forêt, créant un domaine touffu, inextricable et immense" até chegar ao *embroussaillement,* substantivo derivado do verbo embroussailler e não dicionarizado.

Em outro momento, as imagens articulam-se em torno do mar: "Au contraire, les écueils sont nombreux dans ce gouffre immense, emphatique et redondant, Gurgite vasto. C'est un maelstrom qui tournoie". O gosto do vocábulo exótico que os críticos apontam na poesia ressurge na crítica. E, cioso das imagens criadas, mais à frente explica de qual *écueil* fala: da falta de seleção da antologia que chama de *spicilége*, outro vocábulo inusitado.

O significante pode também embalá-lo: "Alberto Ramos s'est révèle à maintes reprises un decouvreur, un trouveur — trouvérel — de rythmes imprévus". E a exclamação sublinha seu contentamento pelo próprio achado.

Em outros momentos, vemos que ele é capaz de autocríticas divertidas: "Mais arrêtons-nous: je m'aperçois qu'insensiblement je m'embarque dans une kyrielle de métaphores où déjà sont mêlés le ciel, la mer, les champs et la cité".

Em suma: se não teve tempo para contribuir de forma sistemática para a divulgação da literatura brasileira na França, José Severiano de Resende conseguiu acertar na escolha de um assunto pitoresco a gosto francês, a Amazônia. Escolha que certamente não foi ocasional, pois as notas de rodapé revelam uma preocupação de informar o público francês sobre elementos próprios da cultura brasileira. E apresentou de forma bastante crítica duas publicações poéticas, revelando-se ainda um escritor original e audacioso na exposição de suas idéias. Um balanço positivo para duas crônicas.

TRISTÃO DA CUNHA

Tristão da Cunha (1878-1942), carioca e advogado, é também poeta simbolista, autor de *Torre de marfim*. Era muito ligado a Graça Aranha, que o indicou para *Mercure de France*. Sua contribuição, bastante regular, de oito crônicas, vai de maio de 1910 a julho de 1922.

Nessas oito crônicas, Tristão da Cunha escreveu sobre 23 autores diferentes, dos quais 14 são poetas. (Tinha razão Severiano de Resende em seu axioma.) Apenas três delas estão centradas em um só autor: Joaquim Nabuco, Catulo Cearense e Graça Aranha.

Quase todas as crônicas serão traduzidas para constituírem as *Letras Brasileiras*, segunda parte de seu livro de crítica, *Cousas do tempo*, cuja introdução contém uma pequena advertência:

"Os ensaios *Joaquim Nabuco, estética da vida* e os da série «Letras brasileiras», saíram primeiro no *Mercure de France*, de onde os traduzo, juntando-lhes algumas reflexões que me pareceu avisado guardar do leitor estrangeiro."

Por essa promessa inicial, pode-se julgar que as alterações foram grandes. Mas não: o pesquisador que tivera sua curiosidade espicaçada e aguardava alguma novidade intrigante ficará decepcionado. As modificações são pequenas, insignificantes; mas implicam sempre juízos de valor.

Por exemplo, falando do estudo de Nabuco sobre Camões, elogia suas possibilidades como crítico literário: "cette étude originale montre que Nabuco, s'il eut spécialisé son talent, nous aurait donné un admirable critique littéraire".

Em português, passa a um enaltecimento aberto: "Este ensaio, belo e original, um dos melhores que se tem publicado entre nós sobre o rei dos nossos poetas mostra que Nabuco teria dado um admirável crítico literário, de rara espécie criadora".

Outras vezes acrescenta observações meio dúbias. Comentando a reforma ortográfica pleiteada por João Ribeiro e que ele parece não endossar plenamente, acrescenta no texto em português: "E antes de tudo, urgia mesmo simplificar? A nossa ortografia é bastante simples, se a compararmos com as outras". Estaria pensando exatamente na ortografia francesa e teria ficado constrangido em dizê-lo ao público francês? Talvez por razões semelhantes tenha reservado ao leitor brasileiro a última pincelada do retrato de Sousa Bandeira: "Havia nele muito daqueles grãos-senhores fatigados do século XVIII que se deixavam guilhotinar". E já temos aí esboçado o estilo do futuro ficcionista de *História do bem e do mal*.

Ou então o crítico algo tímido e muito respeitoso com os colegas seria de opinião que roupa suja se lava em casa, pois as críticas menos veladas reserva-as também para o público conterrâneo. A propósito ainda de Sousa Bandeira acrescenta algumas linhas em *Cousas do tempo*: "Não viria a ser um artista. Minguava-lhe, talvez, a força criadora e a força de expressão que dá caráter e imprevisto ao estilo. Mas como crítico, chegaria certamente a um dos melhores lugares. Ora este crítico sendo-lhe o tempo escasso e ingrato, exerceu na conversação, e nela se desperdiçou. Valia mais que a sua obra".

O artigo de Graça Aranha, de dezembro de 1921, é mais extenso em português, com mais citações, e também nele encontramos uma pequena restrição que não figura em francês. Elogiando a beleza de Malazarte, acrescenta em *Cousas do tempo*: "este poema, mau agrado algumas imprecisões e fraqueza de tom". E, sentindo-se em casa, substitui sistematicamente o nome de Graça Aranha pela expressão "meu amigo".

Num outro momento, quando vai falar da sensibilidade brasileira, ousa compará-la a outras características de outras nações só no texto em português:

"Estudando a nossa psicologia, ao lado da energia britânica, da inteligência crítica francesa, do sensualismo artístico italiano, da metafísica germânica, coloca a imaginação brasileira, que chama de «nossa implacável sensibilidade»."

São praticamente essas as modificações feitas quando da passagem do texto do francês para o português.

No conjunto de suas crônicas, Tristão da Cunha revela-se crítico atento, mas com sua linguagem muito datada, excessivamente floreada e carregada de adjetivação. Produto talvez da maneira como entendo o discurso:

"As palavras são corcéis que muita vez nos tomam o freio e nos levam além de onde quiséramos ir, numa embriaguez deliciosa."

O adjetivo é, na sua opinião, elemento fundamental para a construção de um texto, como afirma num curioso trecho de *Histórias do bem e do mal*, num certo tom zombeteiro, assinalado por Lúcia Miguel-Pereira[7], mas revelativo de um tipo de preocupação de construção do texto. E até de uma visão orgânica do texto, como veremos em outros exemplos:

"O adjetivo situa a prosa, o verbo é a vida, o substantivo é o indivíduo, o adjetivo é a personalidade. Sem ele a linguagem não tem cor, é anônima como a multidão. Achar o adjetivo, eis o problema."

Seja por essa razão ou por uma marca de crítica da época, Tristão da Cunha mergulha em cheio numa crítica encomiástica, pródiga em rapapés para com os escritores cuja obra comenta. Provavelmente era a esse tipo de crítica que aludia Remy de Gourmont ao aconselhar o encarregado anterior da secção, Figueiredo Pimentel:

"Escrevendo para a França, o senhor escreve para um povo mais ou menos cético e que não costuma entusiasmar-se senão raramente. Deverá pois cuidar de ser moderado nos elogios, mesmo em relação aos melhores escritores brasileiros. Para um francês dizer de alguém: é um escritor de talento — já constitui grande elogio. Há certamente nas mesmas palavras empregadas pelas duas línguas uma grande diferença de sentido; há sobretudo grande diferença de temperamento entre os dois povos. O senhor não conhece a neve e a geada, enquanto a nós, o inverno esfria todo ano."[8]

Quando se trata de necrológicos, aí então grassam os elogios. E eles parecem atraí-los de forma especial: nove entre os 23 autores estudados o foram por ocasião de sua morte. Inclusive a crônica de maio de 1918, é dedicada a cinco escritores falecidos durante a guerra e o título, em português, de "Dia de Finados", cai como uma luva.

Tristão da Cunha preocupa-se constantemente em descrever o estilo do escritor estudado e dessa preocupação (ou, se quisermos, de uma reflexão sobre o discurso) seus artigos estão cheios de exemplos.

Fechando uma pequena resenha de *A esfinge* de Afrânio Peixoto, detém-se nas suas qualidades de escritor e estabelece uma relação entre o seu estilo direto e sua profissão:

"Seus estudos de medicina, sua bela disciplina da observação não deixam de contribuir para um estilo limpo, sólido, sem grandiloquência."

Ou sobre os efeitos da pressa no texto de Afonso Arinos:

"Nota-se-lhe talvez no estilo uma certa pressa de composição, que ele compunha sempre com um pouco de atropelo, entre duas viagens. Isso não o impede de ficar sendo um dos nossos escritores mais originais, e é grande pena que não tenha podido esperar a hora de uma existência mais repousada, para que nos desse toda medida de seu talento."

A poesia musical e regionalista de Catulo Cearense recebe destaque no artigo em que dele se ocupa integralmente:

"Sua linguagem empregada é o dialeto pastoril, a nossa linguagem portuguesa deformada pela prosódia rústica. Num sentido musical e expressivo (qualquer coisa que nos faz pensar no napolitano), acrescentada de termos indígenas, dizeres da gíria das ruas, e ainda formas clássicas já desusadas no falar ordinários.

"Dessa massa opulenta, o poeta nos tirou efeitos deliciosos, imprevistos e divertidos."

Sua crítica é igualmente pontuada de tentativas de definir aspectos do texto literário:

"Este poeta ainda moço [Ronald de Carvalho] mostra já notável segurança no seu ofício. Possui as palavras e sabe ajuntá-las para tirar delas o efeito musical, coisa que me parece muito principal em poesia. Já disse que trabalha muito. Faço votos por que não trabalhe demais, que isto às vezes nos faz perder o contato com a vida."

É também sensível ao simples domínio na língua portuguesa, cujos segredos João Ribeiro dominaria muito bem e Joaquim Nabuco, mergulhado demais no francês, mais precariamente. Trata-se aí de um problema que o afetava diretamente: suas crônicas no *Mercure* revelam um bom conhecimento da língua francesa, mas com grande freqüência uma sintaxe tortuosa e estranha aos ouvidos franceses. Por vezes, fica absolutamente claro que o texto foi escrito em português, com evidentes perdas na passagem para o francês. Por exemplo: "a língua é um ser vivo e delicado". Um outro exemplo: "tudo é passamento", "tudo é renascimento" transformou-se em francês em "toute passe", "toute renaît", perdendo o sabor do ritmo e da rima.

A tradução pode até causar surpresa, deixando nos sem entender direito o que ele quer dizer, mas indicando certas posições. Vejamos a descrição do cidadão Afonso Arinos em francês: "C'était une sorte de bon géant, aimable et curieux. Il était boulevardier et forestier. Il vivait Avenue de l'Alma, s'habillait à Londres et, de temps à autre, traversait la mer, pour aller tout droit s'enfoncer pendant des mois dans la giboyeuse brousse natale, s'enivrant de carnage et causant patois à l'indigène."

Evidentemente, *boulevardier* se opõe a *forestier*, designando o eixo cidade-campo. Ora, a utilização de *boulevardier* neste sentido é um pouco duvidosa, pois, na verdade, a palavra não significa cosmopolita, mas designa alguma coisa que tenha caráter de teatro de *boulevard*. E a tradução é significativa: parisiense e sertanejo. Ou seja: a Metrópole é Paris. É a seqüência da descrição não deixa dúvidas quanto ao dualismo desta formação. "Era um desses exemplares típicos desse dualismo da alma sul-americana, que já assinalamos aqui." (A propósito de Joaquim Nabuco.)

E qual a imagem do Brasil que foi veiculada para os franceses leitores do *Mercure de France* de 1908 a 1921 por esse escritor que acabamos de descrever?

Tristão da Cunha tinha consciência de estar escrevendo para um público francês. É reveladora a escolha que fez do primeiro autor a ser apresentado: Joaquim Nabuco, símbolo muito adequado das nossas relações com a França na segunda metade do século XIX, que, de uma certa forma, passa o bastão para Graça Aranha. Mereceram, ambos, os dois estudos mais longos de Tristão da Cunha, no *Mercure de France*.

Sua primeira frase como cronista da revista nos mostra, de forma clara e evidente, essa preocupação:

"Joaquim Nabuco foi representativo de nossa melhor cultura. Um de nossos grandes escritores [Graça Aranha] disse que ele era a síntese, a expressão mais feliz da civilização brasileira. É preciso que se entenda isso de forma rigorosa."

A imagem que transmite de Nabuco é a de um cosmopolita de formação acentuadamente francesa. As influências determinantes seriam Chateaubriand e Renan. Mas um cosmopolita cuja infância se passou em contato com a natureza tropical. Numa tentativa de análise, Tristão da Cunha considera a existência de Nabuco simbólica do que ele chama de dualismo da alma sul-americana, dividido entre o *sentimento,* que é nacional e a *imaginação, européia* (sic).

Dualismo também característico de Afonso Arinos, que vivia entre a Europa e o Brasil e cuja obra se propicia a uma apresentação de aspectos que se enquadram no que os franceses vêem como o "pittoresque" do Brasil.

Uma terra brasileira, que Tristão da Cunha situa a "dez dias de viagem da estrada de ferro", é apresentada de uma perspectiva idealizada, povoada de vaqueiros rudes, mas generosos, respeitando códigos de cavalaria medieval e de mulheres belas e doces, com flores no cabelo. É a perspectiva que continua a apresentar na crônica de maio de 1919 sobre a poesia de Catulo Cearense.

Dezessete anos, portanto, depois de *Os sertões* às vésperas da Semana de Arte, o que Tristão da Cunha oferece ao leitor francês, é uma visão romântica do sertanejo brasileiro, numa passagem pitoresca, ao lado de homens cultos, cujo parâmetro é sempre a Europa, a se julgar pela infinidade de comparações feitas com escritores europeus e, claro, sobretudo franceses.

Ao leitor europeu propõe apenas uma visão de reverência do Brasil. Não lhe dá opção de duas visões, oferecida ao leitor brasileiro, que tem a oportunidade de ver sua visão crítica através de outro texto das *Cousas do tempo,* "Diálogo do Sr. Bergeret na América".

Trata-se de uma conversa entre duas personagens que representam posições antagônicas do Brasil. O pretexto para a discussão é, significativamente, o que Anatole France encontrará na sua viagem ao Brasil. Diz uma personagem que ele verá a Natureza maravilhosa, as velhas cidades mineiras, o ambiente rural, descrito por meio dos mesmos adjetivos que encontramos nas crônicas: patriarcal, bíblico, digno e que ele também conversará com os nossos homens ilustres: Nabuco, Mário de Alencar, João Ribeiro. Os dois lados de Brasil veiculados nas "Lettres Brésiliennes".

Já a outra personagem contrapõe que ele verá uma arquitetura horrorosa que tenta imitar a européia, conseguindo apenas reproduzir-lhe os efeitos e que terá que engolir uma verborragia retórica insuportável nas conversas. O que não deixa de surpreender o leitor habituado ao seu tom reverente.

Pode-se concluir que Tristão da Cunha talvez não estivesse tão convencido dessa segunda visão ou que então, como diz no início do livro, achou "mais avisado guardá-la do leitor estrangeiro".

Roger Bastide

O último cronista responsável pelas "Lettres Brésiliennes" foi Roger Bastide (1898-1974), sociólogo, que, como se sabe, foi professor da Universidade de São Paulo de 1938 a 1954. Estamos diante de um perfil ainda inédito para as "Lettres Brésiliennes": um francês que morou no Brasil muitos anos e que se interessou em aprofundar sua visão do nosso país e de nossa cultura. Escreveu vinte crônicas, que se distribuem por um período largo de tempo, de 1948 a 1965. Uma parte, portanto, escrita quando ele estava aqui no Brasil e a outra, depois de sua volta para a França.

A composição de suas crônicas obedece ao padrão comum a todas as "Lettres" do *Mercure de France*: um pequeno texto crítico, cujo tema varia, seguido de várias resenhas de poucas linhas, com uma apresentação gráfica diferente do texto principal. Essas últimas deveriam ser de pequeno interesse para o público francês, visto os autores, em geral, não serem traduzidos.

A bússola está naturalmente voltada para a França, e Bastide nunca deixa de lado seu público. Há, sobretudo nas primeiras, um comprometimento com uma informação imediata e ansiosa, que não quer deixar nada de lado. O que, às vezes, produzirá resultados posteriores meio duvidosos. Na terceira crônica, de 1949, evidentemente preocupado em aproveitar a ocasião de um canal de contato com o público francês, Bastide empreende um painel de eventos literários do momento. Em duas páginas, cita nove revistas literárias e cerca de 23 autores, entre poetas e romancistas, numa tentativa de situar a literatura contemporânea. É uma das crônicas menos interessantes, a não ser pelo resultado divertido de vermos citados, com o mesmo número de linhas, Tavares de Miranda, "avec son barroquisme littéraire" e Guimarães Rosa com *Sagarana*, "epopée des vachers et des bêtes dites domestiques" . Outras duas crônicas seguem essa direção; uma delas transcreve até o sambinha de carnaval "A balzaquiana", num cultivo do interesse do público francês pelo pitoresco superficial, rechaçado pelo próprio Bastide. Outras como a quinta crônica (1/12/1950), tem um interesse bem dirigido — as traduções de obras literárias e sociológicas brasileiras em francês — e de evidente adequação para o seu público.

Oito crônicas têm um enfoque grande angular de panorama: duas estão centradas em assuntos de interesse constante de Bastide — a poesia africana no Brasil e a busca de uma linguagem efetivamente brasileira, as outras ocupam-se de um ou dois autores e têm, em geral, caráter de efemérides, marcando publicações ou reedições.

A função das "Lettres Brésiliennes" é, portanto, manter o leitor francês a par da vida literária brasileira. Mas Bastide consegue acrescentar, ao longo do tempo a esta função meramente informativa, um caráter de análise que as transforma, em sua maioria, em pequenos ensaios, de interesse também para um público brasileiro.

O Brasil na revista *Mercure de France*

Afeito igualmente à realidade francesa e à brasileira, Bastide tinha sempre presente a dificuldade de trazer a nossa realidade para o europeu. O recurso utilizado é, normalmente, a comparação, que aqui se reveste de um caráter utilitário de explicação e que aparece com insistente freqüência. Os exemplos são incontáveis e seleciono alguns de maior interesse.

Como fazer, por exemplo, um leitor francês captar o clima de *Macunaíma*? O romance, diz ele, articula-se segundo o pensamento pré-lógico de que fala Lévy-Bruhl. O tratamento lingüístico e a presença do folclore evocam a obra de Rabelais: "Ce livre rappelle l'oeuvre de notre Rabelais, aussi bien par la prodigieuse richesse de sa langue que par la signification moderne donnée au folklore et par son fond même: il est un éclat de rire devenu poésie". Evocando dois autores conhecidos do leitor francês, Bastide lhe dá pelo menos um parâmetro do que possa ser a obra de Mário; e ao leitor brasileiro, uma imagem pertinente e poética do romance: "un rire qui devient poésie".

Às vezes, o procedimento toma foros de sestro, com resultados tortuosos e até redundantes. *São Bernardo* é comparado a "certains romains de Balzac". Quanto à linguagem, descreve-a com precisão, utilizando-se de elementos da obra, remetendo a explicação crítica ao próprio universo romanesco: "ses phrases sont courtes, séches et coupantes comme ce sol calciné du sertão *[sic]* où il a vu le jour et coupantes comme ces plantes à épines qui poussent dans ce désert de cailloux et de terre brulée". Tendo já descrito, com sucesso, diga-se de passagem, a linguagem e o universo geográfico do romance, a inserção, logo a seguir, de Graciliano na "mesma família" de La Bruyère e de Voltaire torna-se desnecessária e, de uma certa forma, até diminui o vigor da imagem anterior.

A comparação como recurso explicativo não se restringe à literatura: para dar idéia de Ouro Preto, compara-a a Bruges, também cidade católica, litúrgica e cortada pelos sons dos sinos.

A necessidade de tornar acessível a realidade e a literatura descritas ao leitor francês do *Mercure* é constante, até mesmo para apontar-lhe as próprias limitações. Ao fazer a resenha do romance *Nós éramos seis*, de Leandro Dupré, cuja tradução acabara de ser lançada na França, previne o leitor sedento de exotismo: o romance poderia se passar tanto na França quanto no Brasil, que não é só uma terra de "bandits, de noirs fétichistes ou des Indiens sauvages". Tal opinião, registrada por um intelectual francês, em 1954, provavelmente deveria ter algum peso na formação de uma visão sobre o Brasil. Não impede que a marca do espírito francês de Bastide apareça de vez em quando: ao descrever o texto de Gilberto Freyre, diz tratar-se de uma prosa que traz o calor dos trópicos, num estilo "sensuel, charnel, sexuel même". Não se trata de uma "prose cartesianne"... Sendo essa a sua visão de uma prosa tropical, poderíamos dizer que a prosa bastidiana, como o Jerônimo do

Cortiço, abrasileirou-se em alguns momentos. Na mesma crônica sobre Gilberto Freyre, utiliza-se de imagens que poderíamos classificar de sensuais, para comentar a inserção da cultura francesa na brasileira: "cette culture n'est pas restée comme un kyste au sein de la chair brésilienne; elle s'est amoureusement fondue avec elle". São freqüentes os momentos em que seu próprio discurso revela uma voluptuosa fascinação pela terra brasileira. Refere-se assim à obra de José Lins do Rego: "Et peut-être derrière cette mémoire individuelle, toute la mémoire collective d'une région et d'un peuple, s'efforce de sortir, de germer à partir des ces racines psychques. Comme si le corps entier et l'âme de Lins do Rego n'était qu'un enchevêtrement de racines allant puiser au plus obscur des viscères de l'être «la chance d'un fruit mûr»".

Embora fascinado, Bastide insurge-se contra uma visão pitoresca e superficial do Brasil. Ao perfazer um itinerário da literatura brasileira na sua resenha sobre a *Formação da literatura brasileira,* de Antonio Cândido considera as maiores expressões do "gênio brasileiro" Machado de Assis e Lima Barreto, exatamente por serem autênticos e não pitorescos.

Lidando de perto com a literatura francesa e com a brasileira, Bastide pôde desenvolver um conceito de influência. Comentando as influências francesas sofridas pelo Simbolismo brasileiro, corrobora a opinião de Muricy de que o movimento não foi, apesar delas, um corpo estranho no conjunto da literatura brasileira, pois, para ele, a influência pode transformar-se numa "re-criação", descoberta nova da personalidade diferente que lidou com a literatura que se poderia chamar de matriz. Não desprestigia a literatura de chegada. Está, na verdade, interessado na compreensão de um processo formativo da literatura brasileira, para o que leva em conta, entre outros fatores, influências literárias estrangeiras, privilegiando, evidentemente, a francesa.

Várias metáforas de seu discurso crítico são reveladoras desse interesse. Comentando as primeiras descobertas líricas de Mário de Andrade diz que elas não tinham só a função de "ensevelir la poésie de son pays des langes où elle étouffait". Em outra crônica, comenta que o verso livre desfez a "sensibilité des langes où le Parnasse l'avait enserrée". Na mesma crônica, compara a poesia brasileira ao "feto de uma criança talvez divina". Analisando, do ponto de vista lingüístico, as imagens, lembramos que existe, em francês, a expressão "dans les langes" que corresponde, em português, ao "estar nos cueiros": ou seja, estar na infância. Acha, portanto, que a literatura brasileira está em fase de formação, mas tem todas as chances de se desenvolver e de desabrochar, como mostra a outra imagem de um feto com perspectivas de crescimento.

Digamos que se interessa pela formação de uma literatura brasileira realmente autêntica. *Macunaíma* é, para ele, uma obra-prima, o culminar de um processo que vinha desde o Romantismo, que entendera de forma superficial o Indianismo. Agora sim, o Indianismo é concebido como um "mariage de sangs". A expectativa de encontrar uma manifestação poética autenticamente brasileira, na qual se colocará Bastide, desde sua chegada no Brasil, e que notamos em suas pesquisas sobre a poesia afro-brasileira, parece finalmente preenchida com *Macunaíma*. Pronuncia-se de forma contundente, definitiva até, o que não é habitual no seu discurso crítico: "je ne pense pas que l'on puisse aller au delà".

As crônicas, publicadas num ritmo regular — em geral uma por ano —, permitem acompanhar uma evolução no seu pensamento. Não ter ainda maior contato com a obra de Guimarães Rosa teria talvez aberto espaço para o caráter incisivo de afirmativa a respeito de *Macunaíma*. Nas pequenas resenhas que se encontram depois da crônica principal, no mesmo número em que se expressa tão entusiasticamente sobre o romance de Mário, há um item anunciando a publicação de um romance de um escritor mineiro, *Veredas (sic)*. Refere-se à sua linguagem e sintaxe novas, a imagem da vegetação dos sertões. A crônica é de março de 1957.

Exatamente três anos depois, sua crônica ocupar-se-á exclusivamente de João Cabral e de Guimarães Rosa. Reconhece então a criação de uma nova linguagem e uma visão interiorizada do sertão, o que representaria, na sua opinião, um passo à frente de Euclides da Cunha. Mas o reconhecimento profundo de Guimarães — sempre do ponto de vista de sua busca de uma literatura brasileira — dar-se-á na última das crônicas do *Mercure*, 1965. Afirma, agora, que Guimarães levou muito mais longe do que Oswald a busca de uma linguagem nova e que a fala de Riobaldo é um "moyen de révélation d'un Brésil authentique, mais d'un Brésil souterrain, bref d'un inconscient ethnique". Procurando estabelecer um rápido diálogo com seus escritores anteriores, podemos retomar a "Introdução" da *Poesia afro-brasileira*, em que discute o significado da criação literária. Afirma que, "a criação precisa da colaboração do «eu» consciente e do «eu» inconsciente" e define o ato de escrever como a libertação dos "antepassados recalcados". Tomando como parâmetro essas afirmativas, podemos perceber a importância atribuída por Roger Bastide a Guimarães Rosa, na direção de uma literatura genuinamente brasileira, já que sua leitura faz vir à tona esse inconsciente étnico considerado tão fundamental pelo crítico francês.

Depois dessa visão geral das crônicas, podemos nos concentrar mais de perto numa delas. Selecionei-a porque trata de um assunto de interesse constante de Bastide, o que apresenta uma dupla vantagem: em primeiro lugar, a de que se pode continuar esse começo de diálogo com o resto de sua obra e também porque, exatamente por isso, os leitores de sua obra poderão se situar mais facilmente.

A segunda crônica do *Mercure de France* intitula-se "La poésie africaine du Brésil" e está datada de 1.º/7/1949. Consciente como sempre do seu público francês, começa de um parágrafo introdutório sobre o tráfico negreiro. Rejeita, do ponto de vista enfocando — a busca das raízes africanas — a poesia do Romantismo, numa observação concisa e pertinente: "Le Romantisme chante l'esclave, non le nègre. Encore moins l'Afrique".

A perspectiva não é a mesma de *A poesia afro-brasileira* (1943), em que examina a produção de poetas mestiços ou negros e que tendia para o sociológico, apresentando, também, dados estatísticos sobre as classes sociais de origem dos poetas. Aliás, o próprio Bastide se pergunta, na "Introdução", se a obra merece a qualificação de crítica literária.

Aqui o enfoque é basicamente literário e a crítica está centrada em quatro poetas: Cruz de Sousa, Raul Bopp, Jorge de Lima e Cassiano Ricardo. Se, no livro de 1943, estava atrás de alguma coisa que não era ainda muito clara, pode-se agora seguir sua trajetória na busca de uma poesia que traduza um ritmo africano. O estudo da obra de Cruz e Sousa aparece mais concentrado: os quatro ensaios do livro anterior encontram-se traduzido a dois. Deixa de lado duas ligações com a poesia ocidental, estudadas através da influência de Baudelaire e de sua inserção no movimento simbolista. Retoma apenas os ensaios em que estuda as possíveis repercussões de suas origens africanas na sua obra: a famosa obsessão pelo branco e o lirismo noturno. A conclusão é diferente. Junto com Gonçalves Dias, Cruz e Sousa era um dos poetas âncoras da *Poesia afro-brasileira*. Aqui, Bastide conclui que ele apenas roçou a possibilidade de uma poesia africana. Uma poesia que reproduza um ritmo de raízes africanas só irá aparecer com as inovações do Modernismo.

Paradoxalmente, a poesia ligada a um lirismo africano será encontrada na poesia de escritores brancos: Raul Bopp, Jorge de Lima e Cassiano Ricardo. Seleciona, em suas obras, poemas que falem do negro, contribuindo mesmo com várias traduções, cheias de notas sobre instrumentos de música e nomes de divindades. Procura exatamente mostrar como os instrumentos do tipo do tambor e do agogô são decisivos na criação de uma poesia com um ritmo particularmente marcado, que só se tornou possível com o advento do verso livre. Integra-se à poesia bra-sileira, configurando uma poesia não do africano, mas do negro brasileiro.

Por isso, havíamos dito que a perspectiva crítica de Bastide deslocara-se de um enfoque sociológico para concentrar-se exclusivamente na produção poética. Interessa-o a produção poética e não a origem racial do poeta, embora também estude aqui a obra de dois poetas negros. De uma certa forma, esta crônica do *Mercure* é a resposta que buscara no livro anterior.

As "Lettres Brésiliennes" de Roger Bastide revelam-se, assim, um espaço particularmente interessante para o estudo das relações França/Brasil: escritas por um francês que ficou, efetivamente, mergulhado na cultura brasileira tempo suficiente para sair do contato superficial, que conservou sempre profundo respeito por ela, sem perder de vista uma perspectiva francesa. Nesse sentido, e para alinhavar este texto a crônica de 1.º/2/1954, intitulada "Centenaires" é significativa.

Aproveitando o pipocar de fogos de artifícios da comemoração oficial do IV Centenário da cidade de São Paulo, Bastide acrescenta-lhe dois outros, digamos, oficiosos, que ele entrelaça exatamente no sentido de configurar o que lhe parecia um perfil do Brasil. Trata-se do centenário de Saint-Hilaire e o do nascimento de José do Patrocínio. Um francês que escreveu sobre o Brasil e um brasileiro, filho de escravos, que lutou pela abolição da escravatura. Um brasileiro de raízes diretamente africanas, um representante da cultura francesa e uma cidade em processo de industrialização. Passado e futuro do Brasil, com um voto otimista e esperançoso de Roger Bastide: "Si le XXème siècle est celui de l'Amérique du Nord, le XXIème pourrait bien être celui de l'Amérique Latine".

Notas

1. Rémy de Gourmont (1858-1915). Escritor francês que colabora no *Mercure de France* desde sua fundação e cuja atuação como crítico do Simbolismo torna-o conhecido dos contemporâneos, sendo, nessa qualidade, citado por Ronald de Carvalho, José Veríssimo e Andrade Muricy. Podemos supô-lo conhecido na América Latina, já que Elísio de Carvalho quando visita Rubén Darío vê sobre a mesa um livro seu e que Pethion de Vilar dedica-lhe o seu soneto das vogais.

2. Segue-se uma relação dos escritores e do período de sua colaboração: Philéas Lebesgue: de 1897 a 1899; Alberto Figueiredo Pimentel: de 1901 a 1902; Philéas Lebesgue: de 1903 a 1910; Tristão da Cunha: de 1910 a 1929; José Severiano Resende: de 1929 a 1930; Manuel Gahisto: de 1932 a 1939; Roger Bastide: de 1949 a 1965.

3. Rivas, Pierre. *Encontro entre literaturas. França-Brasil-Portugal.* São Paulo: Hucitec, 1995, p. 163.

4. Broca, Brito. *A vida literária no Brasil – 1900.* 2.ª ed. Rio de Janeiro: José Olympio, 1960.

5. Op. cit., p. 162.

6. Moisés, Massaud. *O Simbolismo.* 4.ª ed. São Paulo, 1973, p. 195-200.

7. Miguel-Pereira, Lúcia. *Prosa de ficção: de 1870 a 1920.* 3.ª ed. Rio de Janeiro-Brasília: J. Olympio-INL, 1973, p. 233-8.

8. Broca, B. Op. cit., p. 255.

VIAGEM

Antonio Dimas

BILAC E A FRANÇA

DEPOIS DE TANTO VISITAR Paris, Bilac tirou proveito da geografia da cidade e com ela modelou sua imagem pessoal daquilo que poderia ser um "carrefour" simbólico da História.

Segundo sua alentada experiência local, condensada numa crônica de junho de 1904, Paris não podia ser vista como uma cidade apenas, senão como duas, funcionando de modo complementar e assimétrico. Duas metades que se justapunham, embora com funções diferentes. Uma é a Cosmópolis, centro para onde convergem as atenções do mundo moderno e contemporâneo, *sala de visitas da Europa e de toda a terra*; outra é Lutécia, cujo nome arrasta atrás de si séculos de historicidade, *santuário da Tradição, da Ciência, do Estudo* (*Gazeta de Notícias* [RJ] 17 jun. 1904).

Na margem direita do Sena, situava-se a cidade do Presente, buliçosa, movimentada, fremindo de luxo e de frivolidade, atravessada por costumes e idiomas os mais extravagantes e cosmopolitas, espaço privilegiado do prazer, festivo por excelência, aberto e coletivo, público e vistoso. Nela, convivem e coexistem sociedades do mundo, ansiosas de intercâmbio imediato e pródigas em exibicionismo, facilmente alcançável por intermédio de cafés elegantes, hotéis requintados, avenidas amplas e teatros com novidades constantes. Nesse setor, a prioridade é para a festa e para a confraternização, para a sociabilidade e para a junção. Nada cristaliza essa margem, exceto o prazer sôfrego, como que amedrontado diante do "tempus fugit". Nenhuma figura histórica sacraliza, abençoa e protege esse pedaço como o fazem Condorcet e Voltaire com a margem esquerda. Para o lado de lá, o direito, não se espera, porque supérfluo, a crença implacável no progresso humano, defendido por Condorcet, nem a ironia devastadora, praticada por Voltaire. Dispensam-se a bênção e a proteção, porque este trecho é área de festa, de prazer e, por conseguinte, profana, reservada à dissipação, à volubilidade, ao cromatismo extravagante, à inteligência chistosa, tudo bancado pelo dinheiro a rodo ali e curto do lado esquerdo.

Na margem esquerda, onde se posta o narrador, a atmosfera é muito outra. Em vez do movimento, a calma; em vez da excitação física, a concentração intelectual; em vez da futilidade, a estabilidade.

Desse contraste nasce um paradoxo que não separa, mas que une ainda mais as duas fatias da cidade, nela imprimindo uma diversidade que a complementa: na margem direita, o ajuntamento nervoso dos corpos ávidos de novidade estimula a fruição do presente, menospreza o passado e pouco ou quase nada projeta para o futuro; na esquerda, suspende-se o presente e investiga-se o passado, numa tentativa de se indagar o futuro.

Porque é nos quarteirões à esquerda do Sena que se agrupam os liceus, a Universidade, as Faculdades, o Instituto de França e os alfarrabistas do Quai Conti e do Quai Malaquais. *Poucas carruagens, poucos ônibus vêm quebrar a quietude deste canto de Paris,* anota o cronista. Nesta porção urbana dedicada à sapiência e à erudição, convém que o silêncio se faça acompanhado de luz menos cintilante e menos espalhafatosa, para que não se inibam a reflexão, nem o recolhimento. É para preservar esse recato penumbroso e refratário ao brilho externo que as escolas e os *edifícios negros* se misturam nas mesmas ruas; que a *cúpula severa* do Instituto de França se esfuma num céu *revestido de névoas;* que as caixas dos "bouquinistes", *feias e grosseiras caixas de madeira ordinária,* são *pintadas de negro* e que as lojas de *gravuras amareladas* da rue Jacob e da rue Dauphine são escuras e entulhadas de *velharias de toda espécie.* Neste lado o som se propaga em surdina e as cores se ausentam ou são abafadas; no lado oposto, o barulho é babélico e as cores se confundem.

Sítio de austeridade e de devoção, a margem esquerda aparta-se da direita, porque se orienta no sentido de cultivar o permanente e não o transitório. Daí que as caixas abarrotadas de livros na beira de seus cais tenham cancelado o tempo cronológico, instalando em seu lugar um desdobramento infinito, no qual a convivência de épocas distintas se rivaliza com a convivência de espaços distintos que acontece na margem direita. Portanto, não é de se espantar que *no bojo dessas caixas anciãs,* dessas caixas estufadas de sabedoria, repousem *em santa paz, lado a lado, entrerroçando fraternamente as suas lombadas sujas, os mais desencontrados e disparatados produtos do engenho humano.* Dentro delas, *os versos de um cançonetista de Montmartre fazem cócegas no vasto dorso das Tábuas de Callet: um código antigo esmaga a prosa pretensiosa de Bourget; um missal, já sem capa, não cora com a vizinhança de um volume desapartado das Memórias de Casanova.* Essa confraternização entre elementos tão heterogêneos só é possível porque o tempo nivelou-os.

Graças à historicidade que rega a margem esquerda do Sena, garante-se uma continuidade cultural resistente o bastante para enfrentar o torvelinho cotidiano da margem direita. A aparente imobilidade externa dos quarteirões intelectualizados resiste muito bem à sistemática agitação superficial do lado oposto. O movimento na margem direita é aparente, mas estéril; na esquerda, o repouso é que é aparente, porque nela germinam frutos para o futuro. E é porque ambos os lados se distinguem em suas especificidades que convém nomeá-los de modo diverso para que sejam preservadas suas individualidades: à cidade que reverencia o Passado, chame-se Lutécia; à que se agita no Presente, dê-se o nome de Paris.

Ao fender a capital francesa em dois segmentos complementares, Bilac resolve um impasse pessoal, na medida em que, sem menosprezar o passado repleto de tradição, cultiva o presente que acena com promessas de conforto material. Ao poeta parnasiano, devoto de uma longínqua herança helenizante, junta-se, pois, o jornalista do momento, sempre propenso a encarar o seu presente a partir de uma perspectiva prática. Assim como a cidade se partiu, partiu-se também o intelectual que desceu das nuvens e veio instalar-se no meio do espaço urbano.

Nas inúmeras crônicas que escreveu para revistas e jornais cariocas e paulistas, Bilac foi disseminando suas aversões e simpatias. Entre estas, um dos blocos mais marcantes é o que se refere à França, motivo de constantes viagens do poeta, que para lá se deslocava sempre predisposto a gostar do teatro, da literatura, da gastronomia, do urbanismo, do comércio, da política externa, da moda, da sociedade, enfim. No entanto, apesar da habitual adesão do intelectual latino-americano à cultura francesa, é preciso salientar que a de Bilac conheceu, em seus últimos anos, uma ligeira alteração.

Se, numa primeira instância, o apego se mostra por intermédio das preferências e filiações literárias ou da invocação de Paris como sinônimo cabal de refinamento e sofisticação mundanas, num momento posterior essa caracterização corriqueira cede lugar a uma outra, cujo cerne não é mais a Arte, mas sim a Ciência.

Apesar de sua prolongada francofilia, que o faz invejar o exílio dourado de Pedro II à beira do Sena (*Gazeta de Notícias,* 18 jun. 1890), festejar a polícia paulista treinada pela Missão Francesa (*Gazeta de Notícias,* 4 ago. 1907) ou confessar-se impregnado de Júlio Verne na adolescência (*Gazeta de Notícias,* 26 mar. 1905), Bilac foi, aos poucos, desvencilhando-se da admiração incondicional e recheando seu discurso entusiástico com breves anotações objetivas, cada vez mais direcionadas.

Numa oportunidade, critica a Marinha francesa por ter batizado de Victor

Hugo a um de seus cruzadores fundeados no Mediterrâneo. Segundo o cronista, o pacifismo do velho Hugo arrepia-se com a homenagem. Em outra, não estranha surpreendê-lo fascinado pela figura de Zola, a quem Bilac atribui duas virtudes: no plano moral, a qualidade de tenaz *apóstolo da Verdade e da Justiça* (*Gazeta de Notícias*, 5 out. 1902); e, no plano literário, o escritor avesso ao mito romântico da inspiração e praticante confesso da escritura diária e metódica. Quando, *ao fim do trabalho diário,* o autor dos Rougon Macquart *contemplava o resultado de suas oito horas de produção intelectual, devia olhá-lo com amor e satisfação* (*Gazeta de Notícias,* 5 out. 1902), conjetura Bilac.

Mas é no entrecruzamento da estética com a ciência que se desnorteia o cronista. Formado dentro de cânones poéticos que celebravam a frieza do mármore e o brilho parasitário dos minerais, Bilac recusa a incorporação de novos materiais de construção, sobretudo os empregados em monumentos públicos. De pouco parece lhe valer o argumento de que estes estejam assentados em elaborados cálculos estruturais antes de ganharem as ruas e as praças; de nada adiantam os indícios de que a engenharia do século XIX esteja em pleno processo de assimilação de materiais recém-conquistados como o aço.

E assim como dividira a cidade de Paris em duas, o cronista reparte agora o Ocidente em dois: a leste, a Europa capaz de preservar um acervo cultural proveniente de tempos remotos e adequado à estatura humana; a oeste, os Estados Unidos, cuja infância nacional se confunde com infantilismo e precariedade de gosto.

Em "O Monstro de Ferro", crônica da *Gazeta de Notícias* (18 nov. 1894), hiperboliza-se o horror pela Torre Eiffel, *satânica invenção da engenharia moderna que maculou em Paris o esplendor da exposição universal de 89.*

Depois de concordar com o gesto de Guy de Maupassant, que escapuliu em veleiro pelo Mediterrâneo em vez de enfrentar a *hedionda figura* da torre, Bilac desqualifica-a através de um recurso fartamente explorado pelo naturalismo literário recente, a zoomorfização patológica: *Quatro patas formidáveis, vermelhas, prendem o monstro à terra: e sob essas patas se levanta ele, arrojado para o céu como injúria, grossíssimo na base, afinando de repente, sem transição. Oh! é horrível! dir-se-ia uma mulher gigante com o tronco mirrado pela tísica, e as pernas inchadas pela elefantíase.* Bicho acéfalo, avantaja-se o monstro por meio de *patas formidáveis* que apenas sugerem o animal, cuja forma corpórea mal se esboça no final do período, que o mostra severamente prejudicado pela deformação hipertrófica.

Como se a satanização e a animalização da torre não fossem suficientes, o cronista ainda recorre a outro expediente analógico, agora numa direção bíblica e divina como a enfatizar o antagonismo de duas concepções arquitetônicas. Ignorando deliberadamente o potencial desintegrador da torre de Babel, Bilac privilegia nela apenas seu componente majestoso e sua vocação ascensional. *Imagino-a airosa e leve,* diz ele, *apesar de suas formidandas dimensões, com uma escadaria em espiral, subindo para o céu pouco a pouco, volta a volta, pacientemente.* Nada daquela agressividade arrojada da Eiffel, daquele corpo disforme e *sem transição,* daquela impaciência grotesca e daquele peso impudico. Concebida como *uma torre, cujo cimo chegue até o céu* (*Gên*. 11,4), o cronista perdoa-lhe a presunção e nela aboleta seres que se destacam do comum dos mortais, evidenciando mais uma vez a predestinação divina do monumento: *Dentro da torre de Babel poderia dignamente morar um semideus, com guerreiro, com sacerdotes, com ídolos,* enquanto que na torre parisiense *só pode morar dignamente um engenheiro com cervejeiros, com camellots, com garçons d'hotel.* À sacralidade da torre bíblica opõe-se a vulgaridade da parisiense, onde se mesclam, de modo sutil, as noções de insensibilidade estética, ofício vicioso lastreado no álcool, comércio de bugigangas e trabalho desqualificado.

A anomalia deste *monstro de ferro, desgracioso e grosso, pesando sobre o coração da cidade como um pesadelo,* é incompatível com a proverbial delicadeza e refinamento da capital francesa, definida pelo cronista como *a mais elegante cidade de todo o mundo.* Diante desse atentado estético, Bilac encara como absolutamente natural o interesse da municipalidade de Baltimore, E.U.A., que pretendia desmontar a estrutura de aço e transportá-la para seus domínios.

A solução norte-americana agrada em cheio ao cronista, que a partir dela desenvolve um novo campo de oposições, acrescentando mais um antagonismo àqueles que já construíra entre o satânico e o divino, o profano e o religioso, o rasteiro e o sobre-humano.

A seu ver, Europa e E.U.A. modelam-se como espaços antinômicos devido ao lastro histórico de cada território. E, num processo curioso de entrecruzamento de percepção, ao território norte-americano, mais leve do ponto de vista da carga histórica, cabe o peso maior da torre; ao território europeu cabe o privilégio e o direito de ficar *livre e desatravancado,* uma vez que sua densidade histórica dispensa a densidade do artificialismo escultural imaginado por Gustave Eiffel.

De uma leitura mais ampla das crônicas bilaquianas, escritas entre 1890 e 1908, resulta a impressão de que sua Paris poderia ser, *grosso modo,* dividida em duas. Assim como ele a dividira em duas porções *geográficas,* uma séria e outra frívola, a que frui o passado e a que se espoja no presente, uma outra segmentação poderia ser praticada, tendo em vista agora o percurso *histórico* da cidade. Na intuição talvez de que sua visão contemporânea da cidade pudesse tisná-la, ao reduzi-la a mera passarela de elegância e fatuidade, Bilac opera um corte histórico, atribuindo ao passado uma riqueza artística e literária e ao presente uma desenvoltura científica invejável. Em resumo, o passado da cidade, mesmo o mais próximo, é respeitável pela sua contribuição para as artes; o presente, pelo seu alinhamento com as conquistas científicas mais recentes.

Nesse sentido, há duas crônicas que espelham bem essa concepção dúplice, na qual Bilac confirma, de modo inequívoco, as virtudes permanentes da capital francesa.

Em 24 de outubro de 1907, o *Correio Paulistano* publica "Flaubert", crônica em que Bilac recorda viagem que fizera a Rouen em 1890 com o objetivo de participar de uma homenagem a Flaubert, no décimo aniversário de sua morte: *Éramos quatro: Eduardo Prado, Paulo Prado, Domício da Gama, e eu. Em Paris, alojamo-nos num vagão de primeira classe, de oito lugares, ocupando os quatro lugares do lado direito. Chovia torrencialmente. O trem expresso ia já partir, quando se abriu a portinhola do vagão, e vieram ocupar os quatro lugares do lado esquerdo quatro sujeitos encapotados e encharcados, nos quais reconhecemos logo quatro figuras das mais notáveis no movimento naturalista da França: Émile Zola, Edmond de Goncourt, Guy de Maupassant, e o editor Charpentier. Partiu o trem...*

Excitado diante da possibilidade de *ouvir a conversa interessantíssima, que certamente ia se travar entre aqueles homens ilustres,* o grupo brasileiro preparava-se para, imaginamos, ouvir revelações substanciais sobre o movimento literário em que estavam envolvidos os companheiros de viagem. No entanto, qual não foi a decepção, quando perceberam que o mau humor tomava conta de todos. *Maupassant, Zola e Goncourt estavam endefluxadíssimos: tossiam e espirravam de três em três minutos, — enquanto o editor Charpentier, encolhido a um canto do vagão, dormia e roncava. De quando em quando, um dos três grandes romancistas olhava através da vidraça a paisagem, alva de neve e vergastada de chuva, e dizia melancolicamente, entre os dentes cerrados* **Sale temps!**... *Os outros sacudiam a cabeça com desconsolo, e repetiam* **Sale temps!**...

Descartado o lado anedótico desse episódio, seria temerário vê-lo como emblema de uma situação mais genérica? Talvez como o da exaustão da estética realista-naturalista, cujos maiores cultores estavam mortos ou congelados e que, portanto, pouco ou nada poderiam oferecer de novo. Com efeito, aqueles intelectuais franceses já estavam próximos do fim. Maupassant morreria em 1893; Edmond de Goncourt em 1896; Zola em 1902. E a viagem em que todos se empenhavam visava senão o descerramento de um medalhão em homenagem àquele filho de Rouen a quem se considera um dos mentores do realismo literário. A rigor, tratava-se, pois, de uma homenagem fúnebre, de uma viagem ao passado, de um culto ao que já existira. Os franceses que dela participavam eram simples remanescentes de um tempo extinto; os brasileiros, por serem mais jovens, vivenciavam o passado, fazendo dele uma realidade presente.

À primeira decepção, a do resfriado generalizado que teria impedido a revelação da suposta palavra nova, somava-se ainda uma outra: a da indiferença dos cidadãos de Rouen em relação ao homenageado. Ao contrário do que esperavam os brasileiros, *só um **épicier** já velho, que cochilava, à porta da sua loja, defronte da Catedral, mostrou conhecer o nome e a glória do festejado. Disse-nos que Flaubert era «um escritor muito conhecido». Mas acrescentou logo que «o grande Flaubert não era aquele: era o outro, o pai do escritor, um médico **très savant**, que várias vezes fora **maire** da cidade e deixara uma boa e sólida reputação de clínico sizudo e de cidadão prestimoso»...*

Nesse momento já não se trata mais de um passado que se quer presente, mas de um presente que não corresponde à imagem que dele se faz. Em outras palavras: onde estão o reconhecimento e a adesão da população francesa aos grandes heróis da sua intelectualidade? Como se explica que num país de escritores e de poetas tão difundidos no mundo ocidental sua população os ignore? Isso seria de se esperar num país de ignorantes e analfabetos como o Brasil, mas a França!!! Para o cronista, defensor, em outros momentos, de medidas práticas que beneficiassem a coletividade era difícil aceitar que os cidadãos de Rouen se lembrassem com mais ardor do Flaubert-pai, homem prático na medicina e na política, do que do Flaubert escritor, mero criador de realidades imaginárias.

Nessa crônica do *Correio Paulistano*, publicada quase vinte anos depois do passeio à província francesa, pode-se ler, na verdade, uma espécie de desencanto necessariamente vinculado ao mundo da literatura. É como se o cronista estivesse empenhado em um balanço, cujo resultado fosse a certeza incômoda de que o auge do momento realista-naturalista já se fora, de que se tratava de um momento literário morto como o filho do ex-prefeito de Rouen.

Diante dessa constatação compete, então, a Bilac avaliar o que de positivo e estimulante se pode esperar ainda da cultura francesa. E isso não haverá de ocorrer, por certo, no mundo das idéias literárias, provisoriamente exaustas nesse finalzinho de século, mas sim no da técnica e da ciência. É nessa área que o país se impõe como padrão cultural e social, continuando, de resto, a cumprir o seu papel de condutor da humanidade. Se a França retinha seu apanágio literário e seu prestígio junto à mundanidade elegante, cumpria agora reconhecer também sua presença na ponta da modernidade científica. É para lá, portanto, que se devem voltar as vistas se se pretende modernizar este país.

Neste sentido, torna-se exemplar uma outra crônica publicada na *Gazeta de Notícias* em 18 de janeiro de 1903, na qual Bilac anota sua surpresa e seu desconforto por ter viajado na companhia de uma mocinha tuberculosa num bonde carioca. Por sua descrição, vemo-nos diante de uma remanescente de romances baratos que inundaram o século passado: *As mãos, com que a mísera apertava o lenço contra a boca, tentando abafar a tosse esfalfante, eram transparentes, cor de cera virgem, com os ossos e as veias avultando na pele; o peito, — o seu pobre peito de virgem estiolada ainda em plena puberdade, — cavava-se côncavo, comido pela enfermidade implacável; e duas rosas de febre, duas vivas rosas de febre, desabrochavam nas maçãs do seu formoso rosto de moribunda...*

O detalhamento metonímico e hiperbólico não tem senão uma função: a de preparar o leitor para uma situação dramática que, ultrapassando o socialmente aceitável, exige a atenção do público e das autoridades que, supõe-se, o representam. Para o cronista, vida urbana e endemia são realidades incompatíveis. Como se trata de reivindicação objetiva montada em cima de uma descrição subjetiva, seu discurso abandona o descritivismo inicial para enveredar por um processo de enumeração, cujo objetivo é o de esmiuçar as medidas que convêm à situação, mesmo que isso implique vasculhamento das relações sociais e a conseqüente redução de normas tidas como elegantes. É mais que justo, portanto, que a única *Liga contra a Tuberculose*, sediada no Rio, acompanhe o exemplo de uma congênere francesa, *multiplicando conferências, publicações, cartazes; pedindo providências contra a exposição de gêneros alimentícios à ação da poeira; batendo-se pela necessidade do exame do gado em pé e abatido, pela fiscalização do abastecimento de leite, pela verificação da saúde das amas, opondo-se à convivência, nas escolas, de professores e alunos tuberculosos; mostrando os perigos dos beijos, dados de boca a boca, principalmente em crianças...*

Nessa campanha sanitária nenhuma instituição poderia ser poupada. Até mesmo a Igreja deveria envolver-se, submetendo-se às prescrições ditadas pela ciência, cuja eficácia vai, aos poucos, se impondo e substituindo, quando necessário, os devaneios literários. É por esse motivo que Bilac subscreve, em público, um ofício da Associação Paulista de Sanatórios, dirigido ao bispo de São Paulo, no qual se sugerem providências higiênicas tais como: *Três vezes por semana remover-se-á a poeira dos bancos dos confessionários e dos altares, por meio de panos umedecidos de água simples; as grades dos confessionários serão freqüentemente lavadas com uma solução de lisol ou de creolina, ou melhor, com lixívia fervida; as pias de água benta serão esvaziadas pelo menos todas as semanas, e lavadas com uma solução de ácido fênico a 5 graus ou sublimado a 1 por 1000* (*Gazeta de Notícias*, 30 mar. 1902).

Por trás do endosso do cronista, que se arrisca a pôr em discussão a inviolabilidade sacra da religião predominante, não está mais a autoridade de poetas e prosadores que, tempos atrás, consolidaram a excelência intelectual de sua querida França. À sensibilidade destes junta-se agora o racionalismo de um Pasteur, que era capaz de reconhecer no ser humano o resultado de uma feliz junção entre "l'homme savant" e "l'homme sensible". Ao recorrer à autoridade do cientista, falecido nos últimos anos do século 19, Bilac alargava seu panteão francófilo, nele incluindo a contribuição de um pesquisador amplamente identificado com o alcance social da ciência. Perante o bacteriologista, responsável por revelações que levavam ao saneamento individual e público, o reconhecimento do *jornalista;* perante o engenheiro cujos cálculos lesaram a face delicada da "sua" Paris, a relutância nada discreta do *poeta*[1].

NOTA

[1] Fragmento deste artigo foi publicado em *Relações culturais França-Brasil: influências e convergências,* trabalho coletivo organizado por Leyla Perrone-Moysés para a Coleção Documentos, Série Estudos Brasil-França-1. São Paulo: USP-Instituto de Estudos Avançados, 1991.

Este artigo faz parte de pesquisa em fase de finalização e que tem contado com o auxílio da Fapesp, do CNPq e da Reitoria da USP, em etapas diversas.

Maria Luiza Guarnieri Atik

VICENTE DO REGO MONTEIRO: O PERCURSO DE UM PINTOR-POETA

> "Notre vie en somme est un test
> On doit se faire à toute chose"
> V. R. Monteiro

O surgimento do Modernismo no Brasil se inscreve de certo modo sob o signo romântico, como um esforço de penetrar mais profundamente na nossa realidade e criar uma literatura e uma arte eminentemente nacionais de forma consciente, tentando eliminar todo e qualquer vestígio da influência lusitana e colonizadora que porventura houvesse escapado à escola romântica.

Se por um lado os modernistas se aliaram com as vanguardas artísticas e culturais européias, por outro lado o desejo de formar uma cultura moderna e nacional levou-os a buscar a nossa "originalidade". Assim, com um olho na Europa e outro no Brasil, os modernistas seguem passo a passo o que se fazia nos grandes centros metropolitanos, mas procurando sempre privilegiar o "caráter nacional" presente na etnia mestiça influenciada por culturas primitivas (africanas e ameríndias).

Esse movimento pendular, tão característico do Modernismo, entre a questão do nacional e do universal, entre a relação do patrimônio cultural europeu e as peculiaridades locais, entre a recepção passiva e a devoração crítica, impõe-se como uma interrogação sempre renovada e instigante, principalmente quando nos deparamos com uma obra tão heterogênea e diversificada como a deste brasileiro em Paris: Vicente do Rego Monteiro.

Por que Vicente do Rego Monteiro?

Porque percorrer sua trajetória artística não é apenas buscar um fio condutor que explique uma obra plástica e poética, uma obra que atraída pela cultura francesa se mantém fiel às raízes de sua terra natal, é também tentar delinear o perfil de um artista que soube devorar criticamente o código elaborado pelas vanguardas européias e criar um código singular.

O PINTOR

A vocação de pintor em Rego Monteiro surge por volta dos nove anos, quando deixa Recife e fixa-se com sua família no Rio de Janeiro. Acompanha as aulas e os trabalhos de sua irmã Fédora, aluna, nessa época, de Eliseu Visconti e Zeferino da Costa.

O início de sua formação artística ocorre realmente em Paris, entre 1911 e 1914, quando começa a freqüentar simultaneamente as aulas da Academia Julian e os cursos da Academia Colarossi. Em 1913, com apenas catorze anos, expõe pela primeira vez um quadro e uma escultura no Salon des Indépendants.

Este período de aprendizagem pode ser definido como um momento de grandes assimilações, uma vez que sua vida está dividida entre os ateliês, onde assiste às aulas de desenho, pintura e escultura, as visitas aos museus e o acompanhamento do desenrolar das vanguardas.

A deflagração da Primeira Guerra Mundial obriga-o a interromper seus estudos e retornar ao Brasil. Em 1918, em Recife, exibe na Galeria Elegante uma escultura, "cabeça" do Sr. Sadar. Sua segunda exposição nesta cidade ocorre no ano seguinte, onde apresenta pinturas de pequeno formato que já revelam o seu empenho em pesquisar a cultura dos nossos aborígines.

Em 1920, suas aquarelas com motivos indígenas são expostas na Livraria Moderna, de Jacinto Silva, em São Paulo. Os jornais não poupam severas críticas ao artista. Em 16/5/1920, o *Fanfulla* critica a incompatibilidade existente entre os temas mitológicos brasileiros e o estilo futurista das figurações. No mesmo dia, O *Jornal do Comércio,* por sua vez, comenta que os assuntos presentes nas 43 obras "são todos extraídos das nossas ingênuas lendas indígenas, trabalhadas como uma tendência mais do que pronunciada para o descabido futurismo — eterno foco das coisas ridículas". Já o *Estado de S. Paulo,* em 21/5/1920, reconhece o valor de sua obra e enfatiza o fato de esta não "cair nos exageros do futurismo ou do cubismo". Chama ainda a atenção para o caráter nacional presente nos desenhos e aquarelas, ressaltando "sua forma individual e a apreciável independência de espírito e qualidade inventiva".

Em Vicente do Rego Monteiro, a preocupação com o nacionalismo revela-se muito cedo, desde 1914, quando se interessa pela música e danças populares brasileiras. Esta preocupação só se manifesta de forma mais marcante entre os nossos artistas, no início de 1919, quando Oswald de Andrade funda o jornal *O Pirralho*, no qual propõe uma luta em prol da pintura nacional.

O elemento indígena, o elemento africano foram igualmente assimilados por Mário de Andrade, na literatura, em suas pesquisas sobre o folclore; na música por Vila-Lobos; na pintura por Di Cavalcanti e por outros artistas que buscavam renovar as formas de expressão. No caso de Rego Monteiro, as assimilações ocorreram mais cedo, talvez pelo fato de sua formação artística ter-se iniciado em Paris, centro para o qual todos convergiam.

Em 1921 expõe, no *foyer* do Teatro Trianon do Rio de Janeiro, aquarelas inspiradas na vida e na mitologia dos nossos índios. Em setembro deste ano, retorna à Europa, mas antes de partir deixa com Ronald de Carvalho algumas obras: "Cabeças de negras", "Cabeça verde", "Baile no Assírio", "Lenda brasileira", três telas intituladas "Retratos" e duas " Cubismo", expostas em São Paulo, na Semana de Arte Moderna de 22. Estas obras não apresentam ainda um traço definido, mas algumas influências vêm à tona. Em "Cabeças de negras", as pinceladas largas e azuladas que diluem as duas cabeças, apresentam características impressionistas; já na série "Retratos" (da "Mãe do artista", de "Joaquim Rego Monteiro", de "Ronald de Carvalho") o alongamento do pescoço, a intensidade cromática nos remetem às telas de Amedeo Modigliani e à arte africana.

Mesmo não tendo participado de forma efetiva da movimentada Semana de 22, Rego Monteiro tem posição relevante entre aos seus protagonistas, pois foi o primeiro, entre os modernos brasileiros, a travar um contato maior com os cubistas franceses, pouco antes da Primeira Grande Guerra. E, segundo Antônio Bento, as idas constantes do pintor a Paris e "o fato de não ter podido no passado fazer sua vida artística no país explicam sua ausência ou omissão no processo de desenvolvimento da cultura plástica brasileira, depois da histórica Semana"[1].

No início de sua carreira, Monteiro filia-se ao cubismo francês, mas suas obras já apresentam uma linguagem particular, individualizada. Assim, em vez de preferir a "Arte Negra", como sucedeu aos mestres europeus, inclina-se para a plástica dos índios brasileiros, introduzindo os mitos amazonenses na "École de Paris". A incorporação do tropical em suas telas antecipa aspectos que serão valorizados posteriormente, por Oswald de Andrade e Tarsila do Amaral, no movimento Pau-Brasil, de 1926 e na criação da Antropofagia, lançada em São Paulo, em 1928. Mesmo sendo um pintor da "École de Paris", Monteiro não se desliga do Brasil, procurando sempre manter contato com os brasileiros envolvidos na empresa modernista e estar a par das discussões que travam. Entre 1924 e 1926, convive intimamente com Victor Brecheret e tem encontros regulares com Tarsila do Amaral, Di Cavalcanti, Antônio Gomide e outros.

"Baile no Assyrio", aquarela sobre papel, 26,5 cm de diâmetro. Rio de Janeiro, 1919.

Por outro lado, sua atração pelo primitivo constitui-se num recurso inovador e manifesta-se, sobretudo, no nível formal, com a simplificação dos planos e a geometrização das formas. Os valores primitivos permitem-lhe expressar uma temática nacional que almeja o universalismo, lição que aprendeu com Léger, Picasso, Matisse e Gauguin. Mas como nos mostra Gilberto Freire, o que Monteiro procura nos primitivos não são os modelos,

"[...] mas afinidades — e deles assimilar não propriamente a técnica mas os princípios — aquela sinceridade de concepção, aquele estranho exagero do pormenor expressivo, aquele relevo de figura, característicos da arte cristã antecedente de Rafael."[2]

Assim, as formas redondas e volumosas de suas pinturas figurativas não provinham apenas da esfera e do cone cubistas, mas também do artesanato dos nossos silvícolas. Havia, por parte de Rego Monteiro, uma intenção deliberada de reproduzir em seus quadros as formas escultóricas e as cores peculiares às cerâmicas pré-cabralinas da ilha de Marajó e às da tribo dos Carajás. Intenção que se configuraria paulatinamente como uma marca de sua brasilidade e que pode ser apreendida tanto em suas representações de deuses índios, seres e lendas criados pela imaginação primitiva e fetichista de nossos índios, como em suas telas de temas religiosos, ou seja, nos corpos roliços e no tom amorenado de Jesus, da Virgem Maria ou dos Reis Magos.

Esta preferência pela figura humana o afasta da linha principal do cubismo francês que fez da natureza morta a sua temática mais representativa. Já a sobriedade do colorido, o uso de cores frias de tonalidades baixas aproximam-no do cromatismo de estilo cubista. E enquanto a sua predileção pela cor de mel lembra, como salienta Géo-Charles, o tom da pele queimada do índio brasileiro, a estrutura predominantemente "magra" das figuras humanas revela, segundo Manuel Bandeira, profundos atavismos dos recursos plásticos pernambucanos.

Sem se prender a nenhuma tese de cunho nacionalista, Rego Monteiro volta-se para o único passado que o indígena conhece, o das narrativas míticas. Esse passado sem registro histórico concreto, transmitido oralmente de uma geração a outra, ganha uma interpretação plástica nos seus desenhos, aquarelas e telas da década de vinte. A atmosfera mágica que envolve os espetáculos rituais constitui-se num dos seus recortes prediletos. Integrando dança, música e pintura corporal, esses espetáculos revelam um momento fugaz, em que dois mundos opostos se interpenetram: o sacro e o

"Retrato da Mãe do Artista", óleo sobre tela, 40,2 x 33 cm. Recife, 1920.

profano. Momento em que os índios, colocando a máscara ritual, se transformam, por alguns instantes, em seres sobrenaturais, em deuses das florestas.

A abordagem plástica das lendas e crenças dos primitivos habitantes da nossa terra desperta o interesse do escritor Louis Duchartre, que convida o pintor para ilustrar o livro *Légendes, croyances et talismans des indiens de l'Amazone* (Paris, 1923). O texto adaptado por Louis Duchartre enfoca lendas e crenças dos índios tupis e tapuias; registra algumas canções dos botocudos e apresenta um estudo comparativo dos símbolos da cultura marajoara com os do antigo México, Egito e China. As ilustrações presentes na obra serão utilizadas pelo próprio Monteiro como fontes na elaboração dos costumes, máscaras e cenários do bailado criado por Malkowsky, encenado no Teatro Femina, em 1925.

A dança constitui um outro eixo de sua obra plástica. Para expressar essa linguagem visual que nasce da comunhão dos movimentos corporais, ritmo e ação, Monteiro dá prioridade ao desenho. Utiliza-se do traço puro e forte, sem sombreado, para sugerir a intensidade dos movimentos do ritual mágico do bailado. Seguindo as lições de Henri Matisse, que preconizava a importância da dinamicidade na arte para atingir a beleza, Monteiro procura afastar-se da representação, da fixação do movimento num tempo ou num espaço determinado e através do tecido esvoaçante, do tecido colado ao corpo da bailarina, de um gesto suspenso no ar, cria efeitos que se aproximam da seqüência cinematográfica. Os movimentos de Nijinski, Karsavina, Ana Pavlova e da dançarina africana Dourga ficaram registrados nas ilustrações que fez para o livro *Découvertes sur la danse,* de Fernando Divoire, em 1925, que contou também com a colaboração dos ilustradores Bourdelle e André Domin.

Sem se distanciar do traço coreográfico do desenho, incorporado de forma definitiva em sua produção plástica, percebemos uma evolução interna em sua arte, que ocorre à medida que o pintor procura transpor a amplitude do mural para suas telas, seguindo uma tendência da vanguarda européia. Sua vocação de muralista, sua inclinação ao universalismo já se revelam em quadros de cavalete, de proporções geralmente médias (90×70, 90×80, 80×100). Porém, é na simetria da composição, no arranjo grandioso, na espacialidade das formas, no volume planiforme, na frontalidade que encontramos a autêntica monumentalidade de sua pintura mural, cujas leis descobrira na estatuária das velhas civilizações (assíria e egípcia), nos afrescos da Idade Média e da Primeira Renascença. Obras como "Tênis" e "Os calceteiros"

"[...] merecem figurar sem dúvida na antologia da época pela originalidade do caráter muralista e seu poder comunicacional, reconhecidos pela

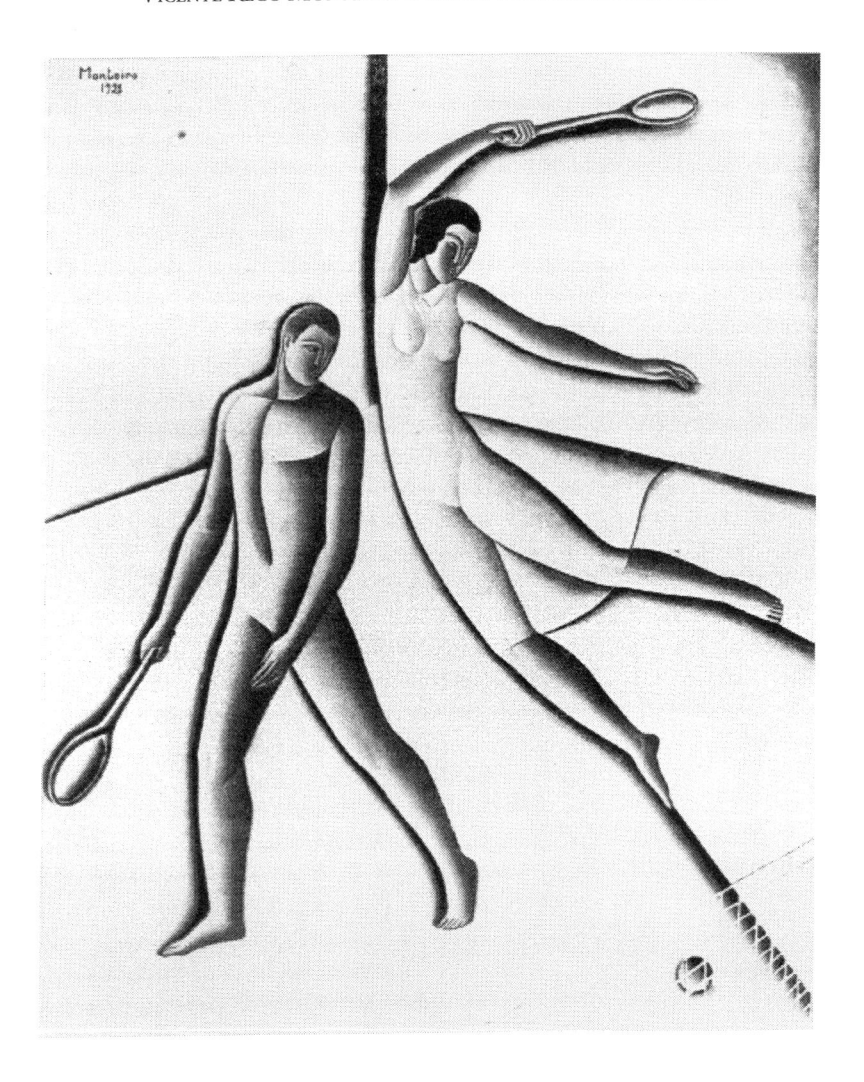

"Tênis", óleo sobre tela, 100,5 x 81 cm. Paris, 1928.

crítica francesa. Encadeado à Escola de Paris, fora ele o primeiro brasileiro — mas com muitos anos de antecipação a um Di Cavalcanti e a um Portinari (para quem iam carrear-se todas as glórias em nosso meio) a empenhar-se a fundo numa pintura destinada ao muro, [....] fazendo-o com grande qualidade do conhecedor das regras do jogo e da mensagem amplamente aberta."[3]

Do ponto de vista temático, a obra de Monteiro apresenta temas regionais, nacionais e internacionais; abrange desde as lendas amazônicas até fatos do seu cotidiano. "O combate" expressa um tema em voga na década de vinte, ou seja, as lutas de boxe entre Georges Carpentier e Jack Dempsay; os temas proletários, os temas urbanos são expressos por "Vista de Paris", pelo "Carroceiro", "Aguardenteiro", "Cambiteiro" e "Cabeça de operário".

Ao longo desses anos parisienses a atenção de Monteiro converge também para a iconografia religiosa, introduzindo uma temática nova em relação àquelas propostas pela vanguarda européia. Temática católica, que revela seu apego à tradição religiosa tão viva em seu Nordeste natal, que decorre de suas visitas às igrejas barrocas do Recife e de seu contato com as figuras de barro modeladas pelos santeiros nordestinos, vendidas em praças e mercados da cidade.

"A crucifixão" é sucedida pela "Fuga para o Egito", de 1923 (col. Wernwer Arnhold), "A flagelação", de 1923 (col. Sr.ª Fernand Rousseau), "A adoração dos reis magos", a "Pietà", de 1924 (col. Gilberto Chateaubriand) e a "Santa Ceia", de 1925 (col. Luciènne Géo-Charles), entre outras, todas de arranjos composicionais geométricos rigorosos e um seco teor dramático[4], cujo efeito final tende para monumentalidade da estatuária egípcia, da arte assíria, e para a iconografia universal.

A temática religiosa é contraponteada por motivos puramente decorativos, como em "A mulher sentada" e "As nadadoras", sendo freqüente ainda o seu envolvimento com o tema animalista, presente em "O lobo e a ovelha", "O urso", "Corça perto do bosque nevado", "O menino e os bichos", "Mulher com galinhas" e em outras obras.

A diversidade de temas e as soluções técnicas e estéticas incorporadas às suas produções plásticas já o diferenciam do contexto artístico parisiense, ao longo da década de vinte. Suas telas catalogadas e reconhecidas internacionalmente são expostas e adquiridas, posteriormente, por vários museus europeus. "Os calceteiros" e "O vaqueiro" encontram-se no Palais de Congrès (Liège); "A caçada", "O menino e os bichos" e "A adoração dos pastores" fazem parte do acervo do Museu Nacional de Arte Moderna, Centro Georges Pompidou (Paris); "A Santa Ceia" e "Um copo de vinho" estão no Museu

"O Combate", óleo sobre tela, 130 x 130cm. Paris, 1927.

Géo-Charles (Echirolles), enquanto "O combate", no Museu de Pintura e Escultura, da cidade de Grenoble.

Entre as inúmeras exposições individuais e coletivas de que participou na França, podemos destacar as seguintes: Salon des Indépendants (1923, 1925, 1926, 1928, 1929, 1931); Salon des Tuileries (1924); Galerie Fabre (1925); Salon d'Automne (1925); Galerie Katia Granoff (1937); Galerie Visconti (1947); Galerie Royale (1958); Galerie Yves Michel (1960); Galerie Ror Vomer (1962); Galerie de La Baume (1963); Galerie R. G. (1964).

Paralelamente a sua intensa atividade de pintor, Rego Monteiro torna-se um divulgador da vanguarda européia. Em 1930, embarca para o Brasil em companhia do crítico de arte francês Géo-Charles, trazendo uma centena de obras da "École de Paris", cujas diferentes técnicas de composição refletiam as inúmeras tendências da arte moderna.

A mostra apresentada em Recife (Teatro Santa Isabel), Rio (Palace Hotel) e São Paulo (Palacete da Glória) reunia trabalhos de 55 artistas, com presença marcante de pintores franceses e de outras nacionalidades. Entre eles podemos citar: Braque, Léger, Picasso, Max Jacob, Lhote, Juan Gris, Derain, Matisse, Le Fauconnier, Lurçat, Foujita, Survage, Dufy, Herbin, Wlaminck.

A exposição na capital pernambucana não teve a menor repercussão. "Não logrou sequer ser compreendida nem recebida pelo público. Uma crônica do poeta Ascenso Ferreira, estampada n'*A Província,* edição de 30 de março, narrou estes fatos."[5] Transposta para os salões do Palace Hotel e do Palacete da Glória também não mereceu do público e da imprensa a atenção que merecia.

Posteriormente, numa carta que escreve a Antônio Bento, em abril de 1970, recordando-se dessa exibição pioneira, Rego Monteiro faz os seguintes comentários:

> "A incompreensão (tanto na capital pernambucana como no Rio e em São Paulo) foi grande e o lucro nenhum. Alguns bons amigos ajudaramnos. Estácio Coimbra (governador de Pernambuco), através de Aníbal Fernandes. No Rio, o embaixador Leão Veloso, dando-nos os salões do Palace Hotel e passagens de volta para França, pelo Lloyd Brasileiro; madame Penteado, em São Paulo, adquirindo uma tela de André Lhote. Mário de Andrade, que nos deu os salões do «Palacete da Glória»". Em São Paulo, Tarsila participou da mostra com duas telas, *O sapo* e *Morro da favela.*"[6]

Apesar do fracasso da exposição, a iniciativa pessoal de Monteiro merece ser resgatada e reconhecida. Preocupado em divulgar entre nós a essência das vanguardas européias e estabelecer, ao mesmo tempo, laços mais sólidos

"A Santa Ceia", óleo sobre tela, 70 x 92 cm. Paris, 1925.

entre a França e o Brasil, antecipou atos que seriam tomados pelos governantes franceses e brasileiros somente na década de quarenta. Na verdade,

"[...] a primeira exposição oficial moderna, enviada de Paris à América Latina e denominada *De Manet à nos jours,* muito bem organizada por Gaston Diehl, [...] só chegou ao Rio em 1940, em virtude de ter sido deflagrada a Segunda Guerra Mundial. Deveria ter voltado de Caracas a Paris. Mas decidiram com acerto exibi-la também no Brasil. Foi por esse motivo apresentada nesse ano, no Museu Nacional de Belas Artes. Já a segunda exposição de arte moderna enviada ao Brasil pelo governo francês, foi exibida no Rio em 1945, mal havia terminado a última conflagração mundial. O seu organizador foi o prof. Germain Bazin, que a acompanhou ao nosso país e fez igualmente aqui uma série de conferências."[7]

Inquieto por temperamento, Monteiro ansiava sempre por novas experiências no desejo de abranger o conhecimento e a prática de várias artes. Seu interesse pela tipografia nasceu, provavelmente por volta de 1930, quando Géo-Charles o convidou para administrar a revista *Montparnasse*. Tal interesse continua sendo cultivado nas revistas recifenses, *Fronteiras* e *Renovação,* nas décadas de 30 e 40, período em que se lança a outros empreendimentos, tornando-se editor, poeta e tradutor. Conseqüentemente, sua produção pictórica rarefaz-se de forma considerável. Na década de quarenta, predominam em suas composições plásticas as naturezas-mortas, das quais o melhor exemplo é "O mundo que a cafeteira criou" (1942).

O ponto de partida para a criação desta série de composições foi o da deformação dos objetos. Segundo depoimento do próprio pintor, ele possuía uma cafeteira que refletia o côncavo e o convexo, recriando desta forma a paisagem em torno dela. Partindo das imagens refletidas, pintou "a cafeteira com os objetos da sala dentro da cafeteira. E, a partir disso, abstraiu a cafeteira e passou, então, a fazer a paisagem na raiz, as perspectivas vistas em torno da cafeteira; quer dizer, o cinzeiro, o copo, o prato, o mundo que a cafeteira criou"[8].

Na década de cinqüenta, Monteiro ressurge com uma série de monotipias que são expostas na Galerie de L'Odéon, em Recife e no Rio. Já no começo de década de sessenta, mostra-se receptivo ao abstracionismo informal, cujos resultados são improfícuos. Observa-se, contudo, que a fragmentação cubista e as descobertas escultóricas do romeno Brancusi, que marcaram sua obra na década de vinte, ressurgem nos trabalhos dos anos cinqüenta e sessenta. A ligação com a escultura é nitidamente visível nas "figuras sintéticas, pantagrué-

"Os calceteiros", óleo sobre tela, 145 x 165 cm, Nice, 1924.

licas, rígidas, geometrizadas", as quais pintadas em "tons baixos parecem esboços para um conjunto tridimensional"[9].

Em seus últimos desenhos e telas, Monteiro recria e reelabora conscientemente algumas obras anteriores ou inclina-se para uma figuração similar, porém sua linguagem plástica não atinge o mesmo nível de sua produção artística da década de vinte, que sem paralelo em nossa pintura do primeiro momento modernista, figura ao lado da melhor produção dos artistas de sua geração em Paris.

A dispersão de Monteiro, após 1930, como já assinalamos anteriormente, afastou-o da intensa produtividade plástica. O pintor cede lugar ao fabricante de aguardente, ao cineasta, ao articulista, ao editor e, principalmente, à atividade crescente do poeta.

Em 1932, regressando a Pernambuco, depois de conseguir uma pequena fortuna, Rego Monteiro arrenda, com seu cunhado, o Engenho Várzea Grande, nas proximidades de Gravatá, para fabricar sofisticada aguardente. A empresa vai a falência, mas esse empreendimento ficou registrado nos seguintes versos de João Cabral de Melo Neto:

"Minha pobreza é tal
que pouco tenho a dar
Dou da aguardente que o pintor Monteiro
fabricava em Gravatá." [10]

De senhor de engenho Rego Monteiro passa a cineasta. Em 1934, o jornal *L'Intransigeant* anuncia que Monteiro grava no interior de Pernambuco cenas para um filme documentário. Por sua conta, trouxe um assistente de Karl Dreyer, Silvagni, e ainda um *camera-man*. Esse filme será exibido mais tarde no Cinéma Folies Dramatiques. Géo-Charles, referindo-se a essa fase da vida do pintor, numa conferência proferida na Galerie de La Baume (1963), ressalta que ele fora o produtor, o co-autor e o intérprete desse filme.

Em 1937, viaja a Paris, por ocasião da Exposição Internacional e decora a capela do Brasil no Pavilhão do Vaticano, com uma grande tela representando Nossa Senhora de Lurdes com Santa Bernadete aos seus pés, sobreposta a um altar de estilo colonial brasileiro do século XVIII. A tela recebe uma crítica elogiosa do poeta francês Adolphe de Falgairolle, publicada no *Le Petit Marseillais*[11].

A ameaça de guerra na Europa o obriga a voltar a Pernambuco, em 1938; graças ao interventor do estado, Agamenon Magalhães, é indicado para ocupar cargo de diretor da Imprensa Oficial do Estado, sendo também contratado como professor de desenho do Ginásio de Pernambuco.

Em 1939, associa-se a Edgar Fernandes para fundar, em Recife, a revista *Renovação*, que tem como lema a "educação popular" e será editada com caráter jornalístico até 1942. *Renovação*, segundo Willy Lewin, era "um repositório de mosaicos poéticos, literários e gráficos, aos quais Vicente do Rego Monteiro impunha sua criatividade e seu espírito, que outra coisa não eram senão uma, vamos dizer, bem dosada mistura de tradição local e de *Profond Aujourd'hui* de Blaise Cendrars"[12]. Rego Monteiro colabora na qualidade de ilustrador, poeta e de autor de artigos sobre assuntos variados: arte, arquitetura, teatro, economia, política e turismo. De 1942 a 1946, a revista *Renovação* transforma-se num órgão literário de pequeno formato e saídas esporádicas.

Segundo o depoimento de um dos colaboradores da revista, Willy Lewin, o espírito da "École de Paris" estava presente na casa que Rego Monteiro alugara em Recife,

"[...] onde seus amigos mais íntimos se reuniam, não apenas para «fugir» à angústia da II Guerra Mundial; não apenas para admirar a pequena, mais preciosa, pinacoteca de artistas modernos (Lhote, Derain, etc.) para ali transplantada; não apenas para conversar e traçar planos [...] mas, também para bebericar *pernods* legítimos, *cognacs* da mais nobre categoria francesa, e sobretudo, um dos *chefs-d'oeuvre* [...] do pintor-inventor: a famosa — porque raríssima — cachaça Gravatá, fabricada por Vicente, e por ele engarrafada e rotulada com requintes ultracivilizados."[13]

A residência de Monteiro torna-se o ponto de encontro de artistas e intelectuais, e dessas reuniões informais nasce a idéia do Primeiro Congresso de Poesia do Recife, que se realizará em abril de 1941, com a participação de João Cabral de Melo Neto, Ledo Ivo, Willy Levin, Rangel Bandeira, Benedito Coutinho, Cláudio Tavares e outros jovens escritores.

Em novembro de 1940, Rego Monteiro, Willy Lewin, João Cabral de Melo Neto e José Guimarães de Araújo comunicam a intenção da revista *Renovação* de promover tal evento e através de um artigo esboçam os primeiros objetivos do Congresso.

Segundo os seus organizadores, pela primeira vez no Brasil, seriam discutidos os problemas relativos à Poética, entendida no seu sentido amplo, ou seja:

"[...] no de qualquer categoria de arte que receba o toque de valores legitimamente líricos: a pintura, o cinema, a fotografia, a arquitetura, não esquecendo o lirismo espontâneo, ingênuo — mas às vezes de tão alta intensidade — de que se acham cheias as manifestações da chamada arte popular."[14]

Além disso, o Congresso estaria aberto a todos os artistas e intelectuais, pois não desejavam que este se transformasse "no órgão de um grupo", fato tão comum entre nós. E não se limitaria "à discussão de estudos sobre a essência do fenômeno poético, sua revelação na arte ou sobre os que, em todos os tempos, constituíram-se «seus portadores»"[15], pois seria parte integrante de um projeto mais amplo que abarcaria exposições de pinturas e desenhos, exibições de filmes e montagem de uma peça teatral. Idealizado nos moldes da Semana de 22, cujo programa incluía uma parte literária, uma plástica e uma musical, o Congresso pretendia se configurar num grande painel em que todas as artes estariam representadas.

Em março de 1941, antes da abertura oficial do Congresso são publicados na revista *Renovação* dois textos de Rego Monteiro: "1.º Congresso de Poesia do Recife" e "Banco Turístico do 1.º Congresso de Poesia do Recife", cujo objetivo era traduzir o espírito do evento e antecipar o teor singular das teses que seriam apresentadas.

Em abril de 1941, quando temos a abertura do evento, assim noticia o *Diário de Pernambuco*:

> "Iniciando a reunião o poeta Rego Monteiro pronunciou algumas palavras alusivas ao ato, procurando esclarecer o caráter singular do Congresso, que não perseguia nenhum dos fins que, geralmente, têm em vista os congressos."[16]

Para Willy Levin, o Congresso não perseguia nenhum objetivo determinado, tanto que aprovou por unanimemente o filme *Do mundo nada se leva*, "espécie de contestação, pioneira e bem humorada, ao *establishment* bem-pensante ou ao *American Way of Living* — antecipando, de algum modo, a essência da atual filosofia *hippie* — e, principalmente, pelo temário proposto e distribuído por Vicente"[17], do qual destacamos alguns títulos: "Mobiliário interior da poesia, estilo e quadricromia", Vicente do Rego Monteiro; "Vitrinas e instalações ao gás néon e a poesia utilitária", Gastão Bittencourt de Holanda; "A sala de jantar, quarto de dormir, no tempo e no espaço e a poesia dos móveis sem estilo", Willy Lewin; "Os estranhos suicídios pelos instrumentos de ótica e seus sucedâneos na poesia", João Cabral de Melo Neto; "Urbanismo e a poesia ao ar livre", Laurenio Lima; "Propriedades gerais do subsolo poético e as inculturas fecundas", Ledo Ivo.

A divulgação antecipada dos títulos e dos expositores tinha intenção estratégica. Os congressistas desejavam chocar e confrontar as reações dos críticos e do público em geral. As teses, em sua maioria, foram substituídas por outras menos agressivas, e das vinte e três anunciadas, apenas nove aparecem nas páginas da revista *Renovação*, sendo, portanto, difícil precisar exatamente todos os participantes de tal evento.

Inúmeras foram as críticas e os elogios ao Congresso, veiculadas pela imprensa local *(Diário de Pernambuco, Diário da Manhã, Jornal Pequeno)*. Para muitas as propostas apresentadas no Congresso eram loucas e descabidas, para outros eram extremamente pertinentes, pois representavam um posicionamento dos intelectuais brasileiros em relação aos acontecimentos mundiais. Mesmo não sendo evidentes os objetivos do congresso, para os que o criticavam, este foi no seu âmago, sob vários aspectos, um congresso de poesia e de pesquisa sobre o fenômeno poético. Talvez um pouco fora do espaço e do tempo, pois já estávamos na fase pós-modernista, e a grande bomba lançada sobre o marasmo, o comodismo, a estagnação reinantes na vida intelectual brasileira já tinha sido detonada, em São Paulo, pela Semana de Arte Moderna de 1922.

Quanto ao teor dessas teses, constatamos, em geral, inúmeras referências às vanguardas européias, mas são, sobretudo, os autores pré-vanguardistas ou da "belle-époque", os pontos de interesse para os quais converge a maioria dos congressistas. De Rimbaud tomam a concepção do poema como forma de conhecimento; de Verlaine, a ruptura entre o verso e a música e de Baudelaire, as analogias e o princípio das correspondências sensoriais.

Entre as diversas tendências estéticas surgidas no início de século XX (como Futurismo, Dadaísmo, Expressionismo, Cubismo), o Surrealismo assume uma posição de destaque entre os congressistas.

O POETA

No ano de 1941, além de organizar e participar ativamente do Primeiro Congresso de Poesia do Recife, Rego Monteiro desponta no cenário nacional como poeta, com a publicação dos *Poemas de bolso*. Tal publicação revelou a muita gente um poeta inesperado; para outros, contudo, não chegou a ser uma surpresa. Monteiro teria voltado a ser o poeta que, em 1925, apareceu em Paris, com *Quelques visages de Paris,* ou melhor, o pintor que derivou para a poesia, criando "a pintura poética, a pintura com legendas"[18].

Considerado por Ledo Ivo como "um livro à parte da produção poética brasileira, pois não se lhe nota nenhuma ligação de relevo com as escolas que predominam entre nós"[19], seus *Poemas de bolso* sintetizam, na verdade, sua busca incessante em relação à renovação da linguagem artística, ao mesmo tempo que refletem a modernidade, nutrida nas acrobacias poéticas de Jean Cocteau, nos "jeux de mots" de Tzara, nos versos de Apollinaire, Laforgue, Valéry Larbaud, Blaise Cendrars e de outros poetas franceses. Essa modernidade ganhará contornos mais nítidos ao longo de sua produção poética, nas décadas de quarenta e cinqüenta, quando elege o francês como sua língua de expressão.

Composto por vinte e cinco poemas (doze em português e treze em francês), os *Poemas de bolso* não apresentam uma linha temática rígida ou um único processo compositivo. As imagens ingênuas e contraditórias, reais e surrealistas, assimiladas ao acaso, nas ruas de Recife, de Paris, ou num lugar indeterminado, refletem, sobretudo, um momento histórico extremamente conturbado, marcado pelo pós-guerra, deprimido pela falta de expectativas, sacudido pelo progresso e pelas máquinas.

"Se há poemas compreensíveis e até certo ponto «lógicos» como *Recife-Screen, Carnaval frevo, Luar cromo, Chamado do arquipélago dos escravos* e outros, há os quase impenetráveis e «mágicos» como *Crisapodoluxestiolario* e *Poema cilíndrico em espiral* [...]."[20]

Em "Recife-Screen" ou em "Noites de Recife", Monteiro vê a sua cidade natal com os olhos de um turista, cuja câmara portátil fixa em seus cortes rápidos ou "tomadas verbais" o paisagístico, a cor local.

RECIFE-SCREEN

Recife — grande espelho refletor de fabuloso cineasta.
Na luz que ofusca e cega o
transeunte é um figurante
  que passa.
Ao nascer do teu dia saudável e tranqüilo nenhum problema a resolver
os figurantes retomam as atitudes plásticas do ganha-pão
  quotidiano.
Somente as estrelas e os galantes usam lunetas de cores.
À noite tua sala de projeção
é um vasto cenário para contemplação.
Capibaribe
Beberibe
Oceano Atlântico[21].

NOITES DE RECIFE

No cais os figurantes passam
um lord inglês um
              piemontês
Uma parisiense passeia o seu
"spleen" e o seu sagüim.
Abacaxis, cuias pintadas e
gravadas de estranham ins-
    crições "meu amor".
Autos sem passageiros, em
fila, convidam-nos à passeios,
como misteriosas cortesãs
que buscam nos equívocos
convites de ceias, a conquista
       da noite perdida.
Os bondes loucos
       ziguezagueiam *[sic]*
por cima das paralelas! —
Um auto que perdeu o centro
de gravidade rasga os peu-
máticos na primeira curva
        impertinente.
O vento sopra constante.
Miséria, dinheiro, honras, renúncia, deserção?
        Não.
Divo não tem pressa, não sabe para onde vai, ouviu nos
Cinemas a sonorização dos
bólidos que riscam o cimento
fugindo o inexorável destino.
O barulho quebra a monoto-
nia da Cena muda da Vida![22]

A técnica de montagem, este recurso que Monteiro hauriu de suas experiências com as artes plásticas e nos seus contatos com o cinema, evidencia-se em
dois níveis diferentes: no nível sintagmático pela justaposição de imagens
("Capibaribe/Beberibe/Oceano Atlântico ou Os bondes loucos zigzagueiam/Um
auto que perdeu o centro de gravidade/O vento sopra constante"), e no nível

paradigmático pela própria escolha dos termos: "screen", "espelho refletor", "figurantes", "sala de projeção", "cenário", "cinemas", "sonorização".

Se por um lado Rego Monteiro via sua cidade com olhos de um turista, "de primo-irmão de Blaise Cendrars ou de um Barnabooth capaz de enxergar larbaudianamente, no cais do Recife, «Abacaxis, cuias pintadas e gravadas de estranhas inscrições 'meu amor'»"[23], por outro lado, aproxima-se dos poemas oswaldianos de *Pau-Brasil*, cuja visão crítica colhe as contradições da realidade brasileira. Contradições que nos são também reveladas por Monteiro em sua "pintura ingênua" das ruas de Recife, onde imagens habituais ou corriqueiras revelam o amálgama de raças, classes sociais e costumes, ou ainda, o amálgama do exótico com a dura realidade:

"[...] figurantes retomam as atitudes plásticas do ganha-pão quotidiano/os galantes usam lunetas de cores/um lord inglês/um piemontês/uma parisiense/cortesãs/ «spleen»/sagüim/abacaxis/cuias/Miséria, dinheiro, honras, renúncia, deserção? Não./Divo não tem pressa, não sabe para onde vai [...]."

Quanto ao poema, *Crisapodoluxestiolario,* Rego Monteiro restitui o "jeu de mots", o dadaísmo de Tzara em *25 poèmes,* onde as imagens se multiplicam numa incoerência voluntária, como podemos constatar nos versos seguintes:

CRISAPODOLUXES-
TIOLARIO

Hexápoda crisálida
nascente
tricentésima
tríada
da vida
bárbara catôda
prometida da
cacofonia
transcendente.
No dedáleo e
cíclico remonte
do unifônio tédio
libertário, o limpa-
chaminés estiolário
estenografa as pautas
do horizonte.

A janela ocidental
precipitou na pupi-
la da lâmpada elé-
trica os destinos
latitudinários, al-
garismos arabescos
lendários, da inex-
plicável música
densimétrica que
a nuvem sem asas
rematou.[24]

Essa acrobacia verbal, que decorre do uso de vocábulos estranhos, arcaicos, que parecem deslocados do contexto, solicita uma verdadeira ginástica gramatical e intelectual para penetrarmos no ilogismo do texto poético. Secionar os termos acoplados na expressão quilométrica do título e defini-los, parece-nos ser o primeiro passo para tentar desvendá-lo.

Cris, 1. s. m. Punhal malaio, de lâmina ondulada. // 2. [De gris] Adj. Cinzento, gris. // 3. Adj. Ant. 1. Que está em eclipse. 2. P. ext. Que causa medo, medonho, terrível. 3. Ant. Eclipse, criso.

Apodo, [Dev. de apodar], s.m. 1. Zombaria, mofa, motejo. // 2. Comparação, em geral depreciativa. // 3. Epíteto zombeteiro; alcunha, apelido.

Lux, [Do lat. lux] s. Fotom. Unidade de medida de iluminamento no Sistema Internacional, igual ao iluminamento de uma superfície plana cuja área é de 1 m², e que recebe, perpendicularmente, um fluxo luminoso de um lúmem uniformemente distribuído.

Lux, lucis, [em latim] s. f. 1. Luz, claridade. // 2. Luz do dia, dia. / 3. Brilho, ilustração, glória. // 4. Luz do mundo, vida. //5. Vista, olhos. // 6. Luzes, ajuda, socorro.

Estiolar, [Do fr. étioler] v.t.d. 1. Causar estiolamento. // v. int. e p. 2. Sofrer estiolamento. // P. ext. 3. Debilitar-se; enfraquecer-se; definhar, finar-se.

Estiolamento, [De estiolar + mento] s. m. 1. Bot. Alteração mórbida das plantas que vegetam em lugar escuro ou são privadas da luz, e que se caracteriza pelo descoramento e amolecimento dos tecidos ao atingirem certo grau de crescimento; ensoamento. // 2. Fisiol. Descoramento e enfraquecimento dos indivíduos que vivem privados da influência da luz e do ar puro. // 3. P. ext. Definhamento, enfraquecimento, fraqueza.

Diante da multiplicidade de sentidos encontrados e levando-se em conta os jogos verbais que perpassam o texto, algumas leituras poderiam ser apontadas como prováveis interpretações das mensagens, mais ou menos crípticas, inscritas na "palavra-montagem" que intitula o poema:

a) "Terrível punhal cinzento, brilho que causa o sofrimento";

b) "Eclipse, medonha claridade que provoca o descoramento e o enfraquecimento dos homens";

c) "Eclipse que causa medo; luz do dia que definha";

d) "Terrível zombaria, fluxo luminoso, sinônimo de fraqueza".

Cada segmento, que compõe a "palavra-montagem" do título, é retomado ao longo do poema de diferentes modos: inserido em outros vocábulos; na sua forma integral; ou indiretamente, por termos que se referem a um dos seus significados.

O poema está dividido em três grandes blocos, marcados pelos pontos finais. No primeiro bloco, composto de nove versos, são retomados os seguintes segmentos: *Cris* em *Crisálida* e *Apodo* em *Hexápoda*. Quanto ao termo *Hexápoda*, teríamos um neologismo decorrente da união de *Hex* (seis) + *Apodar* (zombar, escarnecer), ou uma distorção do vocábulo *Hexápode* (que tem seis pés; inseto), com o intuito de privilegiar a textura fônica inicial do título do poema (crisapodo/hexápoda). Esses termos colocados lado a lado geram novos significados: Uma ninfa de borboleta zomba; Uma ninfa de borboleta cinza com seis pés zomba...

No segundo bloco do poema, composto por sete versos, o neologismo *Estiolário,* derivado do verbo estiolar, aparece na sua forma original, isto é, integralmente. Associado ao substantivo limpa-chaminés, *estiolário* assume a função de adjetivo do ponto de vista morfológico, intensificando a fraqueza, a debilidade física e mental do *limpa-chaminés* que "estenografa as pautas do horizonte".

No último bloco do poema, composto por onze versos, o termo *Lux* (luz, claridade) nos é sugerido pela expressão "pupila de lâmpada elétrica", como sinônimo de energia, de desenvolvimento industrial. Expressão que associada aos "destinos latitudinários" enfatiza a idéia de modernidade.

Assim, "Crisapodoluxestiolario", sob a égide de uma brincadeira, de um exercício lúdico, reflete o drama existencial do homem moderno. A crisálida, assumindo a voz do eu-lírico, zomba da humanidade, representada pelo frágil limpa-chaminés, como também do próprio progresso. E o homem, em busca da liberdade, encontra o tédio, a loucura e o caos.

As imagens insólitas presentes em "Crisapodoluxestiolario" ressurgem no poema dedicado a "Giorgio de Chirico", no qual os substantivos concretos formam uma composição pictórica enigmática, mas coerente com a produção plástica do próprio pintor.

GIORGIO DE CHIRICO
Peintre poète

Pour Chirico l'objet
n'est pas le seul sujet,

> l'ove procède d'une face,
> le lit d'une terrasse,
> le ciel d'un corridor
> où les rouges d'or
> des troncs et ovales
> enlassent d'astragales,
> l'océan sans fin
> dans l'espace jardim[25].

De fato, para De Chirico o objeto não é o único sujeito e a arte só pode encontrar seu verdadeiro caminho se colocar de lado todo assunto, toda idéia, todo pensamento que são até hoje conhecidos. Segundo De Chirico,

> "Para que uma obra seja verdadeiramente imortal [...] é necessário que saia completamente dos limites do humano: o bom senso e a lógica a danificam. Dessa maneira, ela se aproximará do sonho e da mentalidade infantil. A obra profunda será impulsionada pelo artista para as profundezas mais recônditas do seu ser: ali não chega o sussurrar dos riachos, o canto dos pássaros, o murmúrio das folhas [...]. É preciso que a revelação que temos de uma obra de arte, que a concepção de um quadro que reproduza a tal coisa sem sentido algum por si só, sem sujeito, *sem significado* do ponto de vista da lógica humana [...] seja tão forte em nós, nos proporcione uma alegria tão grande, ou uma dor tão grande, que nos sintamos obrigados a pintar impulsionados por uma força maior do que a que leva um esfomeado a morder como um animal o pedaço de pão que lhe cai nas mãos."[26]

As "Praças de Itália", pintadas em Paris por De Chirico, exerceram um fascínio muito grande sobre artistas e poetas surrealistas. Em 1923, por exemplo, Paul Éluard dedica um poema ao pintor italiano. Essas paisagens urbanas que se abrem para o infinito com seus edifícios em arcadas, esses espaços profundos e desolados são retomados por Rego Monteiro por um processo de justaposições inesperadas, cujas imagens aparecem distorcidas ou desempenhando funções além das que lhes são naturais. E essa aproximação de realidades mais ou menos afastadas permite-lhe verbalizar os aspectos oníricos explorados por De Chirico.

Em "Poema cilíndrico em espiral", Monteiro transpõe para o plano poético a sua tela surrealista, utilizando-se de figuras geométricas planas e espaciais como paradigmas para a construção do poema.

Maria Luiza Guarnieri Atik
POEMA CILÍNDRICO
EM ESPIRAL

Alguns círculos cortados pelo
    diâmetro
elevaram perpendiculares até
    o corte da esfera.
Esses pontos prolongados
    atingiram a elipse
e produziram os raios veto-
    res "p s e"
No plano vertical ao
    eixo R.A.
as verticais baixas "b c", e
"a f" o círculo máximo.
A hipérbole representada
    pela curva
tomou a sua verdadeira
    grandeza

quando pelo seu eixo deter-
    minado nos pontos X A
atingiu em espiral o longín-
    quo horizonte —
ponto de precipitação das
    superfícies planas —
saturada de profundidade
    abandonou as aparências
retomando sua verdadeira
    forma,
forma real sem conformidade
    com a posição
distância ou substância.[27]

Embora o título do poema nos permita construir uma imagem mental de um "poema cilíndrico em espiral", as demais configurações visuais, geradas a partir de associações de raios, vetores, elipses, círculos e esferas, rompem os princípios da geometria. Mas "a hipérbole representada pela curva/[...] retomando sua verdadeira forma,/forma real sem conformidade/com a posição/distância ou substância" consubstancia a forma irreal.

E é nessa acrobacia verbal, segundo Ledo Ivo, que afasta o poeta do "ambiente lógico", que se encontra a beleza do poema. A presença de Rego Monteiro entre nós, "usando a linguagem de Oswald de Andrade, é incômoda e espetacular como o surrealismo"[28].

Assumindo integralmente o francês como sua língua de expressão poética, dois anos depois da publicação de *Poemas de bolso,* Rego Monteiro se dedica com afinco ao universo da poesia, publicando entre 1943 e 1961 as seguintes obras: *A chacun sa marotte* (Recife, 1943); *Canevas* (Recife, 1946); *Le petit cirque* (Paris, 1948); *Chants de fer* (Paris, 1950); *Beau sexe* (Paris, 1950); *Concrétion* (Paris, 1952); *Clowneries* (Paris, 1952); *Cartomancie* (Paris, 1952); *Vers sur verre* (Paris, 1953); *Broussais — La charité* (Recife, 1957) e *Chiromancie* (Recife, 1961).

Do ponto de vista temático, o olhar do poeta converge para múltiplas direções, resgatando temas esquecidos no passado ou imprimindo sua marca pessoal nos temas propostos pelas vanguardas literárias, através de diferentes formas de expressão: églogas, redondilhas, sonetos, poemas não metrificados ou poemas extremamente sintéticos.

Em *A chacun sa marotte,* os versos têm um sabor medieval, o qual nos é sugerido pelo próprio subtítulo, *Bergerie en une demi-journée et deux scènes*. Na sua origem, o vocábulo "bergerie" (égloga) significava "poema escolhido" e como vinha associado à poesia bucólica, passou posteriormente a designar toda composição baseada na imitação da vida pastoril e campestre. Segundo alguns teóricos,

> "[...] a égloga se caracteriza pelo diálogo entre dois pastores, ou um pastor e uma pastora. Com o tempo, deram-se conta de que há églogas em solilóquio. Por fim, no século XVIII, acabaram concluindo que o apelativo «égloga» diz respeito à forma, vale dizer, assinala todo poema dialogado ou não, em que se processa uma relativa dramatização pela ação e pelo delineamento psicológico das personagens. Em conseqüência, apareceram nesse tempo églogas ambientadas nas cidades e centradas em temas políticos, escolares, belicosos, culinários, etc."[29]

Em *A chacun sa marotte,* a referência rústica presente no subtítulo ou nas vestimentas dos atores não passa de um artifício encontrado pelo poeta para abordar assuntos heterogêneos, distantes no tempo e no espaço. A primeira cena abre-se com a "Chanson du jeune Mécidas", a sua "belle bergère", porém, tem como cenário "une grande ville à gratte-ciel et nuages flottants ou plusieurs étages-nuages sur un fond bleu d'outremer étoilé"[30].

A voz do pastor é substituída por uma multiplicidade de vozes. Falas reveladoras de caráter, emoções e idéias são assumidas por personagens díspares ("le poète", "le philosophe", "les buveurs d'absinthe", "les vieilles femmes", "les jeunes femmes", "les jeunes enflammés", "la mère-folle", "les miséreux", "le peintre moderne", "le peintre cubiste", "le chasseur", "le lion", "les chevaux ailés", "les oiseaux chanteurs"...) ao longo do discurso poético, as quais se utilizam de diferentes formas de expressão: "solo", "chanson", "choeur", "soliloque", "complainte"... Cada uma dessas vozes dramáticas coexistem num espaço comum durante o desenrolar da primeira cena, porém não participam de um mesmo discurso ou de um grande diálogo.

O mesmo não ocorre em relação à segunda cena, cuja estrutura privilegia o diálogo entre quatro pastores, Thyrdon, Aphemon, Chorysis e Datibee, caracterizados por suas vestimentas, pois segundo referência textual, usariam roupas semelhantes às do pastor Céladon, personagem do romance pastoral *Astrée* (1607-1627) de Honoré d'Urfé.

A peculiaridade da obra de Rego Monteiro não se restringe apenas aos aspectos acima apontados. O título da obra, *A chacun sa marotte,* parece ter sido pinçado em um poema baudelairiano: "Chacun sa Chimère"[31]. Poema em prosa que começa com uma "imagem de privação: um céu cinzento (uma ausência de azul), uma planície coberta de poeira (ausência de verde ou de qualquer outra cor)", "sans chemin, sans gazon, sans un chardon, sans une ortie..."[32]. Nessa paisagem desolada, o poeta depara-se com alguns homens, que caminham vergados, pois cada um traz nas costas uma enorme Quimera, "tão pesada como um saco de farinha ou de carvão". Este "animal monstruoso" envolve com "seus músculos elásticos e potentes" aquele que lhe serve de montaria. O poeta "pergunta a um dos homens onde ele vai, e a resposta consiste em que ele não sabe e nem o sabem os outros". Sentem que devem continuar sua caminhada, são "impulsionados por alguma necessidade interna que permanece indefinível". A única certeza é que "todos os homens possuem suas quimeras, tão essenciais quanto o alimento"[33].

Dialogando com o texto baudelairiano, Monteiro enfoca homens e animais impulsionados por "ses marottes", mas, diferentemente do poeta francês, não se abate diante da indiferença, da marginalização dos indivíduos. Transforma seus personagens em arautos dos novos tempos ou em depositários do lamento da miséria universal, criticando nas entrelinhas o momento sociocultural.

Em 1946, Rego Monteiro lança em Pernambuco, pela editora Renovação, seu terceiro livro de poesias, *Canevas,* cuja tiragem limitada a 150 exemplares foi numerada e assinada pelo próprio poeta. A capa traz uma bela xilogravura inspirada na tela "Hiha Tetafon" (A Lua e a Terra) de Paul Gauguin, a quem são dedicados dez dos dezessete poemas que compõem a obra, reunidos sob o título "La romance de Gauguin".

Excetuando cinco poemas, cujos temas preponderantes são o do amor e o da evasão, *Canevas* se caracteriza como um livro de poemas dedicado à pintura e aos pintores. Ao lado de Gauguin são celebrados Cézanne, Manet, Courbet, Matisse, assim como os "maîtres de jadis", que desfilam na seguinte ordem: Giotto, Fra Angelico, Botticelli, Da Vinci, Michelangelo, Le Corrège, Ticiano, Veronese, Watteau, Poussin, Louis le Nain, Rembrandt. Ao evocar a vida de Gauguin, sua estada no Taiti e na ilha Dominique, no arquipélago das Marquesas, Rego Monteiro incorpora aos seus versos o pitoresco, o exótico, a vida livre e natural, criando imagens sensoriais impregnadas de perfumes, cores, sons e luzes.

Ao lermos os poemas de "La romance de Gauguin", "escutamos", segundo Louis Guillaume, "Vahiné dialogando com o pintor. Ouvimos o canto de Gauguin, vemos dançar as moças de seios nus e ondular as guirlandas. Nos recolhemos sobre o túmulo do pintor junto com Matisse"[34].

Para compor os poemas extremamente sintéticos de *Concrétion*[35] e *Cartomancie*[36], Rego Monteiro foi buscar, principalmente nos modernistas brasileiros, os pontos de referência literária. *Concrétion*, como nos revela o próprio poeta, foi escrita por ocasião do Premier Congrès International de Poésie de Paris, em 1952, com uma tiragem limitada de cento e cinqüenta exemplares, produzidos artesanalmente e publicados por sua editora La Presse à Bras. Os catorze poemas, que compõem a obra, se inscrevem na estética redutora oswaldiana, proposta em algumas composições do *Primeiro caderno do aluno de poesia*[37], em 1927. Retomando a postura antidiscursiva oswaldiana, o poema sintético ou o "poema-minuto", como foi denominado por Haroldo de Campos[38], Rego Monteiro utiliza-se, sobretudo, de assonâncias fônicas e semânticas, para dar uma nova dimensão às imagens, situações ou temas anteriormente explorados, sem esquecer contudo, a crítica implícita no efeito humorístico. As composições brevíssimas de *Concrétion* conseguem apreender a simplicidade poética proposta por Oswald, e que nem sempre foi alcançada pelos poetas modernistas:

FOOT BALL	RAISON SOCIALE	TRESSE D'ARIANE
Révolution	Amis	Au fil du discours
A coups de pieds	A mi	Au fil de l'eau
Entre deux solstices	Admis	Au fil des jours[39]

Cartomancie, publicada no mesmo ano, conseguiu um número maior de bem logradas experimentações, que surgem de processos operatórios, somados aos procedimentos técnicos e semânticos (alusão, sinônimos, homônimos, parônimos) e ao uso de recursos tipográficos (símbolos, números, letras em caixa alta).

Composta por trinta e dois poemas, ou melhor, por trinta e duas cartas de baralho, seguindo sempre a mesma seqüência (Ás [A], Rei [R], Dama [D], Valete [V], 7, 8 , 9, 10) em relação aos quatro naipes (♥ ♣ ♦ ♠) *Cartomancie*, em sua forma concreta, não é apenas um conjunto de mensagens cifradas, dirigidas a destinatários determinados ou não, ou um jogo de adivinhações proposto ao leitor, mas uma montagem lúdica de elementos díspares, através da qual o poeta dessacraliza as convenções poéticas e critica os valores vigentes.

Em *Cartomancie*, os jogos de palavras são uma constante. O poeta trabalha com os signos totalmente à vontade, revelando absoluto domínio dos significantes e dos significados. Os trocadilhos e os efeitos polissêmicos permitem-lhe aproveitar todas as virtualidades semânticas, sonoras e visuais dos vocábulos franceses.

Eis alguns exemplos, retirados do corpo da obra:
a) de homonímia:

♣

7 nuits durant il a plu
7 nuits durant il t'a plu
Cette nuit
Tu t'ennuies
Il n'a pas plu
Tu ne l'as plus
7

b) de homonímia e paronímia:

♦

On t'a écrit ce matin
Un ami te veut du bien?
Ne vas pas à petits pas
N'écoute pas ses sornettes
Rentre mais ne tire pas
Tire plutôt la sonnette.....
10

c) de correlações ou associações inusitadas:

♠

Rouage
Roué
Roi
Prométheé dérobe
le feu pour l'homme
l'homme de robe
se dérobe feu
ou vivant
R

d) de recuperação de aforismos e clichês:

♠

Le malheur est fait d'ombre
Le bonheur de clarté

> Le malheur me nuit
> Au bonheur car la nuit
> Lève le jour qui la suit
> Comme l'hiver l'été
>   A

Paralelamente aos efeitos polissêmicos e aos símbolos, que acompanham cada carta-mensagem, Rego Monteiro põe em ação uma série de elementos auxiliares da escrita, como a repetição de termos, palavras fixas e outras em mutação, recursos tipográficos, geometrismo e alusões, como podemos apreender nos exemplos abaixo transcritos:

a) repetição de termos, palavras fixas ou em mutação:

> ♣
> Ce
> pauvre
> sire
> se révolte
> virevolte
> vire
> vote
>   R

b) Recursos tipográficos (letras em caixa alta), geometrismo (figura do triângulo reforçada pela repetição de termos semelhantes ou parônimos e pelo número três) e alusão a uma palavra cabalística:

> ♠
> Mauvais comte
> Mauvais conte
> Mauvais compte
> Compte jusqu'à trois
> A B R A C A D A B R A
> B R A C A D A B R
> R A C A D A B
> A C A D A
> C A D
> A
>   V

Em suas cartas-mensagens, o poeta explora as possibilidades expressivas dos efeitos sonoros presentes no signo verbal. Som e sentido vinculam-se indissoluvelmente, numa interação contínua e motivada. As aliterações, as rimas internas ou externas, as paranomásias, as repetições, a fragmentação dos termos permitem-nos perceber que o processo de experimentação em Rego Monteiro resgata as várias facetas do signo lingüístico.

Além disso, como observa Leyla Perrone-Moisés, "o jogo humorístico com a linguagem situa-o numa tendência da poesia francesa da primeira metade desse século, representada principalmente por Max Jacob"[40]. Como as composições do poeta francês, vários poemas de *Cartomancie* decorrem de acrobacias verbais, nas quais as palavras se associam muito mais por uma similitude de sons do que propriamente por relações semânticas. Se, por um lado, essa "jonglerie verbale" aproxima-o dos poetas humoristas franceses, herdeiros menores de Mallarmé, o espírito inventivo do pintor-poeta, a volúpia da forma, remetem-no à luta da fase inicial do modernismo brasileiro, quando escritores, principalmente poetas, procuram impor uma nova maneira de sentir e expressar a literatura. *Cartomancie,* retomando a linha da experimentação formal, representa uma manifestação tardia do espírito moderno, tanto no contexto brasileiro, como no francês.

Com Apollinaire, Aragon, Max Jacob, Seraut, Picasso, Braque, Miró, Rego Monteiro redescobre as figuras circenses e as personagens da Commedia dell'Arte, as quais já tinham sido incorporadas nas obras dos modernistas brasileiros da década de vinte, como fontes de revelação do belo e de subversão dos modelos anteriores. Em *Le petit cirque,* através da figura do *clown,* Rego Monteiro resgata as raízes populares e manifesta implicitamente sua concepção do ato poético como conjugação de técnica e destreza.

O referente urbano parisiense, por sua vez, torna-se o tema prioritário de seus *Chants de fer* e dos seus *Vers sur verre* na década de cinqüenta. Mas sua leitura da capital francesa difere da leitura inscrita em *Fleurs du mal.* A multidão, "véu esvoaçante" através do qual Baudelaire via Paris, é substituída por outras personagens. O tom descritivo perpassa o discurso poético e sua função é a de expressar o funcionamento das máquinas, o ritmo da vida urbana interferindo na sensibilidade e no comportamento dos indivíduos e nos relacionamentos do homem com a comunidade.

A tessitura do texto poético de Rego Monteiro oscila entre dois pólos divergentes. Em *Canevas* e *Broussais — La charité,* o discurso, em forma de homenagem, está mais próximo da literatura tradicional, onde a expressividade e a representação têm uma função preponderante. As demais obras poéticas de Monteiro apresentam uma configuração semelhante à dos textos modernistas, pelo seu caráter não representativo e não expressivo. A linguagem poética nasce de um novo arranjo de significantes que visa à produção de sentidos múltiplos. A ambigüidade do texto fascina o leitor, e dá margens à diferentes leituras.

Entretanto, o empenho de Monteiro em assumir uma consciência crítica de seu tempo se reflete de forma mais incisiva no rigor construtivo de suas telas, no poder transformador de seu estilo, fatos reconhecidos, desde a etapa inicial de sua carreira, pelo meio artístico francês e pela crítica européia, e só posteriormente no Brasil. A qualidade de sua produção plástica é, incontestavelmente, superior à de sua produção poética, mas essa resiste a uma análise nos dias atuais. Sua poesia, predominantemente de expressão francesa, mantém um diálogo constante com o contexto brasileiro, decorrente do resgate, algumas vezes tardio, das propostas dos nossos modernistas, conjugado à assimilação das inovações técnicas e temáticas da vanguarda européia.

No contexto francês, sua vocação literária teve um êxito paralelo ao de sua produção plástica, cujo reconhecimento da crítica francesa é atestado pelos dois prêmios de poesia que lhe foram outorgados: Le Mandat des Poètes (1955) e Prêmio Guillaume Apollinaire (1960).

No Brasil, o olhar crítico converge de forma preponderante para a linguagem plástica de Rego Monteiro, como pudemos constatar através de artigos e ensaios publicados em revistas e jornais, ou em obras específicas sobre a pintura modernista. Somente na recente publicação de Jean Boghici, *Vicente do Rego Monteiro, pintor e poeta*, encontramos reunidos, de forma mais abrangente, textos referentes à sua produção poética.

Resgatar a linguagem poética de Vicente do Rego Monteiro implica, em última instância, ampliar a própria concepção plástica de suas telas, uma vez que esta ganha novos contornos na tessitura do texto literário. As convergências e divergências temporais de sua obra poética em relação à produção literária no Brasil e na França não diluem, nem restringem a voragem do olhar do poeta. Na sua práxis literária, estão implícitas as tensões e as rupturas da lírica moderna.

NOTAS

[1] Bento, Antônio. "Vicente do Rego Monteiro". *Jornal do Brasil*, 7/7/1970.
[2] Freyre, Gilberto. "Notas a lápis sobre um pintor independente". *Revista do Brasil*, SP, RJ, março de 1923.
[3] Zanini, Walter. "Introduzindo Monteiro", in *Vicente do Rego Monteiro*. Catálogo do Museu de Arte Contemporânea de São Paulo, SP, 1971, p. 11.
[4] Zanini, Walter. Op. cit., p. 11.
[5] Bento, Antonio. "Apresentação em 1920 no Recife", in *Vicente do Rego Monteiro, pintor e poeta*. Rio de Janeiro: Quinta Cor, 1994, p. 62.
[6] Bento, Antonio. Op. cit., p. 62.

[7] Idem. Ibidem, p. 64.
[8] Monteiro, Vicente do Rego. "Depoimento do pintor e poeta Vicente do Rego Monteiro. Gravação para o Ciclo de Artes Plásticas do Museu da Imagem e do Som. Dia 27 de outubro de 1969, Rio de Janeiro", in *Vicente do Rego Monteiro, pintor e poeta*. Rio de Janeiro: Quinta Cor, 1994, p. 264-5.
[9] Gonçalves Filho, Antônio. "Mostra traz telas inéditas de Rego Monteiro". *Folha de S.Paulo*, 3/4/1993.
[10] Melo Neto, João Cabral. *Morte e vida Severina*. Rio de Janeiro: José Olympio, 1956, p. 214.
[11] Falgairolle, Adolfhe de. "Renoveau de l'art religieux: Monteiro". *Le Petit Marseillais*, Marselha, 28/7/1937.
[12] Lewin, Willy. "Uma crônica nostálgica (e provinciana)", in *Vicente do Rego Monteiro*. Catálogo do MAC, USP, São Paulo, 1971, p. 26.
[13] Lewin, Willy. Op. cit., p. 26.
[14] Monteiro, Vicente do Rego; Melo Neto, João Cabral & Araújo, José Guimarães de. Revista *Renovação*. Recife: Renovação, ano II, n.º 6, nov. de 1940, p. 7.
[15] Idem. Ibidem, p. 7.
[16] Revista *Renovação*. Recife: Renovação, ano III, n.º 3, junho de 1941, p. 5.
[17] Lewin, Willy. Op. cit., p. 26.
[18] Pereira, Nilo. "Vicente do Rego Monteiro — poeta". Revista *Renovação*. Recife: Renovação, ano III, n.º 2, março de 1941, p. 5.
[19] Ivo, Lêdo. "Notas sobre a poesia de Vicente do Rego Monteiro". Revista *Renovação*. Recife: Renovação, ano III, n.º 2, março de 1941, p. 21.
[20] Medeiros, Aluízio. "Poemas de bolso". Revista *Renovação*. Recife: Renovação, ano III, n.º 3, junho de 1941, p. 19.
[21] Monteiro, Vicente do Rego. *Poemas de bolso*. Recife: Renovação, 1941, p. 10.
[22] Idem. Ibidem, p. 11-2.
[23] Ivo, Ledo. Op. cit., p. 45.
[24] Monteiro, Vicente do Rego. Op. cit., p. 14-5.
[25] Idem. Ibidem, p. 44.
[26] De Chirico, Giorgio, in Micheli, Mário de. *As vanguardas artísticas*. São Paulo: Martins Fontes, 1991, p. 165-6.
[27] Monteiro, Vicente do Rego. Op. cit., p. 28-9.
[28] Ivo, Lêdo. "Notas sobre a poesia de Vicente do Rego Monteiro". Revista *Renovação*. Recife: Renovação, ano III, n.º 2, março de 1941, p. 21.
[29] Moisés. Massaud. *Dicionário de termos literários*. São Paulo: Cultrix, 1974, p. 281.
[30] Monteiro, Vicente do Rego. *A chacun sa marotte*. Pernambuco: Renovação, 1943, p. 3.
[31] Baudelaire, Charles. *Le spleen de Paris*. Oeuvres complètes. Paris: Gallimard, 1961.
[32] Frederick, Karl R. *O moderno e o modernismo. A soberania do artista 1885-1925*. Rio de Janeiro: Imago, 1988, p. 92.
[33] Idem. Ibidem, p. 93.
[34] Guillaume, Louis. "Vicente Monteiro — poeta, pintor, crítico". *Alternances*, n.os 49, 50, 51, dez. de 1960, Paris, in *Vicente do Rego Monteiro, pintor e poeta*. Rio de Janeiro: Quinta Cor, 1994.
[35] Monteiro, Vicente do Rego. *Concrétion*. Paris: La Presse à Bras, 1952, pages non numerotées. Coll. Poèmes de Gousset.

36 Monteiro, Vicente do Rego. *Cartomancie*. Paris: La Presse à Bras, 1952, pages non numerotées. Coll. Poèmes de Poches.
37 Andrade, Oswald de. "Primeiro caderno do aluno de poesia Oswald de Andrade", in *Obras completas. Poesias reunidas,* vol. VII. Rio de Janeiro: Civilização Brasileira, 1971, p. 152-74.
38 Campos, Haroldo de. "Uma poética da radicalidade", in Andrade, Oswald de. *Obras completas. Poesias reunidas,* vol. VII. Rio de Janeiro: Civilização Brasileira, 1971, p. 9-59.
39 Monteiro, Vicente do Rego. *Concrétion.* Paris: La Presse à Bras, 1952, pages non numerotées. Coll. Poèmes de Gousset.
40 Perrone-Moisés, Leyla. "O poeta Vicent Monteiro", in *Vicente do Rego Monteiro.* Catálogo do MAC, USP, São Paulo, 1971, p. 31.

Sandra Nitrini

VIAGEM E PROJETO LITERÁRIO
(Osman Lins na França)

> "Voyager doit-être un travail sérieux"
> FLAUBERT
>
> "Aqui, esse valor é uma espécie de jogo entre o concreto e as incursões no abstrato, uma ondulação, amigos como a que dirige tantas vezes os livros de viagens, nos quais se alternam flagrantes do país e meditações sobre o povo, quando não sobre o próprio viajante."
> OSMAN LINS
>
> "[...] pour moi voyager, au moins voyager d'une certaine façon, c'est écrire (et d'abord parce que c'est lire) et qu'écrire c'est voyager."
> BUTOR

AOS TRINTA E SEIS ANOS, carregando na sua bagagem dois livros premiados — *O visitante* e *Os gestos* — mais a encenação de sua primeira peça de teatro — *Lisbela e o prisioneiro* e ainda os manuscritos de *O fiel e a pedra,* Osman Lins desembarca na França, em 1961, como bolsista da Aliança Francesa. Independentemente de sua relativa "idade avançada" e de seu *status* com o escritor, senão consagrado, pelo menos reconhecido, esta viagem e temporada na França retomam uma tradição de nossos escritores que para lá iam, em seus períodos de formação, sobretudo a partir do século XIX, quando nosso sistema literário encontrava-se, ainda, no processo de gestação de sua identidade. Este não é o caso da literatura brasileira em pleno século XX, nem o do próprio Osman Lins. No entanto, esta viagem adquire um peso e um significado próprios porque nos ajuda a compreender os caminhos que o levaram a cultivar uma nova dicção literária, em *Nove, novena* e *Avalovara.*

Sua entrada na Europa é por Bordeaux, onde atraca o navio "Manga" e de onde prossegue, de trem, até seu destino: Paris. Seis meses depois deixa a Europa. Seu ponto de partida é Lisboa, onde toma o avião rumo a Recife.

Na sua bagagem de mão, Osman Lins, marinheiro de primeira viagem à Europa, carrega um objeto preciosíssimo: um plano cultural rígido de visita a catedrais, a museus, de idas a espetáculos de teatro, de entrevistas com escritores, tudo isso em função de seu projeto literário. Esse escritor pernambucano não se desgrudou, em nenhum momento, de sua maleta, não correndo, pois, o risco de perder seu objeto de valor. Com certeza, raríssimos bolsistas aproveitariam tanto uma viagem. O contato com as catedrais góticas, com os retábulos românicos despertariam nele novas concepções artísticas que desenvolveria de modo original, através de suas obras posteriores.

Em 1976, solicitado para falar de sua vida, Osman Lins discorre sobre sua viagem à Europa:

> "E a viagem me marcaria muito, porque nela viriam a se definir coisas que já se esboçavam no meu espírito antes de partir. Eu diria que a principal experiência desta minha temporada, que me marcou e me marcará o resto de minha vida, foi o contato com os vitrais e com a arte românica, a arte medieval em geral."[1]

A fim de tornar mais compreensível o significado desta viagem para a literatura de Osman Lins, impõe-se dar rapidíssimas informações biográficas e traçar seu perfil literário.

O ESCRITOR-VIAJANTE

Osman da Costa Lins, nasceu a cinco de julho de 1924 em Vitória de Santo Antão, estado de Pernambuco e morreu a oito de julho de 1978, em São Paulo, onde viveu a partir de 1962. Quando terminou o ginásio, sentiu necessidade de deixar a cidade natal que pouco podia oferecer-lhe em termos de estudos. Mudou-se para Recife, em 1941, onde residiria até 1962. Logo conseguiu um emprego para poder subsistir na cidade grande e dar continuidade a seus estudos. Neste período, depois de algumas tentativas tímidas, desabrocha-se o escritor, que verá premiados e reconhecidos pela crítica seus dois primeiros livros: *O visitante* e *Os gestos*. A partir desse marco, a dedicação de Osman Lins a seu projeto literário intensifica-se com viagens ao Rio e São Paulo, com o estágio na França e com a mudança definitiva para São Paulo.

Sua obra de ficção compreende duas fases. A primeira caracteriza-se por uma forma realista, com os livros *O visitante* (1955), *Os gestos* (1957) e *O fiel e a pedra* (1962), numa linha psicológica, introspectiva e íntima, com algumas preocupações de ordem social. A segunda fase mescla as temáticas de cunho intimista e social, em

Nove, novena (1966), *Avalovara* (1973), acentua a questão social em *A rainha dos cárceres da Grécia* (1976), apresentando inovações no seu discurso narrativo. Tais inovações se configuram na quebra da ilusão referencial, com a rarefação e a dispersão do enredo e com novos procedimentos de composição através dos quais a personagem-carne transmuta-se em verbo e numa alta dose de reflexão sobre o romance. Esses traços, conjugados ainda a um foco narrativo aperspectívico e ao recurso sistemático aos ornamentos, traduzem uma poética descompro-metida com a mímese, fortemente estilizada e tomada pela preocupação em colocar na ordem do dia a nostalgia da unidade perdida e o desejo de recuperá-la.

As características da obra de Osman Lins ligam-na, na primeira fase, à tradição instaurada por Machado de Assis e pelo romance regionalista dos anos 30. A partir de *Nove, novena,* no entanto, sem cortar os liames com essa tradição, pelo menos em nível temático, sua obra adquire fisionomia própria, quando propõe inovações sobre as quais ressoam ecos longínquos de um dos preceitos do Modernismo Brasileiro: "o direito permanente à pesquisa".

Essa trajetória perfaz-se dentro de um projeto coerentemente realizado, o qual "se desdobra sem queda nem extravios de *O visitante* à *Rainha dos cárceres da Grécia,* trazendo para a nossa narrativa aquele empenho de renovação dos meios expressivos que se têm constituído na tônica da grande ficção do século XX"[2].

Representando na literatura brasileira contemporânea um momento de decisiva modernidade, sua obra a partir de *Nove, novena* tem sido relacionada a Joyce, a Faulkner, aos novos romancistas franceses e aos escritores latino-americanos contemporâneos.

O LIVRO DE VIAGEM

Dessa viagem à Europa, proporcionada ao escritor brasileiro pelo governo francês e durante a qual Paris se lhe tornou familiar (ele sentia prazer ao retornar a seu quarto no boulevard Raspail, e depois, em Montparnasse, quando regressava de suas viagens alternadas à Bélgica, Holanda, Suíça, Itália, Inglaterra e Espanha) não temos apenas as repercussões nas novas concepções artísticas de suas narrativas: ela própria se tornou fonte e matéria de um livro alinhado entre aqueles que renovam o gênero literatura de viagem, em que aventuras e, muitas vezes, o exotismo constituem os grandes atrativos que prendem o leitor, sentado à sua poltrona, durante horas a fio. Ou pelo menos o prendiam, em outros tempos. Trata-se de *Marinheiro de primeira viagem,* publicado em 1963[3].

Nesse livro, o leitor tem a oportunidade de partilhar o cotidiano, os encontros, as visitas, os debates e as entrevistas do escritor em terras européias e de rastrear as imagens que ele constrói a partir de sua vivência e de seu olhar. No mundo atual, as distâncias se encurtaram, os meios de comunicação trazem as mais longínquas terras para dentro de nossas casas e há muito tempo a Europa deixou de ser inatingível para um grande número de brasileiros. Certamente, tudo isso foi considerado, além de seu projeto específico, quando Osman Lins optou por uma outra forma para tornar literária sua primeira viagem à Europa.

A narrativa de *Marinheiro de primeira viagem,* literalmente fragmentada, prenuncia a composição descontínua de *Nove, novena* e *Avalovara* e seu parentesco mais chegado com a arte do retábulo e com a pintura. O desejo de Osman Lins, plenamente realizado, era o de que seu leitor abrisse o livro com uma expectativa de ler uma obra literária. Diz o narrador em *Marinheiro de primeira viagem:*

> "Não se creia que este livro reflita, exatamente e sempre, o que foi sentido na viagem. Pois é escrito ao longe sob uma perspectiva que o passar dos dias modifica. Assim, incidentes não banais, aos quais se prestou atenção, surgem agora carregados de sentido, enquanto se afiguram não propriamente insignificantes, mas mortas, não oferecendo ao ato de escrever nenhum estímulo, visitas demoradas e até minuciosas, como a feita ao Alcazar de Granada, da qual só uma coisa restou: a claridade da sala de banhos, uma claridade de bosques de verão."[4]

Com essas palavras, Osman Lins introduz nas entranhas de sua narrativa de viagem uma reflexão sobre sua natureza, sob forma de advertência ao leitor. Advertência literal e deslocada. Literal, porque esse trecho tem por título "Advertência". Deslocada porque se encontra no fim do livro, faltando menos de dez paginas para seu término. No entanto, ela tem um sentido dentro da estrutura fragmentária da obra que a desobriga de ser lida linearmente. Seus fragmentos, sempre encabeçados por títulos que lembram o modo de nomear quadros — "A moça", "Flores para alguém", "De pássaros", "Exílio", "Cais do Sena" —, podem ser lidos e apreciados como se fossem quadros numa sala de exposição em que o visitante, embora solicitado, não é obrigado a seguir a ordem de contemplação sugerida por seus organizadores.

Essa estrutura fragmentária não é aleatória, o livro obedece a uma construção. As primeiras impressões se fundem com as últimas para dar a idéia de um círculo, de uma fase não inscrita no seguimento normal da vida[5]. *Marinheiro de primeira viagem* inicia-se com a personagem num velho hotel de Lisboa, em sua última etapa de viagem, propondo-se a sentar e a escrever, "penetrar nos meses que passaram e tratar parcialmente de refazê-los", pontuando, assim, o cruzamento entre viagem e literatura.

Neste caso específico, o viajante é ao mesmo tempo o produtor da narrativa e o encenador de sua própria personagem. Para tornar literária sua viagem real, Osman Lins colocou a narração na terceira pessoa, o que lhe permitiu falar de coisas muito íntimas mais à vontade e centrou-se no transitório, no único, no que não virá a repetir-se, ficcionalizando com tintas fortes sua própria experiência. Começa a evocar seu desembarque em Bordeaux. Daí para a frente, o leitor acompanhará as andanças da personagem em Paris e em outras cidades européias até fechar o círculo e deparar-se com ela em Lisboa, prestes a retornar ao Brasil. Cada módulo focaliza momentos da vivência de Osman Lins, desde incidentes banais, como o esquecimento de um par de luvas, numa noite fria, num quiosque de jornal até visitas a catedrais, a museus e encontros com escritores, de acordo com seu rígido programa cultural.

Visita à catedral de Saint-Étienne

Diante da liberdade de que pode usufruir o leitor em função da estrutura de *Marinheiro de primeira viagem,* convido-o a se centrar no módulo cujo título é *Saint-Étienne,* para acompanhar, através da literatura, uma experiência concreta de visita à catedral, realizada pelo escritor bolsista:

"Saint-Étienne
"Visita a Saint-Étienne, nave colossal, sem transepto, e clara, erguida sobre uma ondulação da cidade. As imponentes colunas não parecem convergir para o altar-mor; os arquitetos, para evitar a ilusão da convergência, que reduziria a força dos soberbos espaços tão corajosamente altanados, idealizaram um artifício: afastar as colunas, à medida que se aproximavam da abside, de modo que a distância entre as duas primeiras a contar da entrada, ponto convencional da observação, é de quase um metro menos que a existente entre as que ficam perto do altar-mor.

"Sorve a claridade desta catedral, sua ampliação. São, entretanto, os vitrais da abside, que lhe detêm os passos. A vida de São Nicolau, de Maria Egipcíaca, a história de Maria Madalena, de José e os irmãos, a parábola do Bom Samaritano, do Filho Pródigo, outras, ali foram estampadas, juntamente com vibrantes cenas de trabalho (dos tanoeiros, padeiros, carpinteiros, entalhadores de pedras, peleiros, etc., cujas corporações doaram o esplêndido conjunto), em flagrantes de síntese espantoso.

"Contempla as miúdas figuras, incompletas e rústicas, mas candentes na sua ríspida simplicidade, e vividas, livres em meio ao excesso de ornamentos, de bordaduras que cercam os medalhões nos quais elas se inscrevem. Se as esquece, se abstrai, ante os vitrais, a biografia ou parábola representadas, seu objetivo edificante, se não vê mais os personagens, suas atitudes, seus rostos, as pregas de seus mantos, então a beleza das cores se destaca autônoma — e o maravilhamento não decresce.

Viagem e projeto literário (Osman Lins na França)

"Sente-se ligado aos homens de há 700 anos, que teceram essas ogivas de chumbo, vidro e luz. Que há, pergunta, nestes vitrais do século XIII, que os fez superiores aos dos séculos XV e XVI? Por que estes últimos, imitando com servidão crescente a «natureza», extraviaram-se, parecendo hoje autênticos malogros? Seria a recusa, ou o desconhecimento, das limitações inerentes ao seu meio de expressão, que fez os vidraceiros mais recentes desdenharem os exemplos de seus predecessores e criarem um tipo de vitral sem flama, vazio na sua exatidão? E por que desenhos como estes, ingênuos, apenas sugeridos, podem libertar em nós potências que um desenho rigoroso deixará para sempre indiferentes? Por que sorrimos nos museus de cera? Por que estremecemos, se postos ante um afresco de Giotto? Que nostalgia temos nós de um mundo que, segundo as aparências, não existe — e que, mesmo se com ele nos defrontamos pela primeira vez, levanta em nós uma dupla alegria, a de descobrir, a de reencontrar?"[6]

Este módulo retoma o tema do depoimento de Osman Lins acima citado e expõe a personagem numa situação cuja experiência real é reconhecida, pelo escritor, como uma das mais importantes de sua viagem, além de nos permitir detectar os procedimentos, por ele utilizados, para ficcionalizá-la.

A linguagem literária coloca em ação o narrador onisciente que, ao penetrar na interioridade da personagem, não apenas revela uma faceta de seu perfil interno, dando-lhe consistência verossímil, como também transforma em matéria literária reflexões desenvolvidas pelo escritor Osman Lins, durante a visita que fez à Catedral de Saint-Étienne e a outras. Esse fragmento acentua sua instância de reflexão e o olhar antiturístico deste viajante-escritor que busca, em outras artes, alimento para sua literatura e para sua própria interioridade. O olhar atento, a contemplação e a reflexão, ao lado de uma alta dose de lirismo, permeiam a transposição literária desta experiência de viagem de Osman Lins.

Além disso, a visita à Catedral de Saint-Étienne mostra-nos a personagem totalmente tomada pela arte que contempla e sobre a qual reflete. Tal atitude trespassa o contato com o cotidiano e com a arte que cada país lhe oferece.

O escritor viajante mergulha de tal modo na arte que direciona para o cotidiano um olhar por ela mediatizado. As personagens de carne e osso, encontradas em suas andanças, são contaminadas por analogias que as elevam para o registro da arte e as tornam literárias. Assim ele se defronta, ao sair de uma catedral, com um *clochard* que, como "esses personagens de Dostoievski, que aparecem no meio de uma ponte, em pleno nevoeiro e dizem uma porção de coisas imprevistas"[7], avança e pede uma esmola. O homem de meia-idade que encontrou num parque e sentou-se num banco, perto de uma árvore florida, "tinha ar de quem não sabe o rumo que haverá de tomar ao levantar-se. Perdido como a personagem de Butor, numa cidade estranha"⁸. A mulher do proprietário de um hotel, em Bruges, era de uma beleza à Pier Angeli"⁹.

LITERATURA E PINTURA

Uma modalidade de olhar mediatizado pela arte que se sobressai, chegando até a constituir um recurso obsessivo é a analogia com quadros específicos, nas descrições de personagens e espaços em *Marinheiro de primeira viagem*. O quarto do hotel, em Bordeaux, era "amplo, com altas cortinas vermelhas, de florões, os varões da cama eram de cobre. Espelhos, poltronas, jarros enormes. Um interior à Matisse"¹⁰. A moça que subiu no trem em Vierzon e se sentou à sua esquerda, na janela oposta, poderia servir de modelo tanto a Van Gogh quanto a Renoir:

> "Há nela, em seu perfil, no pontudo nariz, nos lábios grossos, qualquer coisa do *Gamin au Képi*. E havia entre ela e o modelo, que o seu rosto evocava, uma relação que só mais tarde viria a ser surpreendida: em ambos o peso do queixo era atenuado por um reflexo verde, cor da blusa, que no triste menino de Vincent Van Gogh é azul. Se havia, em seus traços, semelhança com *Le Collégien*, nem assim era ao mundo de Van Gogh que ela pertencia e sim, pelos cabelos cor de mel, em desalinho, caindo sobre a testa, pela figura que a envolvia, ao de Renoir. *La fillette à la gerbe,* aos 17 anos, e de olhos azuis."¹¹

Ele estabelece ainda uma relação entre uma tarde de quinta-feira nas Tuileries e o quadro *Domingo,* de Dufy:

> "Arrependia-se um pouco de haver passado tantas horas no Louvre, naquelas salas cujo aspecto jamais se alterava, quando tão perto havia aquela festa, aquela tarde rara, brilhante, colorida — amável como um quadro de Dufy. Como no *Domingo* de Dufy, pombos voavam até a fonte no centro do bassin, bebiam, eram desalojados por outros."¹²

A descrição de seu último dia em Paris também é aproximada a uma cena da pintura moderna:

> "Logo iria embora — e tudo aquilo árvores, estátuas, repuxos, os jovens reunidos sob o sol, as ânforas com flores em torno, seu quarto de hotel, as crianças que conversavam de uma janela para outra, à noite, os edifícios, os cartazes de metrô, ele mesmo, tudo seria visto assim: como um quadro de Seurat."¹³

Viagem e projeto literário (Osman Lins na França)

Matisse, Van Gogh, Renoir, Dufy, Seurat realizam, na pintura, aquilo que o olhar "antiturístico" de Osman Lins pretende registrar na sua literatura de viagem: cenas do cotidiano, da cidade, o transitório, o único, o que não virá a repetir-se. O recorrente traço estilístico de recurso a analogias com pintores e quadros como um procedimento para ficcionalizar uma experiência real em *Marinheiro de primeira viagem,* visto dentro do projeto literário de Osman Lins, revela uma poética voltada para a relação entre literatura e pintura.

Encontro com novos romancistas

O plano de atividades culturais deste especial bolsista da Aliança Francesa incluía, também, entrevistas com escritores e artistas. Seus encontros com Michel Butor, Robbe-Grillet, Jean-Louis Barrault e Vintila Horia, transformados em matéria de *Marinheiro de primeira viagem,* constituem um bom roteiro que ajuda a compor o pensamento de Osman Lins sobre literatura e teatro. Diante de uma certa tendência da crítica em estabelecer paralelismos entre *Nove, novena* e *Avalovara,* de um lado, e o *nouveau roman,* de outro, cabe, aqui, pontuar os fragmentos de *Marinheiro de primeira viagem* que versam sobre os encontros da personagem com Butor e Grillet bem como suas leituras dos novos romances.

O fragmento *Robbe-Grillet* focaliza um debate público com romancistas de vanguarda, encontrando-se evidentemente o autor de *La jalousie,* entre eles. Foi ele o único a falar, suas opiniões eram acatadas pelos outros componentes da mesa que se limitavam a apoiá-lo, o que levou um dos assistentes a perguntar por que todos formavam uma frente comum. A resposta de Robbe-Grillet é transcrita na íntegra. Resumidamente, contém as seguintes idéias: apesar das muitas diferenças, a crítica destacou pontos de contato entre ele, Michel Butor, Nathalie Sarraute, Marguerite Duras e outros, fazendo-lhes os mesmos reparos. Daí é que eles se descobriram mutuamente e uniram-se para se defender.

O tom deste módulo é o de uma reportagem de jornal, com manifestação crítica, irônica e interpretativa do autor:

"Sala cheia, gente em cima de mesas e cadeiras, embora custasse 200 francos leves a entrada. O autor de Jalousie era quase que o único a falar. Respondia a perguntas de toda natureza e não escapava à tentação de jogar com a própria inteligência. O que, aliás, não lhe era muito difícil, pois a maioria do público estava francamente do seu lado e não havia, entre os outros intelectuais que tomavam parte nos debates, rebeldia alguma. Todos pareciam estar ali para acolitar Robbe-Grillet."[14]

No módulo *Entrevista com Michel Butor*, a personagem revela-se um minucioso leitor. Fala da tradução brasileira de *La modification,* feita por Oscar Mendes. Não se limita a comunicar que o livro foi bem aceito pela crítica brasileira, mas tece também alguns comentários sobre a tradução. Embora aprove e admire o trabalho de Oscar Mendes, não concorda com a solução proposta para resolver o problema das relações entre o *vous* e o *tu* originais: o emprego dos pronomes *tu* e *vocês*. Prefere manter o *vós* e acha ainda que Oscar Mendes não deveria ter traduzido os nomes de pessoas, cidades, logradouros, falando, por exemplo, na cidade de Lião, Carcassona, em Henriqueta, na Rua do Odeão, na estação de Sèvres-Babilônia e nos bulevares de São Germano, São Miguel e dos Capuchinhos.

O escritor-personagem confessa ao colega francês o entusiamo que sentiu por *La modification* e o fracasso na sua tentativa de ler, no original, *L'emploi du temps,* perdendo-se nos seus longos períodos e no emaranhamento de uma história que prometia ser policial e não o era, assaltando-lhe, a certa altura, a desconfiança de que estava preso nas malhas de um conto enervante, cujo fim é apenas aparente e corresponde a um novo começo.

Durante esse encontro, Butor dá-lhe de presente um exemplar da edição espanhola de *Répertoire* e a personagem lhe solicita que autografe *Passage de Milan*.

Antes dessa entrevista, o leitor tem a oportunidade de se deparar com um fragmento cujo título é *O emprego do tempo*. A experiência da leitura deste romance de Butor nos é transmitida através de um belo trecho literário:

> "Manhã no Luxemburgo, lutando com os enormes períodos de Michel Butor [L'emploi du temps] seguindo com dificuldade a história fluida e coleante. Quase ninguém no jardim enevoado. Um homem de meia-idade sentou-se num banco perto de uma árvore florida. Vestia pobremente e levava nas mãos quatro bolsas de couro. Calçava botinas, estava cansado, parecia feliz por haver encontrado aquele banco, mas, ao mesmo tempo, tinha o ar de quem não sabe o rumo que haverá de tomar ao levantar-se. Perdido, como a personagem de Butor, numa cidade estranha."[15]

Como no encontro com Butor, a ser retomado mais adiante, a conversa com Robbe-Grillet, transcrita no módulo *Com Robbe-Grillet*, revela a faceta de um escritor inquieto, voltado para a reflexão sobre a arte de narrar. Suas perguntas são interessantes, mostram-no como um leitor atento do Novo Romance, preocupado em refletir sobre as novas experiências literárias. Num momento da conversa entre os dois, Robbe-Grillet afirma que a sensibilidade moderna exige um novo tipo de ficção. Na sua opinião, os que insistem na preferência pela forma tradicional demonstram uma certa falta de respeito pelo romance, pois querem encontrar nele apenas um *divertissement*. A partir desta afirmação, a personagem lhe indaga se não haveria aí o risco de uma hipertrofia da inteligência. Sua última pergunta demonstra preocupação com o perigo de se chegar a uma espécie de formalismo, ao se atribuir muita importância à expressão. Esse tema aparece no encontro de Osman Lins com Vintila Horia, escritor romeno exilado em Paris, o qual questiona a literatura demasiado voltada para a expressão formal. E com ele concorda o entrevistador. Neste fragmento o autor não parodia o entrevistado, como teremos a oportunidade de ver daqui a pouco, quando retomarmos o encontro com Butor. Sua forma é a de uma entrevista.

Uma outra indicação sobre o contato da personagem com o novo romance francês encontra-se no fragmento *Chanson*. Numa linda tarde de verão, ele pôs numa sacola sanduíches, *La jalousie,* uma garrafa d'água, tomou o metrô e foi para Vincennes.

O contato de Osman Lins com o *nouveau roman* ocorreu no período em que ele começava a sentir necessidade de pesquisar novas formas de expressão. Embora não tenha se empolgado com o *nouveau roman* e tenha sempre negado uma possível influência deste movimento em sua obra, opondo-se assim à visão de determinada crítica, o fato é que, ao incluí-lo como matéria de vários fragmentos de *Marinheiro de primeira viagem,* ele não pôde mais se dissociar do *nouveau roman,* pelo menos como objeto de reflexão naquele período dedicado a um rígido plano cultural.

Por outro lado, a escritura de *Marinheiro de primeira viagem* certamente foi motivada a partir da conversa de Osman Lins com Butor.

O escritor brasileiro constata que o problema da imobilidade da obra de arte preocupa seu colega francês. Ele estava pensando em escrever com um músico concreto belga — Henri Pousseur — uma ópera móbile, à qual se pudesse ir muitas vezes, sem jamais assistir ao mesmo espetáculo. Os elementos de sua estrutura não se interligariam de maneira rígida, mas refletiriam o mutável mundo novo que se opõe ao antigo, assentado eternamente em suas bases. Trata-se de *Votre Faust,* publicada em 1962.

O recurso utilizado por Osman Lins para transmitir literariamente essa entrevista com Butor foi o de apropriar-se do largo ritmo das frases e do uso da famosa segunda pessoa de *La modification*. Talvez essa imitação de estilo tenha também uma outra função dentro desse livro: espelhar a apropriação das sugestões de Butor para a composição de sua narrativa de viagem, como podemos observar no seguinte trecho:

"Perguntas, assinalando as numerosas folhas de papel em branco e de papel escrito, que livro ele prepara, e este homem que a ti mesmo prometeste ver quando estavas no Brasil e que agora te fala, responde que termina um livro sobre os Estados Unidos onde passou alguns meses, revelando-te sorrindo a intenção, que por coincidência é também a tua, embora no momento em que te fala ainda não hajas escrito uma só página e nem mesmo estejas certo de que chegará a fazê-lo, de compor um livro de viagem que não se submeta à rotina do gênero aparentemente esgotado, sendo, porém o seu plano bem mais ousado que o teu, seu livro Michel Butor planejando construí-lo um pouco à maneira dos móbiles de Calder, não obedecendo portanto a uma ordem cronológica, sendo a sua ordem, se existir, desmontável, passível de modificação..."[16]

Na entrevista real, Osman Lins não conta a Michel Butor que tem a intenção de também escrever um livro de viagem, mas na entrevista transmitida literariamente, a personagem ficcionalizada revela o oculto: a intenção existente naquela época, agora plenamente realizada, nas trilhas apontadas por seu interlocutor, nesse fragmento literário, seja através da imitação do estilo, seja através da revelação ficcionalizada. Osman Lins instaura um outro tipo de diálogo com Michel Butor, não mais apenas como seu leitor e seu entrevistador, mas também como escritor interessado em inovar o gênero viagem e em realizar uma narrativa afastada das leis que regem as estruturas tradicionais da prosa de ficção.

NOVA POÉTICA DA VIAGEM

Tem razão o interlocutor ficcionalizado de Butor, quando afirma que o projeto do escritor francês é mais ousado que o seu. Em *Mobile*, que saiu em 1962, portanto, pouco depois do estágio de Osman Lins em Paris, o leitor viaja pelos cinqüenta estados dos Estados Unidos, através dos séculos, porque sua composição o coloca em contato direto com as obras do grande escritor naturalista John James Audubon, as declarações do presidente Jefferson, de Franklin Roosevelt, relatos de massacres de indígenas, um processo de acusação contra uma bruxa e lhe permite viver com os americanos, rodando pelas estradas nos seus grandes carros, sobrevoando sobre seus aeroportos, decifrando seus luminosos, passeando pelas grandes lojas, mergulhando-se nos seus imensos catálogos, estudando seus prospectos.

Nos anos 60, era importante um jovem escritor conhecer os Estados Unidos, e particularmente um francês "que sempre se perguntou se, algum dia, poderia viver fora da França (nesse caso a coisa se agravava um pouco mais porque era preciso usar ketchup e tomar coca-cola)"[17].

Michel Butor descobriu que tudo o que os franceses andavam dizendo sobre os Estados Unidos era falso. Podiam acertar nos detalhes, mas perdiam a dimensão do real do país. Deu-se conta de que, sem especificar o espaço geográfico e mental dos americanos, seu livro não daria certo: "Nos Estados Unidos as distâncias são muito maiores que na França e eu só poderia transmitir isso se me inspirasse em outros poetas ou romancistas que também sentiram essa dimensão, como Ezra Pound, William Carlos Williams, John dos Passos, além de Calder e Pollock"[18].

Para compor *Mobile,* Butor leu um certo número de textos sobre os Estados Unidos, deslocando-os com o intuito de dizer algo diferente do que dizem. E para fazer um estudo de representação dos Estados Unidos, seu objetivo expressamente indicado no subtítulo do livro, limitou-se a orquestrar, numa espécie de colcha de retalhos, os textos oferecidos pela realidade. O narrador apaga-se completamente atrás dos textos citados, que passam para o primeiro plano, constituindo o livro, numa estrutura em movimento[19]. Essa estrutura se faz evidenciar não só pelo reaparecimento num vaivém de textos intercalados por outros, como também pelo recurso do desfilar de diferentes veículos, com descrição de suas marcas e seus condutores, assinalando, assim, no texto a idéia de deslocamento e de cruzamento com veículos numa rodovia. Tudo isso numa disposição que lembra versículos. O livro é impresso com efeitos de intervalos espaciais e apresenta três variações de impressão: normal, itálica e maiúscula, num mesmo corpo tipográfico. Inexiste nele, portanto, qualquer efabulação romanesca. A rigor, inexiste também um narrador, se vincularmos a esta entidade o ato de contar uma experiência.

Cabe ao leitor aventurar-se na viagem, através da leitura de textos, orquestrados por um escritor, e não acompanhar as experiências de um personagem-viajante, relatadas num texto fragmentado, como ocorre em *Marinheiro de primeira viagem.* Seus módulos são dotados de sentido explícito porque a narração está comandada por um único narrador. Em *Mobile,* o sentido aparece, a partir do jogo de contrastes e analogias entre os conteúdos diversos dos fragmentos citados. A multiplicidade de colaboradores de épocas e estilos diferentes tem como efeito suprimir a relação tradicional entre homem e obra, em função de um texto generalizado[20].

Ambos os livros de viagem apresentam um perfil fragmentado, inserindo-se num pressuposto básico da estética moderna. *Marinheiro de primeira viagem* propõe-se a resgatar uma experiência humana de viagem, através de um discurso fragmentado. Seus módulos registram diferentes gêneros como crônica, reportagem, narrativas, entrevista, conversa, cartas em estilos mais ou menos distanciados e mais ou menos líricos. Todos emitidos pelo mesmo narrador: o viajante.

Em *Mobile,* a fragmentação é de outro teor: ela atinge o sujeito da enunciação. A representação dos Estados Unidos é feita não pelo discurso fragmentado de um narrador viajante, mas pela colagem realizada, por um viajante, de textos americanos de diferentes estatutos, emitidos por vários enunciadores e contendo os mais diversificados assuntos.

O jogo entre esses discursos revela os Estados Unidos como um espaço mental da ambivalência: a ordem e a loucura, a razão e a superstição (o processo das bruxas), a liberdade e a repressão, o cosmopolitismo e o racismo, o humanismo de um Jefferson, conjugado a uma demonstração delirante sobre a inferioridade dos negros; os discursos de Franklin Roosevelt contrapondo-se ao otimismo daqueles que gostariam de ir para a América, a arte apurada de Jackson Pollock, de um lado, e os gostos artísticos dos mais duvidosos, de outro[21].

Tudo converge para que a representação formal se case com esse conteúdo. De modo que esse livro de viagem, com sua estrutura em movimento, com uma representação que dá conta da ambivalência da América faz juz a um de seus inspiradores, nomeado por Butor na entrevista a Osman Lins: Calder. Isso sem falar no seu significativo título: *Mobile*.

Não se trata aqui de se estabelecer uma relação através da qual uma obra se coloque diante da outra como modelo. O momento histórico da literatura brasileira, em que se situa Osman Lins, prescinde de uma dependência direta da literatura francesa, como ocorrera no século XIX.

Estamos às voltas com obras de literatura de viagem, cujos autores se encontraram e tiveram oportunidade de trocar idéias, como poderia ter acontecido entre escritores de outros países e até do mesmo. A peculiaridade deste caso é que um dos interlocutores encontra-se deliberadamente imerso na cultura do país do outro, em virtude de seu projeto e de sua formação literária e intelectual. Por esse viés individualizado, é verdade, ressoam ecos da tradição das relações culturais e literárias entre Brasil e França, agora situadas em outro patamar.

O encontro real entre Osman Lins e Michel Butor, no momento da gestação de seus livros de viagem, acabou-se tornando matéria de um deles, transformando-se numa manifestação textual que fundamenta uma leitura comparativa, sob o signo de intercâmbio entre autores e entre literaturas. Cada um a seu modo, dentro de seus projetos específicos, realizou uma poética de viagem diferenciada das narrativas tradicionais.

Marinheiro de primeira viagem prenuncia a composição descontínua de *Nove, novena* e *Avalovara* e seu parentesco mais chegado com a arte do retábulo e com a pintura. *Mobile* inaugura o caminho dos livros experimentais a que vem se dedicando Michel Butor, nos últimos 35 anos. Sua obra anterior, composta pelos novos romances, ainda "estava presa a uma estrutura discursiva e a um módulo formal bem comportado"[22]. *Mobile* radicaliza a experiência literária de Butor, no sentido de que "também a estrutura formal do texto é envolvida na postulação de uma nova prosa"[23].

Viagem e projeto literário (Osman Lins na França)

Ambos os livros confirmam o traço escorregadio do gênero literatura de viagem. No entanto, com eles a dificuldade de se definir este gênero extrapola a ambigüidade das relações que entretém ora com o romance, ora com o discurso científico, ao longo de sua história. Ambos instigam o leitor por se situarem no espaço das tentativas de inovação da literatura do século XX, ao se assumirem como literatura, como texto, como escritura e como construção.

Querendo aproximar-se do romance, *Marinheiro de primeira viagem* afasta-se da narrativa tradicional, requisitando uma leitura descontínua, que atravessa diferentes registros literários. Querendo afastar-se do romance, *Mobile* configura-se como um novo discurso de viagem, amparado numa organizada mesclagem de diferentes modalidades de discurso, resultando num texto que é prosa e poesia ao mesmo tempo.

De um modo mais radical em *Mobile* e menos em *Marinheiro de primeira viagem*, Michel Butor e Osman Lins contribuíram para inserir o gênero narrativa de viagem na linguagem literária moderna, marcada por sua aproximação às artes espaciais e visuais. E com isso acabaram realizando uma poética que aponta para o esmaecimento ou até mesmo para a dissolução do gênero narrativa de viagem.

A VIAGEM E O PROJETO LITERÁRIO

O recorrente traço estilístico de recurso a analogias com pintores e quadros como um procedimento para ficcionalizar uma experiência real em *Marinheiro de primeira viagem*, visto dentro do projeto literário de Osman Lins, revela, como já foi dito, uma poética voltada para a relação entre literatura e pintura. Neste livro, a pintura aparece como um código referencial externo para a composição ficcional do espaço e da personagem, ao passo que em *Nove, novena* e *Avalovara* a escritura absorve a linguagem pictórica, nos limites de sua natureza específica.

Com o intuito de ilustrar o aproveitamento da linguagem pictórica pela escritura de Osman Lins, vale a pena transcrever a cena da refeição familiar da narrativa "Pastoral":

"O candeeiro aceso, de cobre, no estrado de maçaranduba modelado a enxó, onde comemos. Quando nos curvamos sobre os pratos de estanho, esmaltados de azul, parecemos sempre estar chorando: a mesa é baixa, quase altura de cama. Nosso pai se senta numa cadeira, de frente para Joaquim. É o mais alto e branco de todos. Cabelos quase pretos, caindo na testa. O braço esquerdo esquecido não lhe quebrou a energia. À sua direita sentam-se Jerônimo e Domingos, os dois bem perto de quarenta anos e ainda sem mulher; à esquerda, com a incumbência de cortar, quando é preciso, carne para o velho, Balduíno. Meu pai está voltado para mim. Olha-me olhar divertido, enviesado. Todos os seus olhares, mesmo na hora de cólera, parecem divertidos. Joaquim, mão estendida para a quartinha de barro, também me olha. Cara de terra, nenhum cabelo, sobrancelhas enormes e pêlos nas orelhas. Sua cabeça brilha à luz do candeeiro. Domingos fala de fora para dentro, ri sem necessidade. Leva à boca, na ponta da faca, grande pedaço de carne-de-sol. Jerônimo, esquecendo o talher, ergueu as duas mãos e zune as acusações de costume contra mim. Seus olhos são azedos: sinto na língua, quando me observa, gosto de limão. Eu e Balduíno estamos de cabeça baixa, inclinados sobre os pratos azuis. As sombras das mãos de Jerônimo, nas telhas enegrecidas, onde às vezes correm, afoitos, timbus de barriga alva, é quase sempre invisível. Ponho as mãos no meu ombro e beijo com pesar minha cabeça raspada."[24]

Essa descrição caracteriza-se pela disposição geométrica das personagens à mesa da refeição bem como pelas pinceladas de cor e a alusão ao jogo de luz e sombra que atravessam o texto. Além de geométrica e cromática, a descrição osmaniana em *Nove, novena* é sintética e estilizada como a arte dos vitrais, integrando uma narrativa fragmentada, configurada em módulos descontínuos, quase sempre coincidentes com parágrafos. O leitor depara-se com uma narrativa truncada, cujas seqüências se inserem no sistema da justaposição de cenas, à semelhança das histórias que figuram nos vitrais medievais e nos retábulos românicos.

Ainda para ilustrar a relação da literatura de Osman Lins com a pintura, também vale a pena lembrar o recurso a certos materiais para a composição de algumas personagens, os quais radicalizam a quebra da verossimilhança, em consonância com sua nova poética. Baltasar, em "Pastoral" é feito de *cipós; Z.I.*, personagem de "Perdidos e Achados", é composta de *bichos ajustados*, de *pássaros noturnos*, de *vespas, mariposas, besouros* e *morcegos;* Mendonça, em "Noivado", consubstancia-se em *roldanas, barbantes, pregos, polias* e *insetos*. Esse processo, presente nas narrativas de *Nove, novena,* é análogo a certas experiências familiares aos pintores e escultores contemporâneos. Tal estruturação inverossímil da personagem vai se tecendo com a construção da narrativa, o que lhe permite integrar-se como material léxico e entrar no jogo de seus eixos semânticos. Os *cipós* com que é feito Baltasar indiciam tanto sua simbiose visceral com a natureza como sua fragilidade no ambiente humano onde vive e que lhe é hostil; os *pássaros noturnos, vespas, mariposas, besouros* e *morcegos* que compõem Z.I. conotam a fragilidade e fugacidade de uma paixão da qual é objeto; e, finalmente, as *roldanas, barbantes, polias, insetos* concentram na personagem o simbolismo de sua própria reificação.

Em *Marinheiro de primeira viagem,* a relação com a pintura é epidérmica, não chega a penetrar nas camadas internas do texto. Trata-se de um recurso estilístico

Viagem e projeto literário (Osman Lins na França)

amplamente utilizado para ficcionalizar uma experiência. Em *Nove, novena* e, posteriormente, em *Avalovara,* as descrições pictóricas conjugadas com a estrutura retabular de suas narrativas, com os ornamentos, além de outros procedimentos, indicam a radicalização de uma poética que se assume como literatura.

A viagem como elemento estrutural do romance

Em *Avalovara* também reaparece, numa requintada elaboração ficcional, a experiência de Osman Lins na França, como bolsista da Aliança Francesa. Abel, o personagem-escritor, em sua constante busca de um objeto, seja a mulher, seja o próprio ato de escrever, seja a tentativa de compreensão do mundo, vivencia parte de sua experiência em Paris, onde vem a conhecer a alemã Anneliese Roos, mulher feita de cidades. Ambos são residentes temporários da Aliança Francesa, no boulevard Raspail.

Os passeios e viagens, por eles realizados, remetem ao clima e à atmosfera, experimentados pelo escritor-viajante de *Marinheiro de primeira viagem,* num contexto ficcional, marcado por um modo de narrar comprometido com a literatura antimimética, como há pouco se afirmou e como se pôde verificar na rápida caracterização de Roos e, também, como se poderá confirmar na apresentação, não menos rápida, das duas outras mulheres que virá amar.

A estrutura de *Avalovara,* também fragmentada, permite-nos transcrever por inteiro um dos segmentos dedicados ao relacionamento entre Abel e Roos, facilitando ao leitor contato com um trecho literário, que lembra muito a atsmofera de *Marinheiro de primeira viagem* e a poética de *Nove, novena:*

"Estamos em Amboise e os participantes da excursão se dispersam. Se, ao invés de pôr-me a vaguear nas imediações do castelo, estimulado pelo frio deste dia meio luminoso, eu me dirigir ao restaurante, nunca verei realmente Anneliese Roos. Voltando-me, como faço, para a esquerda, e não para a direita, envereda por uma das encruzilhadas possíveis do meu destino e enredo-me, de maneira inapelável, nas tramas de sua beleza — ou de sua magia. Escolheria, acaso, rumo diferente, ainda que o encontro com Roos me levasse à morte?

"Nas espáduas um casaco azul-marinho que realça a alvura do seu colo e o amarelo-canário do suéter. A saia cinza atenua esse contraste de cores. Favorecida ainda pelos ondulantes verdes das elevações e o azul desmaiado do céu na linha do horizonte, sustém Roos um ramalhete à altura do queixo, como se aspirasse o seu perfume, conquanto só a rosa, fresca e vermelha, tenha algum para mim: serão também olorosos as papoulas e os gerânios? As flores refratam suas púrpuras no rosto de Roos, que me parece invulgarmente vívido em sua meditação.

"Receio perturbar, aproximando-me, a feliz conjunção de cores, linhas e volumes. Sobressai, no centro da paisagem ensolarada, a figura solitária de Anneliese Roos, como, nos museus, certas obras de preço, colocadas longe das demais, de modo a serem contempladas em sua integridade, sem dividir com outra, com nenhuma, o espanto do observador. Sei, no entanto, que ela em breve será abordada, sairá do lugar ou moverá o braço.

"Baixando a mão, olha-me, desvia o olhar e distancia-se alguns passos. Sigo-a e com sintaxe escolar digo não saber qual merece cotemplação mais prolongada ou atenta: se ela ou a rosa que tem entre as mãos. O vocabulário precioso torna a frase impessoal. Apenas deixando entrever que me ouve, e imitando, no seu andar vagoroso, a cadência dos versos, Anneliese Roos começa a declamar um tom de salmodia:

"*La Rose est le charme des yeux.*
"*C'est la Reine des fleurs dans les printemps écloses.*

"Vejo, num relance, sem neles prender a atenção, tetos cinza-rubros e noto que um sino começa a bater. Pensar que tantas vezes, à mesa do refeitório, falamos da questão de Suez e de como chove em Paris, quando ela é capaz de repetir sem erro versos de Anacreonte! Movido pelo interesse que de mim se apodera, evoco, eu também, outro fragmento do poeta, proclamando talvez a súmula deste curto instante, quando Anneliese Roos, distante, não encontrável — aprisionada numa juventude imune aos caruchos do tempo —, emitir sugerida num texto, o seu halo:

"*Sa vieillesse même est aimable,*
"*Puis qu'elle y conserve toujours*
"*La même odeur qu'aux premiers jours.*

"Assim, a sombra de um lírico greco, vertido para uma língua que não é a de Goethe nem a de Camões por um tradutor do século XVIII, lido por mim numa edição de mil e setecentos e tantos cheirando a fumo e a vestidos velhos, em voz alta, junto à cisterna do chalé, enquanto soam apagados os risos da Gorda e as vozes de meus vários irmãos, fala pela nossas bocas a dois milênios e meio de distância e estabelece entre nós um liame provisório, mas não frágil."[25]

Nesta excursão, o personagem-escritor não nos descreve minuciosamente o castelo de Amboise, como fizera o escritor-viajante com a arquitetura e os vitrais da Catedral de Saint-Etienne em *Marinheiro de primeira viagem,* mas criva seu olhar em Roos, num encontro relâmpago, descrevendo-a como se fosse o motivo de um quadro. Seu olhar mediatizado pela pintura chega, por um instante, a impedir que se aproxime dela, com receio de perturbar "a feliz conjunção de cores linhas e volumes" e poder contemplá-la integralmente, numa situação momentânea, como se fosse um quadro que, por seu valor, fica distanciado dos demais no museu.

O olhar mediatizado pela arte que tinha sido usado em *Marinheiro de primeira viagem* para ficcionalizar uma experiência real, adquire, aqui, uma função mais comprometida com a concepção de literatura que se assume como tal. Quando a atmosfera deste encontro deixa o registro artístico para entrar no diálogo banal, a arte interpõe-se novamente: para conversarem, ambos recorrem a uma poesia de Anacreonte. Quem lançou o mote foi Roos. Mas Abel deu continuidade à poesia com desenvoltura. E chega a lembrar-se que leu o lírico grego numa tradução francesa do século XVIII, ainda em Recife, ouvindo risos da Gorda, sua mãe e as vozes de seus irmãos.

Num certo sentido, Roos refaz com Abel o percurso seguido por Osman Lins, por ocasião de seu estágio na França. Abel apresenta-se, então, como um escritor inexperiente, em busca de seu caminho. Durante um passeio em Amsterdã, trava-se o seguinte diálogo entre eles:

"Você escreve, Abel?" "Sim. Mas publiquei tão pouco até hoje! Um ou dois contos. Só. E já tenho quase vinte e oito anos. Sou dos que custam a amadurecer e talvez não amadureça nunca. Sinto e ajo como se tivesse vinte ou vinte e um anos. Creio que já era tempo de ter escrito alguma coisa válida!"[26]

Contra sua vontade, o amor de Abel por Anneliese Roos não ultrapassa a esfera platônica. Sua realização amorosa concretiza-se com duas brasileiras: em Recife, com Cecília, mulher andrógina, que encerra em seu corpo seres humanos; em São Paulo, com uma mulher extremamente carnal, identificada por um sinal. Esta última realiza a fusão ideal das duas anteriores e, com ela, Abel atinge a plenitude do amor, numa relação sexual sobre um tapete com motivos paradisíacos.

Que significado teria este enredo ficcional, regado com muita reflexão sobre a arte de narrar e com a busca incessante do absoluto, no âmbito de uma leitura mais ampla do projeto literário de Osman Lins, para quem o estágio na França, no início dos anos 60, foi muito importante?

O acúmulo de experiências pessoais, o convívio mais direto com a arte que lhe ofereceu o chão europeu, o processo de conscientização da realidade de seu país de origem, além da busca incessante do absoluto constituem, em linhas gerais, os elementos propulsores do processo criador de Osman Lins, que começou a elaborar sua linguagem literária específica, depois de ter vivido na França.

Em *Avalovara*, entrelaçam-se a busca da plenitude do amor, a inserção do homem na totalidade cósmica e o ato de escrever. Se Abel, escritor ainda verde, não consegue realizar plenamente seu amor com Anneliese Roos é porque só poderá alcançá-lo, de acordo com a lógica interna deste romance, quando se tornar um escritor maduro, detentor de uma visão própria do mundo e, portanto, de uma linguagem específica para elaborá-la. Como anunciei, Abel só consegue atingir o amor integral e absoluto, na última etapa de seus deslocamentos espaciais, em São Paulo, depois de ter acumulado e absorvido as mais diferentes experiências de vida. A substituição de uma mulher por outra não significa o aniquilamento existencial da anterior no mundo afetivo e intelectual de Abel. Tanto é que a terceira mulher amada realiza a fusão ideal das duas anteriores: a européia e a pernambucana.

Se não tivesse se relacionado com ambas, o personagem-escritor não teria, certamente, atingido a plenitude nem no amor nem no ato de escrever. As duas lhe propiciaram caminhos para reflexões sobre as várias manifestações da arte, sobre diferentes cidades e sobre a realidade do próprio país, contribuindo para a construção e sedimentação de sua visão de mundo. O percurso de Abel-escritor traz ressonâncias, num certo sentido, da trajetória de seu criador, Osman Lins.

Sem desconsiderar a complicada relação entre ficção e realidade, talvez se possa afirmar que o esparso e escasso enredo de *Avalovara*, particularizado na relação amorosa de Abel com três mulheres, em cidades diferentes e, também, no processo de amadurecimento do escritor, aponta, dentro da própria ficção, o contributo da experiência do escritor Osman Lins, na França, para sua obra posterior.

Esta viagem foi tão importante que, ao se ficcionalizar, aparecendo como um dos oito temas[27], retomados alternadamente, numa progressão rigorosa, dentro da intricada arquitetura do romance, também acaba por contribuir como fonte de um elemento estrutural interno de *Avalovara*, romance que leva às últimas conseqüências o novo modo de narrar de Osman Lins.

De modo que a experiência real de Osman Lins na França apresenta desdobramentos na literatura brasileira, quer como concretização de uma obra de literatura de viagem, quer como elemento estrutural interno de um romance.

Nem sempre bem recebido pela crítica brasileira, *Avalovara*, de grande envergadura literária, já atravessou fronteiras e singrou mares, tendo sido bem acolhido pela crítica de vários países. *Marinheiro de primeira viagem*, aplaudido unanimemente pela crítica brasileira quando foi lançado, conforme já foi dito, ainda não conheceu outras terras. Talvez isso se explique pelo próprio perfil do livro que, embora ficcionalizado, revela-se muito preso a uma experiência concreta de um escritor, já reconhecido, mas que ainda estava buscando uma expressão literária que lhe fosse própria. No entanto, isso não invalida a função deste livro de viagem dentro do projeto literário de Osman Lins e nem o desqualifica como obra literária.

Pouco importa que o escritor pernambucano, nascido em Vitória de Santo Antão, tenha escrito esse livro para esquecer. Estava tão tomado pelas lembranças acumuladas no período de viagem que se sentia impedido de realizar tranqüilamente os trabalhos de ficção planejados. *Marinheiro de primeira viagem* incorpora, na sua poética, embora de modo tímido, os efeitos da vivência de seu autor na França e, por isso mesmo, torna-se um importante elo entre os dois momentos de sua obra. Mas seu valor não se esgota nessa função. Este livro impõe-se como um rico documento de sua imersão cultural na França e na Europa, impõe-se por suas qualidades literárias e impõe-se, também, por sua contribuição para a renovação do gênero narrativa de viagem. Enfim, a literatura brasileira ganhou muito com esta viagem de Osman Lins à França.

Por outro lado, tendo em vista que *Nove, novena* e *Avalovara* foram traduzidos na França, a literatura francesa também ganhou muito com esta viagem e com estes livros, se considerarmos que as obras traduzidas passam a integrar o repertório da literatura que as recebe.

Notas

[1] Revista *Escrita*, ano II, n.º 13, 1976.
[2] José Paulo Paes. "Meia palavra sobre o escritor". *Livro 7*, Boletim Cultural 3, ts (Recife), julho 1978.
[3] São Paulo, Summus, 1980.
[4] p. 133.
[5] *Tribuna da Imprensa*. Rio de Janeiro, 26/8/63.
[6] p. 11.
[7] p. 9.
[8] p. 34.
[9] p. 56.
[10] p. 8.
[11] p. 15.
[12] p. 30.
[13] p. 137.
[14] p. 41.
[15] p. 34.
[16] p. 69.
[17] Entrevista. Folhetim, *Folha de S.Paulo*, 23/9/84.
[18] Idem. Ibidem.
[19] Cf. Van Rossum-Guyon, Françoise. "Aventures de la citation chez Butor", in *Butor, Colloque Cerisy*. Paris: Union Générale d'Éditions, Collection 10/18, 1974, p. 24.
[20] Idem. Ibidem, p. 19.

[21] Cf. Skimao et Bernard Teulon-Nouailles. "Mobile et autres études", in *Michel Butor qui êtes-vous?* Lyon: La Manufacture, 1988, p. 78.
[22] Campos, Augusto de. "A prosa é Mobile". Suplemento Literário de *O Estado de S. Paulo*, p. 3, 21/3/63.
[23] Idem. Ibidem.
[24] *Nove, novena*. São Paulo: Martins, 1966, p. 68-9.
[25] São Paulo: Melhoramentos, 1973, p. 43-4.
[26] Ibidem, p. 76.
[27] 1) ᴏ̑ e Abel: Encontros, Percursos, Revelações. 2) A Espiral e o Quadrado. 3) História de ᴏ̑, Nascida e Nascida. 4) Roos e as Cidades. 5) Cecília entre os Leões. 6) O Relógio de Julius Heckethorn. 7) ᴏ̑ e Abel: ante o Paraíso. 8) ᴏ̑ e Abel: o Paraíso.

Obs.: Alguns aspectos deste artigo já foram tratados em outras publicações de minha autoria. Retomei-os por serem indispensáveis num estudo voltado para o projeto literário de Osman Lins.

ENCONTRO ENTRE LITERATURAS
FRANÇA — BRASIL — PORTUGAL
Pierre Rivas
14x21cm, 374 páginas, ISBN 85-271-0275-7

Originariamente tese de literatura comparada defendida na Universidade de Paris, Sorbonne, sobre as relações literárias entre França, Portugal e Brasil de 1880 a 1930, *Encontro entre literaturas* chamou a atenção dos pesquisadores do Núcleo de Pesquisa Brasil-França (Nupebraf) do Instituto de Estudos Avaçados da USP, que tomaram a iniciativa de traduzi-lo, por se tratar do primeiro trabalho sistemático sobre a presença de Portugal e do Brasil nas letras francesas.

Como estudo documental, quase exaustivo, este livro nos permite acompanhar, em seus meandros, o papel dos intermediários e tradutores que tornaram possível a presença de Portugal e do Brasil nas revistas da época, assim como detectar alguns traços da recepção das obras traduzidas, concretizados na representação dos dois países no imaginário francês.

Mais descritivo que interpretativo, com um perfil enciclopédico, *Encontro entre li-teraturas* apresenta-se como um livro seminal, que oferece muitas pistas para serem exploradas em trabalhos monográficos.

Disponível nas Melhores Livrarias
LIVREIRO: SEU CANAL DE INFORMAÇÃO E CULTURA

Editora Hucitec Ltda.
Rua Gil Eanes, 713 — 04601-042 São Paulo - SP, BRASIL
Tel.: 240-9318 — Fax: 530-5938
E-mail: *hucitec@hucitec.com.br*

IMPRESSO POR
PROVOGRÁFICA
TEL. (11)418-0522